贵州省高等学校人文社会科学研究基地学术文库
贵州省高等学校人文社会科学研究基地建设项目资助
贵州省重点学科（教育原理）建设成果

个性化教学背景下教师文化个案研究

The Case Study of Teachers Culture on the Background of the Individualized Teaching

王中华　著

中国财富出版社

图书在版编目（CIP）数据

个性化教学背景下教师文化个案研究／王中华著．—北京：中国财富出版社，2015.1

（贵州省高等学校人文社会科学研究基地学术文库）

ISBN 978－7－5047－5454－7

Ⅰ.①个…　Ⅱ.①王…　Ⅲ.①小学教师—教师素质—研究　Ⅳ.①G625.16

中国版本图书馆CIP数据核字（2014）第257352号

策划编辑　王淑珍　　责任印制　方朋远

责任编辑　孙会香　惠　嫱　　责任校对　杨小静

出版发行　中国财富出版社

社　　址　北京市丰台区南四环西路188号5区20楼　　邮政编码　100070

电　　话　010－52227568（发行部）　　010－52227588转307（总编室）

010－68589540（读者服务部）　　010－52227588转305（质检部）

网　　址　http://www.cfpress.com.cn

经　　销　新华书店

印　　刷　北京京都六环印刷厂

书　　号　ISBN 978－7－5047－5454－7/G·0592

开　　本　710mm×1000mm　1/16　　版　　次　2015年1月第1版

印　　张　19.25　　印　　次　2015年1月第1次印刷

字　　数　335千字　　定　　价　38.50元

序

王中华博士的《个性化教学背景下教师文化个案研究》是其在攻读博士期间的汗水结晶，是从2010年到2014年长达4年时间学习和研究的成果。从2010年9月到东北师范大学学习开始，作者就关注到个性化教学的课题，时常到东北师范大学附小去听课，并与该校教师交流，参与一些活动。在课堂观察、个别访谈以及问卷调查等基础上，写就了此书。

本书研究的核心关键词是文化，文化本来就是一个比较难以研究的课题。文化是什么？谁都可以说出很多东西来，但是，谁又能说出文化究竟是什么？可见，文化离我们很遥远，文化也显得很“玄妙”。但是，正如学者所指出的，我们是生活在文化的世界之中，我们时时刻刻离不开文化，吃饭有餐饮文化，穿衣有服饰文化，住宿有寝室文化等，文化又显得很“形而下”。那么，要如何进行文化研究，如何更好地进行文化研究，这样的课题摆在面前，着实不是一件容易的事情。

国内学者指出，浩浩荡荡的“新课改”在本质上是一场文化的涤荡，是一种新的教育文化与旧的教育文化之间的较量。那么，文化变革就成为教育改革的一种背后本质和最终脚注。可见，文化对教育改革起着不同凡响的意义。因此，文化被越来越多的学者关注。

教师文化是教师在生活、学习、工作过程中自觉和不自觉所思考的、所展现的、所遭遇的、所遵循的、所反抗的、所冲突的观念、行为、制度和环境等方面的综合。可见，教师文化对教师也具有不可替代的价值和意义。那么，教师文化需要更多的人去关注。一方面，促进教师个体的发展，通过文化，借助文化让教师变得更加适合教学的要求和发展。另一方面，促进教师群体的发展，让教师文化使得教师队伍更专业化，建设得更好。

作者以个性化教学为视角来研究教师文化，这是教师文化研究的重大亮点。在我国，个性化教学研究逐渐成为重要课题。从个性化教学的理论探讨到个性化教学的实践探索，个性化教学研究成果也越来越多，也日益受到关注和重视。个性化教学倡导尊重差异，重视学生的学习兴趣、学习能力、学习经验，尊重学生的差异性成长，让每个学生学会学习，能自主地学习，提高其学习主动性和课堂主人翁态度，让课堂发生变革，从教师的“教”向学生的“学”进行转换，从学生的被动听讲到学生的自主探究和发现学习，从学生的孤立学习到小组合作学习，从传统的标准和统一到学生的差异性学习，从学生适应教师到教师提供适合学生的学习，因此，个性化教学说到底还是让学生去学，教师不断转换自己的角色，形成一种从“教”的文化向“学”的文化转变，从“被动”文化向“主动”文化转换，从集体指导向个体指导转变，从关注班集体某些学生向关注班级每一个学生转变，从教教材到用教材转变。因此，个性化教学是一个自变量，教师文化是一个因变量，通过对两者变量关系的研究，得到更好地促进个性化教学和教师文化发展的结论。

作者采取个案研究、调查研究、文献研究等多种研究方法对教师文化进行研究，在理论构建的基础之上来开展问题、影响因素和对策的研究，在研究方法上做到了多种研究方法的有效结合。

作者从教师观念文化、教师行为文化、教师制度文化、教师物质文化等四个层面，即从教师文化的四个维度开展研究，从个性化教学平台进行条分缕析的探讨，使得教师文化研究的四个方面相得益彰。

本书研究体现出图文并茂的特色。作者在书中晒出了很多照片，这是作者在F小学进行个案研究的重要“证据”，充分说明了作者在研究过程中扎实的探索过程。

本书既适合于中小学领域的教师和工作者进行个性化教学实践方面的学习，也适合致力于个性化教学与教师文化研究方面的学者借鉴，还适合于个案研究的学习与借鉴。

当然，学术研究是一条艰辛的路，搞学术研究需要作者不断磨炼和深入探索，同时，作为本书关键的“个性化教学”和“教师文化”也需要进一步引起广大中小学教师和理论研究者的关注和重视。

是为序。

熊　梅

2014年6月

（熊梅，东北师范大学教育科学学院教授、博士生导师，东北师范大学附属小学教育集团理事长，全国人大代表）

前 言

个性化教学作为一种新的教学理念和教学模式逐渐受到世界范围内的关注与重视。我国自从2001年《基础教育课程改革纲要（试行)》中指出要重视学生的个性化学习，关注学生差异和个性，个性化教学就备受重视和关注。2010年《国家中长期教育改革和发展规划纲要（2010—2020)》中进一步强调提供给学生合适的教育，个性化教学受到了无以复加的重视。然而，个性化教学的关键在于教师。那么，教师文化又是影响教师个性化教学非常重要的因素。因此，个性化教学背景下的教师文化研究成为一种迫切需要。

本书研究基于文化学的视角，主要采取个案研究方法，通过对一所正在开展个性化教学实践的F小学教师文化现状的个案考察，呈现了“开放式·个性化”教学背景下小学教师文化的样态，描绘了小学教师在个性化教学过程中的生存状态和课堂生活方式。其主旨在于从文化学层面解读小学教师在个性化教学过程中教师文化现状以及问题与不足，并对教师观念文化、教师行为文化、教师制度文化以及教师物质文化等各个要素作深层次的探讨，进而提出个性化教学背景下的教师文化改进策略。

第一部分：本书的第一章，提出了研究背景，并思考了研究的目的和研究问题，探讨了研究方法和研究框架以及文献研究综述。

第二部分：本书的第二章，厘定了个性化教学和教师文化的关键概念，进一步总结了个性化教学的理论基础、特征、核心价值观以及价值所在，也探究了教师文化的结构、价值所在、发展规律以及传统教师文化的特征，并进一步探讨了个性化教学与教师文化的关系，从而思考教师文化变革的理据。

第三部分：本书的第三章，思考和探究个性化教学背景下的教师观念文化。在个性化教学背景下的教师观念文化应然建构的基础之上，基于实证研究，对F小学个性化教学背景下教师观念文化的现状、问题以及影响因素和策略等方面进行了探讨。

第四部分：本书的第四章，主要是个性化教学背景下的教师行为文化研究。本章进行了个性化教学背景下的教师行为文化应然建构，主要分析了F

小学个性化教学实践过程中在教师行为文化的应然、现状、问题以及影响因素和策略等四个方面。

第五部分：本书的第五章，对个性化教学背景下的教师制度文化进行了分析。本章基于F小学个性化教学实践，在应然建构的基础之上，分析了个性化教学背景下教师制度文化的现状、问题与局限因素以及策略。

第六部分：本书的第六章，探讨了个性化教学背景下的教师物质文化。本章在应然建构的基础之上，进行了F小学个性化教学背景下教师物质文化的现状、问题以及影响因素与策略的研究。

第七部分：本书的第七章，本书的最后部分，也是研究结论与反思部分。在该部分提出了相关的研究结论，并提出了研究启示，还进一步探讨了研究的未来展望。

王中华

2014年6月

目 录

第一章 绪 论

第一节 研究缘起

一、时代背景

（一）教师文化逐渐成为世界范围内个性化教学研究的重要课题

自从20世纪初期以来，针对现有的班级授课制的弊端与不足，对教学组织形式的改革和教学方式的变革等呼声及要求也越来越强烈。特别是在第二次世界大战后存在主义和人本主义以及后现代主义的思潮下，课堂教学需要关注教师的个性，尊重学生的个体差异，关注学生的不同学习需要，重视学生的不同学习兴趣，即尊重学生的个性，进行“因材施教”的教育理念，成为一种教育思潮和教育实践。美国等发达国家较早地进行教育改革，积极进行个别化教学和个性化教学理论和实践，20世纪六七十年代的美国出现了丰富多彩的针对个体、个别的教学模式，除了斯金纳的“程序教学”和布鲁姆的“掌握学习”等教学模式之外，又出现了著名心理学家凯勒所倡导的“个人化教学系统”“个别辅导教育”“个别处方教学”“按照规定的学习计划”“计算机辅助教学”等多种多样的有关个性化的教学模式，这些个性化教学的开展为美国培养了许多优秀的人才。

在个性化教学理论和实践探索过程中，个性化教学背景下的教师文化研究也逐渐受到重视和关注。面对个性化教学的价值，反思传统教学的弊端，日本等发达国家在20世纪70年代也进行了个性化教学的理论研究和实践探索，并取得了相当大的教育成就。日本等发达国家在进行个性化教学研究过程中，逐渐对个性化教学背景下的教师文化进行了相关研究。我们知道，人的双重性体现在人既是社会性和群体性的人，也是作为个体而存在的具有个体性的人。因此，人的自主性和人的独特性，是人特性的重要表征，没有差异就没有人的个性。一直以来，“我”是属于城邦的，“我”是属于国家和社会的，“我”是属于集体和某集团的，所以，从古代一直到文艺复兴时期，都没有“我”，即人的价值是被埋没的。以中国古代女子为例，从“在家从父，出嫁从夫，夫死从子”这种伦常和“君为臣纲”“父为子纲”“夫为妻纲”等封建伦理可以看出，人的个性是被掩埋的。尽管文艺复兴以后，世界范围内人的个体价值逐渐得到彰显和重视，然而，在我国却由于封建文化思想的严重“浸润”，人的个体价值迟迟没有得到重视和关注。但是，在今天我们的教育领域，从家庭教育到社会教育，又从幼儿教育到高等教育都普遍存在忽视个性的问题，这极不利于创新精神的培养，也是学术界一直诟病的问题之一。所以，在教育领域里面，我们需要将是否重视人的个性问题提高至能否为国家与民族培养创新性人才的高度来思考。①

时至今日，伴随经济改革和社会发展，人的个体价值才开始得到前所未有的关注，特别是对马克思关注人的全面发展，也开始重新进行认知和解读，更加深刻认识到马克思所提出的关于人的全面发展学说，进一步了解到人的全面发展，既包括了人的共性发展，还包括了人的个性发展。个性即人的独特品质与个体风格，它是人们在日常生活中所表现出来的身体能力、行为特征、精神状态及心理倾向等多方面的总和，所反映的是人类发展的特殊性与差异性。就我国而言，20 世纪末为应对当代世界范围内教育改革风起云涌的潮流，我国教育理论工作者和教师也逐渐认识到现有的传统教学和个性化教学所存在的诸多弊端，特别是在 2001 年我国第八次基础教育课程进行课程与教学改革之际，我国教育紧跟世界教育的时代步伐，开启了个性化教学的时代。此时，个性化教学也被提上了议事日程，许多中小学校开始跃跃欲试，逐渐尝试个性化教学，将个性化教学从神秘的理论走向现实的实践中来，在我国也逐渐进行个性化教学的理论研究和实践探究。那么，在个性化教学过程中，教师的个性和学生的个性以及教学特点、教学环境、教学观念等教师文化问题，都需要进一步进行思考。所以，个性化教学背景下的教师文化研究就成为一种必然。

---

① 许全兴．当代中国需要个性解放［J］．现代哲学，2001（1）：97－101.

（二）教师文化研究成为我国新课程改革的一种价值追求

2001 年，我国《基础课程教育改革纲要（试行）》中明确提出："注重培养学生的独立性和自主性，引导学生质疑、调查、探究，在实践中学习，促进学生在教师指导下主动地、富有个性地学习。"① 该文件强调课堂教学需要重视培养学生的个性，关注学生的个性化学习，也提到了个性化教学的理念，这是我国个性化教学理论与实践的雏形。因此，自从课程改革开始，个性化教学就一直备受社会的广泛关注和重视。

在我国课程改革纵深发展阶段，2010 年的《国家中长期教育改革和发展规划纲要（2010—2020）》又进一步指出，关注学生的"全面发展与个性发展的统一"，"关注学生不同特点和个性差异，发展每一个学生的优势潜能"，"关心每个学生，促进每个学生主动地、生动活泼地发展，尊重教育规律和学生身心发展规律，为每个学生提供适合的教育"。② 这个文件进一步深刻指出，教师应该按照教育规律进行教育和教学，尊重学生的学习选择性，注重学生个性和学习的差异以及多元，重视每一个学生的个体特点，为所有学生提供合适的教育和教学。因此，教师在进行个性化教学实践的前提下，需要形成一种个性化教学的理念，形成个性化教学文化，当然，其核心就是个性化教学背景下的教师文化，即将个性化教学内化为教师自己的教学理念，并在课堂教学中彰显尊重学生差异的理念，重视学生的主体性，关注学生的个性发展。同时，文化是一个包容性很大的概念，而教育又是与文化密不可分的。既然教育与文化之间有着千丝万缕的关联，那么教师作为从事教育的工作者，作为教育要素的一个组成部分，也就必然与文化脱不了干系。因此，关注和研究文化中的教师和教师所具有的文化就成为一种自然而然的事情了。

在以往的研究中，教师文化往往作为学校文化而存在的。但是随着新课程改革的推进，教师文化日益受到关注与重视，因为新课程背景下的教学研究归根结底是一种新的"教师文化"的创造。③ 因此，在当前的教师文化研究过程中，更多的研究者趋向于将教师文化作为一个"独立事件"来研究，

---

① 教育部．基础课程教育改革纲要（试行）[N]．中国教育报，2001-07-27（2）.

② 教育部．国家中长期教育改革和发展规划纲要（2010—2020）[N]．中国教育报，2010-07-30（1）.

③ 钟启泉．教学研究的转型及其课题[J]．教育研究，2008（1）：23-29.

凸显教师文化研究的价值。同时，在当前教师专业发展日益受到重视的前提下，特别是在《教师专业标准》颁发以后，教师文化是教师专业化发展过程中的重要一环，也是教师在课堂教学中的一个重要因素，所以，教师文化方面的研究越来越得到认同和关注。

二、理论背景

（一）教师文化是影响个性化教学的重要变量

《国家中长期教育改革纲要（2010—2020）》中提出，要为学生提供合适的教育等方面的指导，并倡导培养学生的个性和创造人格。那么，要为学生提供适合的教育，要做到“因材施教”，就首先需要彰显教师的个性，需要进行个性化教学。不容置疑，个性化教学关键在于教师。但是，在传统教学视域下，教师文化表现出的保守性、孤立性、封闭性、被动性等特征，缺乏一种合作、开放、平等、自由、差异等方面的精神，不适合个性化教学实践的开展。因此，当前一些主要的教师文化包括教师观念文化、教师制度文化、教师行为文化以及教师物质文化等在内的多方面文化元素在阻碍着教师的个性化教学。为了更好地促进个性化教学，我们需要更新教师观念文化，重构教师制度文化以及改变教师行为文化和创造适应个性化教学开展的教师物质文化。所以，我们需要对哪些教师文化元素正在影响个性化教学的开展进行分析，也要对这些教师文化如何影响个性化教学、个性化教学过程中教师文化的现状如何和如何去寻找个性化教学背景下的教师文化的策略等方面的问题加以研究。

（二）个性化教学背景下教师文化研究的深度不够或者缺失

尽管我国学术界对个性化教学进行了一些研究，以邓志伟为代表的研究者对个性化教学的理论基础、基本特征、基本模式等进行探讨，但是已有的研究或者停留在对个性化教学的缺失理论层面的反思，或者驻足在对个性化教学构建的思索，没有对个性化教学做深入的探究，特别是没有对教师文化这个重要的研究维度进行思考。在当前的研究成果中，对个性化教学进行文化学研究的比较少，而对个性化教学中教师文化视角的研究更不多见。那么，从个性化教学实践视域来进行思考教师文化的研究更是少之甚少。可见，就目前的研究现状来说，个性化教学背景下的教师文化研究比较缺少，这为本研究提供了一个广泛的空间。

三、实践背景

（一）教师文化研究是个性化教学实践的迫切需要

在我国十多年的个性化教学实践过程中，个性化教学实践取得了相当的成绩与经验。以F小学为例，不难发现个性化教学实践已形成一定的经验：课堂教学中心从“教”到“学”进行转变，教师的教学方式从“讲授”到“指导”进行转换，课堂教学活动组织形式以及学生的学习方式也都进行了转换，即从学生个体的“单枪匹马”学习到小组内合作学习与小组间的合作学习，从教师单向的“教”向学生的“问题解决”和“头脑风暴”转换，从“教案”转到“学习指南”，课堂组织形式也开始从固化的“秧田式”座位排列转向学生座位灵活排列转换，师生关系也开始从教师和全班学生的交流转换为“师生交流”“生生交流”“师—生—生交流”等多元化的师生关系。但是，在现实的个性化教学课堂中还存在着“学”与“教”之间的时间掌握问题集体指导与个别指导之间的时间问题、教师对学生的引导性评价的问题以及个性与共性之间的矛盾问题，还有课堂组织中的学生小组组织的规律性和个性化教学评价等问题。① 那么，这些问题背后的影响因素就包括教师文化问题，与教师观念文化、教师行为文化、教师制度文化、教师物质文化等方面有着千丝万缕的联系，而且教师文化是其中的关键一环。

正是由于个性化教学过程中的教师文化问题没有得到有效的解决，以至于传统教学视域下的教师文化不能满足个性化教学背景下的要求，因此，个性化教学过程中才出现这样或者那样的教学问题，从而使得个性化教学的进一步开展面临重重困难。可见，当前我国个性化教学的实践迫切需要解决教师文化中所存在的障碍与问题，从而构建个性化教学背景下的教师文化，促进个性化教学的深入开展。

---

① 王中华，熊梅．反思个性化教学的经验、问题与对策——基于F小学的课堂教学实践的分析［J］．天津师范大学学报：基础教育版，2013（1）：43－48.

（二）自身对教师文化的体悟

从我上学起，就对教师在课堂上的一言一语，对任课教师的价值观念、教育信仰、教学态度、行为方式等不同的方面产生了浓厚的兴趣。为什么教师会有那样的喜怒哀乐，为什么教师会这样教育我们热爱祖国，为什么教师会那样地对待学生提出的问题，为什么教师会这样对待学生思考问题的方法，为什么教师会针对班上的张三和李四等同一个班的两个学生的风格进行个别化和差别性的教育等一系列的疑问酿于心中。后来，在攻读硕士学位阶段，笔者对文化开始有了一些了解，逐渐地认识到文化是社会存在与社会意识的中间变量，人类不仅生活在物理世界里，也生活在文化世界之中，文化是我们生存和生活的重要组成部分，不可或缺，更加认同“人类社会实践都是文化实践，都是在有意义的文化世界中的实践；人类的一切实践活动都离不开文化，离不开文化的价值和意义”。① 那么，教师生活是在社会和从事学校教育时的实践活动，也就是在进行文化实践活动。从读书的大学到工作的大学，从书斋到书斋，在大学渡过了二十多个春秋，见到过不少教师如何对待人生、如何对待学生、如何对待老师之间的关系以及如何进行课堂教学行为，到自己也当了好些年的教师以后，发现一直是教师文化在左右和影响着教师的思想、行为。当笔者来到F小学，见到“开放式·个性化”教学活动在如火如荼开展时，不免有耳目一新的感觉，但是在进一步跟随老师们走进个性化课堂教学活动的过程中，笔者发现了许多问题，如教师的传统文化对教师的束缚，教师的精神文化对教师的规约等一系列的教师文化问题。此时此刻，笔者就在思考，如何形成教师的个性和开展学生的个性培养，如何改变教师的教学理念、教学态度以及教学的价值观等内容，即如何通过重新塑造教师文化来促进个性化教学。

之所以选择“个性化教学背景下的教师文化研究”，是笔者看到了教育与文化是教育研究的重要领域之一，而两者的关联具体落实到课堂教学场景中来就体现在教师所具有的价值信念、态度、行为规范等教师文化与课堂教学之间的关系，因此，教师文化是个性化教学理论与实践中不可忽略的重要组成部分。教师文化作为教师个体的存在与意识、社会存在与社会意识的中间

---

① 司马云杰．文化悖论［M］．合肥：安徽教育出版社，2011：16.

变量，在教师的生存与生活的当下以及与未来专业发展过程中起着不可忽视的作用。

综上所述，通过对研究背景的思考和分析，本书希望以个性化教学为研究视角来探讨教师文化这种教师生存论和存在论现象，以了解个性化教学与教师文化之间的辩证关系，并通过对教师文化以往研究的成果来探讨教师文化的研究发展与现状。再则，从个性化教学的特点以及个性化教学过程中教师文化所展示出来的现状与问题等不同的研究角度来分析教师文化，并从这些角度来定位教师文化。接着从教师观念文化、教师制度文化、教师行为文化以及教师物质文化等方面探讨教师文化的应然，并了解教师文化的现状和影响因素以及建构策略。最后，归纳已有的研究成果和总结自身的研究结果，结合各方的意见，并针对性地提出个性化教学背景下的教师文化建议与策略，以期望本研究成果为教师文化未来发展做些许参考。

第二节 研究目的与研究问题

一、研究目的

基于上述研究缘起，本书的研究目的如下。

（一）研究个性化教学与教师文化的变量关系

目前，学术界对于教师文化的研究已经非常之多，但是课程改革本身就是一场教育文化的变革，而这种教育文化的变革实施主体就是教师，因此，借由这种角度的分析，从个性化教学观点对教师文化做定位。与传统教学视域下的教师文化相对比，在个性化教学视域下教师文化呈现出不同的特征，那么，通过本书研究企图来探讨个性化教学的教师文化特征。同时，通过本书的研究，来探讨个性化教学与教师文化的关系，从而进一步思考个性化教学视域下的教师文化，也去认识到个性化教学是因变量，教师文化是自变量。

（二）探讨个性化教学视域下教师文化的“理想”与“现实”

个性化教学备受重视和关注，然而，教师是个性化教学的关键。在个性化教学过程中，教师的观念、教师的行为、教师制度等方面都在影响着个性化教学。那么，个性化教学背景下的教师文化又是怎么样的呢？即什么样的教师文化才是个性化教学所需要的呢？这是我们需要进一步去思考的问题，也是本研究的目的之一。在个性化教学视域下，教师文化是如何呈现的？通过本研究去思考适应个性化教学理念的教师观念文化、教师制度文化、教师行为文化、教师物质文化等主要的教师文化存在形式所存在的现实状态与影响因素。

通过对个性化教学视域下的教师文化的理论探究，通过对F小学个案的分析与探究，从而从理论到实践，再从实践到理论。经由本书的探讨，进而形成对个性化教学背景下的教师文化现状的经验总结和问题分析。同时，在此基础之上分析教师文化的理想状态和实际状态之间的差距和原因，从而找到构建个性化教学背景下的教师文化策略。

（三）探究教师文化发展的规律性

在了解和认识文化的基础之上，需要对教师文化，包括教师观念文化、教师行为文化、教师制度文化以及教师物质文化等方面进行规律性的思考，需要认识到教师文化适应的长期性和教师文化变迁的渐进性。通过本书研究，笔者将进一步探究和思考教师文化的一般规律，即“教师文化继承—教师文化冲突—教师文化整合”，通过对教师文化规律的认识和总结，我们能为促进教师文化的发展寻找到更好的策略。

二、研究问题

从研究缘起和研究目的中可以发现，个性化教学和教师文化理论研究和实践正处于轰轰烈烈的进行之中，个性化教学实践需要个性化教学的理论作支撑，个性化教学的理论需要到个性化教学中去践行和检验。然而，在个性化教学过程中，教师文化在充当着左右和影响教师的个性化教学的角色。上述因素都迫切需要我们去研究和探讨个性化教学实践中的教师文化，从而去思考和重构教师文化。因此，我们需要研究的问题有如下6个方面。

（一）个性化教学背景下的教师文化需要构建什么样的教师文化

本书主要探讨在个性化教学视域下的教师文化，也就是个性化教学与教师文化之间呈现出什么样的教师文化？这是需要进行思考和回答的论题。

（二）个性化教学视域下的教师文化与传统教学视域下的教师文化的区别

从2001年新课程改革起，个性化教学被我国学术界重视起来，对于个性化教学的研究与日俱增。当然，对于个性化教学视域下的教师文化研究也开始受到关注和重视，那么，个性化教学视域下的教师文化与传统教学视域下的教师文化区别如何，这是本书研究所需要回答的命题。

（三）个性化教学背景下的教师文化的应然

根据对个性化教学的理性分析，依据对教师文化的理论探讨，我们需要进一步构建理想化的教师观念文化、教师行为文化、教师制度文化、教师物质文化，即个性化教学背景下的教师文化的“应然”。

（四）个性化教学背景下的教师文化的现状

本书研究是基于一所小学的个案，针对个性化教学实践中的教师文化生存状态和课堂教学样态所进行的。那么，在个性化教学过程中，教师具有什么样的观念文化，教师行为文化如何以及教师制度文化怎么样，还有教师物质文化又是如何展现的，等等这一系列的内容对个性化教学的开展都具有相关关系，因此，我们需要个性化教学实践中的教师文化的“实然”。

（五）个性化教学背景下的教师文化的影响因素

通过上述问题的探讨和研究，我们不难发现个性化教学过程中教师观念文化、教师行为文化、教师制度文化、教师物质文化的应然与实然存在差距。那么，我们需要寻找影响个性化教学背景下的教师文化的因素，既需要探究客观因素和主观因素，又需要寻找传统因素和现实因素。

（六）如何构建个性化教学背景下的教师文化

针对个性化教学背景下的教师观念文化、教师行为文化、教师制度文化、教师物质文化的现状、问题以及影响因素，在理论分析和现实考察的前提下，进行综合考量，从而为进一步提出个性化教学背景下的教师观念文化、教师行为文化、教师物质文化和教师制度文化等策略思考。

总之，上述问题是本书所需要重点研究的问题。

第三节 研究意义

一、理论意义

（一）为教师理论研究提供更加宽阔的视角

本书研究关注个性化教学理论，也探讨教师与教学的关系，探讨教师的个性以及教师的个性化教学问题，关注教师观念文化、教师制度文化、教师行为文化、教师物质文化等方面的问题；同时，研究这些因素如何影响教师教学，如何影响教师的专业发展。这些问题的讨论对教师文化具有重要价值，也为研究教师专业发展，为研究教师教育等方面都提供了一个研究视角，从而丰富了教师文化研究和教师专业发展研究的领域。

（二）为学校文化理论研究提供一个新的视角

学校文化研究是教育研究的一个重要领域，学校文化建设需要研究教师文化，研究教师的教学观念、教师教学行为等方面。本书恰恰对学校文化特色、学校文化的个性以及教师观念文化、教师行为文化以及教师制度文化和教师物质文化等方面进行研究，而且对学校文化、教师文化等方面进行调查和反思。本书通过对个性化教学实践中的教师文化研究，进一步思考和探究哪些因素在影响教师文化的发展，而教师文化与学校文化的发展是密切关联的。因此，研究F小学的教师文化能为构建学校文化特色化建设，改变办学趋同、千校一面的局面，从而进一步促进学校文化的特色和个性提供一个新的理论视野。

（三）推进教师文化理论研究

教育文化学是当前一个重要的研究领域。我们知道，教育与文化的关系是密切不可分的，特别是在当前强调文化建设过程中，学校作为传递文化、发展文化的重要路径，为发展文化起着不可替代的价值，而且学校将不仅强调每一门学科也倡导整个学校生活的每一项活动，这都需要渗透着和弥漫着文化气息以及具有共同的文化追求。① 因此，通过对教师文化的研究，探讨教学与文化的关系、教师与文化的关系、学生与文化的关系、学校与文化的关系，从而能进一步发展文化和创造文化，也期望能推进教师文化理论的研究。

二、实践意义

（一）有利于促进新课程改革的文化研究

现在很多学者都认识到，课程改革最终是一种文化的变革，既然课程改革的本质是一种文化的革新，那么，研究文化就是抓住了课程改革的核心要素。同时，实施新课程的关键因素在于教师，这是一个非常简单的道理，而新课程改革的一些理论、一些理念、一些制度、一些行为等关键在于教师将其具体落实到真实存在的课堂教学中去，否则，即使再新的理论、再美的理念、再好的制度也只是“纸上谈兵”，无益于课程改革。通过对个性化教学背景下的教师文化的研究，我们可以深入探究个性化教学所需要形成的教师文化，需要思考在个性化教学过程中彰显新课程的理念，形成新的教学观念、新的教师理念以及新的课程制度，从而在研究中探讨新课程改革所倡导的理念，并进一步思考新课程改革在具体的教学实践中的样态和表征，从而为推进新课程改革的进程和巩固课程改革的成果提供建议与思考。

（二）有利于教师文化建设

自从1966年联合国教科文组织指出“教师应该是一种专业”以来，教师专业化发展成为研究教师的关键词，也成为当代教育发展的一个趋势，但是教师专业化不仅仅是理论上的研究，还应在实践中反思教师专业化发展。其中，教师文化方面是研究教师专业化发展的重要内容，因此，通过个性化教学背景下的教师文化的研究，可以看到教师文化建设的过程，看到哪些因素在左右教师的教学观念、教学行为等教师文化，通过对个性化教学中教师文化的应然与实然调查和研究，能进一步发现教师文化与个性化教学的关系，从而为我们寻找教师文化建设的途径提出一些建议。

---

① 叶澜．世纪之交中国学校教育文化使命之思考［J］．教育改革，1996（5）：1－7.

（三）有利于促进学校文化发展

教师文化是学校文化的重要方面。特色学校建设是当前的一种追求，但是，在特色学校的建设中却苦于缺乏良策，真正有特色的学校却不多见，因此，对特色学校文化的建设值得我们去关注与重视。我们可以从简单的逻辑推断来看，特色教育依赖特色学校，而特色学校又依赖特色学校文化，本研究通过对F小学的学校特色和教师文化建设特色的研究，将激励更多的学校进行特色文化建设。所以，学校特色发展着重体现在校长具有个性化和具有特色的办学理念、教师具有个性化教学理念、学生能进行个性化学习等方面。通过本书的研究，能对学校的个性化教学理念、教师的个性化“教”和学生的个性化“学”等教师文化进行深入的思考，对教师文化如何影响个性化教学进行研究，对教师个性化教学风格和特色进行探索，并在此基础之上加强对学校特色的研究，从而提出些许建议，以便为促进学校文化的个性化和特色发展做出参考。

（四）有利于推进个性化教学

通过本书的研究，开展对个性化教学视域下的教师文化的思考和问题的发掘，以及进一步去分析当前个性化教学理论和实践范围中所存在的问题与困境。通过对F小学个性化教学的个案分析，进一步总结其经验并加以推广，对其中所蕴含的问题进行深刻剖析，深入研究个性化教学教师物质文化、教师观念文化、教师行为文化以及教师制度文化等方面的教师文化问题，而这些要素是影响教师开展个性化教学的关键因素。因此，本书通过对教师文化问题的分析能进一步寻找到教师开展个性化教学的“瓶颈”和“突围点”，从而得到更好的促进个性化教学理论和实践的方略。

第四节　研究思路与研究框架

一、研究思路

（一）文献资料的搜集

通过文献资料的搜集，对个性化教学和教师文化方面的国内外研究现状进行比较全面的了解和自我梳理，对个性化教学和教师文化有一个全面清楚的理性认识，并进行总结和综述，从而掌握目前本书研究主题的国内外研究现状，为研究本书的写作做好前期准备工作。

（二）开展调查、访谈和课堂观察

在文献资料搜集的基础之上，本书研究对个性化教学的现状进行调查和个别访谈。以F小学为个案，对该校教师实施个性化教学的经验、问题进行总结和研究，开展问卷调查、教师访谈以及课堂观察，收集本书研究的必要实证资料。在此基础之上，对影响个性化教学的教师物质文化、教师制度文化、教师观念文化、教师行为文化进行深入调查和观察，并进行教师访谈，从中得到教师文化研究方面的一手资料和素材，从而为本书研究奠定实证基础。

（三）进行调查数据统计和理性分析

本书研究在得到调查数据的基础之上进行数据统计和理性分析。同时，结合当前个性化教学的已有研究，找到影响个性化教学的教师文化因素，并进行反思。最终在反思的基础之上建构个性化教学背景下的教师文化策略，以便促进个性化教学。具体的研究思路如图1-1所示。

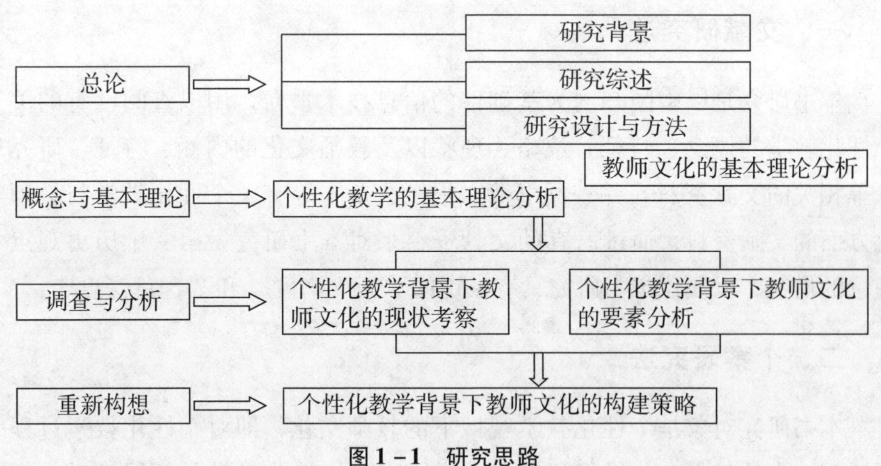

图1-1 研究思路

二、研究框架

本书研究基于个性化教学，在个性化教学之中开展，并为促进个性化教学的教师文化研究，对教师物质文化、教师制度文化、教师行为文化、教师观念文化4个维度，对其应然和实然展开研究，然后才提出相关对策，具体如图1－2所示。

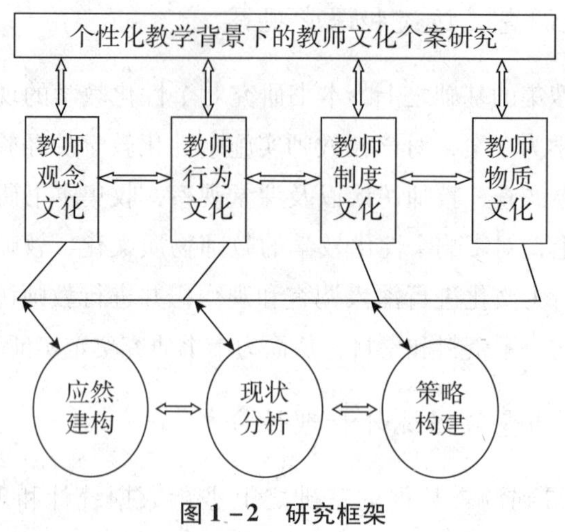

图1－2　研究框架

第五节　研究方法

一、文献研究法

本书研究是以中国知网为基础性的信息技术平台，用以查阅已有的关于个性化教学的概念、特征、策略、现状以及教师文化的内涵、特征、研究现状等相关的文献资料，并查阅书籍、报纸、杂志等有关个性化教学与教师文化方面的文献资料，通过已有的文献资料来对本书研究做出一个历史观点和理论的借鉴，以便让本书研究具有一定的“历史高度”和“理论深度”。

二、个案研究法

本书研究对象是个性化教学视域下的教师文化，即对个性化教学过程中所展现出来的教师文化进行研究，也为了促进个性化教学的开展而对教师文化应然以及教师文化现状进行研究。因此，个性化教学视域下的教师文化，与传统教学视域下的教师文化有何区别和联系，如果只是一味从理论上论述不能更好地说明问题，那么，就需要对开展个性化教学实践的学校教师文化进行研究。为此，本书采取以 F 小学为个案，基于该学校个性化教学实践所展示出来的教师文化进行观察。F 小学是吉林省长春市一所比较知名的小学，该小学从 2001 年新课程改革以来就进行教育和教学改革，以“开放式·个性化”为理念，逐渐推进学校层面的改革，将新课程理念落实到具体的教师课堂教学中去，在 10 多年的改革和发展过程中，逐渐形成了个性化教学的理念和实践模式。因此，笔者将 F 小学作为本书研究的个案，试图通过对 F 小学的个性化教学实践的考量，来揭示个性化教学背景下教师文化的现状、问题以及影响因素，并为反思和重建个性化教学背景下的教师文化提供现实依据和实证。

（一）对 F 小学的了解和观察

通过对 F 小学的办学理念和学校建筑等方面所具有的个性化和特色化的内容进行分析，包括对该校校长办学理念的了解，对“开放式·个性化”教学理念的知晓，对该学校的开放式教室、开放式走廊、生态个性化设计的建筑进行比较详细的了解和研究，从而了解学校文化和学校特色，为进一步深入学校课堂了解教师文化打好基础。

（二）对 F 小学的深入课堂观察

通过对个性化课堂教学的参与式和非参与式观察，进行实地考察、听课，并对教师的课堂教学进行剖析。笔者对语文学科《复活节岛上的森林》和《狐狸阿权》、数学学科《比的化简》和《比的应用》、外语学科《On the Farm》、音乐学科《茉莉花》、品德与社会学科《网络购物》、科学学科《电的作用》等进行听课、做笔录、拍照和录像，并对 F 小学教师在课堂教学中的表现以及学生所展示出来的状态进行观察分析。一方面，通过分析发现教师在个性化教学实践过程中所取得的教师文化建设方面的成绩，对教师的个性化教学经验进行总结，上升到理论高度；另一方面，在此基础上发现个性化教学中的教师观念文化、教师行为文化、教师制度文化以及教师物质文化建设方面所存在的不足与问题，从而为本书研究提供更确切和更真实的数据。

（三）对F小学个性化教学中的教师文件和教师实物进行分析

1. 对F小学的弹性化教学时间表的分析

本研究对F小学的弹性化教学时间表的分析包括“学期制度”“月课表”“周课表”以及“日程表”等教学时间表进行了分析，探讨教师物质文化是如何在个性化教学中彰显出来，又是如何影响个性化教学的。

2. 对教学照片的分析

对F小学的学校教室照片、课堂教学照片进行了展示和分析，共展示了10张照片，来分析个性化教学的物质文化。

3. 对教案的分析

对教师的课堂教学设计进行分析，包括F小学教师的“学案”，如“个性化教学教案:《比的应用》学案”；单元开发设计，如“数学学科个性化教学《小数除法》单元开发与教学设计”；F小学教师所设计的“学习卡片”“检测卡”“资料卡”和“学习指南”等多种多样的个性化的卡片。从而对教师的观念文化和教师行为文化进行反思，实现通过这样的研究方法为本书的研究提供更加真实可靠的依据。

4. 对教师研究成果的分析

对F小学教师所发表的研究论文、出版的书籍以及汇编资料进行统计和分析，以便折射出F小学教师的观念文化和行为文化，如对该校校长出版的《新型学校的构建》(2011)、《校本课程开发的行动研究》(2009)，资料汇编《东亚学校教育创新高端学术论坛暨东北师大附小教育集团开放式教育十年研究发表会研究纪要》(2011)，发表在《教育研究》《中国教育学刊》《课程·教材·教法》等杂志上的《透视开放式学校组织文化》(2004)、《教师文化的变革与教师合作文化的重建》(2007)、《开放式学校组织特征与建构》(2011)、《个性化教学设计与实施策略》(2011)、《个性化教学模式的实践探索》(2011)、《基于个性化教学的学习卡片开发与利用》(2011)、《开放式弹性时间制度改革初探》(2011)、《开放式学校空间环境设计与利用》(2011)等研究论文。正所谓“言为心声”，通过对这些材料的搜集和研究，进一步去观测和分析该学校的教师观念文化和行为文化，从而为本书研究提供更多的实证数据。

三、调查研究法

（一）问卷抽样调查

以F小学的教师为调查对象，以教师对个性化教学的认识、对个性化教学开展过程中所存在的问题与对策等为内容，共40道封闭式试题和5道开放式试题进行现状调查。采取抽样调查方式，对F小学教育集团下的三所分校中的语文学科教师、数学学科教师、外语学科教师、科学学科教师、社会学科教师等各30名教师进行抽样调查。通过对调查数据的统计和分析，从而得到个性化教学对教师文化的影响程度以及教师文化是如何影响教师的个性化教学等方面的验证，以及对F小学个性化教学实践过程中，教师观念文化、教师行为文化、教师制度文化以及教师物质文化等方面所取得的成效、问题及影响因素等方面的现状，从而获得本书研究所需要的数据和佐证。

（二）个别教师访谈

本书研究对F小学的7位老师进行访谈，包括语文学科CJR老师，数学学科LXL老师，外语学科SWH老师，美术学科SLB老师，语文学科LYH老师，语文学科WY老师，科学学科LH老师。通过对7位具有代表性的老师就个性化教学实施过程中所取得的成绩、遭遇的障碍以及如何去进一步改进策略等方面进行个别访谈，从而得到更加准确的实证资料。7位老师的基本情况如表1-1所示。

表1-1　　正式访谈教师的基本情况

姓名编码	所教学科	学历	教龄
CJR教师	语文	硕士	8
LXL老师	数学	本科	12
SLB老师	美术	大专	20
SWH老师	外语	本科	7
LYH老师	语文	中师	20
LH老师	科学	本科	9
WY老师	语文	中师	17

第六节　文献研究综述

一、个性化教学研究现状

自古代孔子的“因材施教”，到清朝时期颜元以学生的“气质之性”进行个性化教学，再到今天的《国家中长期教育改革和发展规划纲要（2010—2020）》提出“关心每个学生，促进每个学生主动地、生动活泼地发展，尊重教育规律和学生身心发展规律，为每个学生提供适合的教育”和“关注学生不同特点和个性差异，发展每一个学生的优势潜能”。① 在世界范围内，随着传统教学的不足日益暴露，个性化教学受到越来越多的关注，美国等发达国家在 20 世纪 30 年代就进行了轰轰烈烈的个性化教学改革，日本等发达国家也在 20 世纪 70 年代就开展了个性化教学的理论与实践。20 世纪八九十年代特别是新课程改革以来，个性化教学伴随着重视教育质量的提升，个性化教学受到越来越多的关注。我们需要知道的是，个性化教学研究是在实践中获得发展，在理论研究中获得提升。我国个性化教学研究起步较晚，到目前为止，个性化教学研究取得了一定的成果，除了邓志伟的《个性化教学论》（2002）和夏慧贤的《多元智力理论与个性化教学》（2003）等个性化教学著作，还有 69 篇硕博论文以及 493 篇论文。但是，个性化教学的理论和实践研究水平还有待进一步提高。目前，我国中小学个性化教学实践的发展需要创新的个性化理论，因此，对个性化教学研究现状进行一定的梳理是相当有必要的。

（一）我国个性化教学的研究阶段

根据个性化教学的研究情况，笔者将个性化教学研究分为 3 个阶段，即起初阶段（1988—2001 年）、发展阶段（2001—2010 年）、深入阶段（2010 年以后）。

1. 个性化教学研究的起初阶段（1988—2001 年）

笔者认为，从 1988 年开始，到 2000 年为止，这是一个起初阶段。我国

---

① 教育部．国家中长期教育改革和发展规划纲要（2010—2020）[N]．中国教育报，2010－07－30（1）．

个性化教学研究从文章数量上来看只有12篇，并且更多的是一种介绍性文章，是一种纯理论思辨性的文章。比如张朝友在《教师之友》发表的《呼唤个性化教学》（2000）中指出，传统的模式化的语文教学抹杀学生的个性，倡导语文是最有个性的，也最能发展学生个性。王晓衡（2000）指出，从未来社会对人才需要的角度而言个性化教学势在必行。当然，其他呼唤个性化教学方面的研究也不少存在。

2. 个性化教学研究的发展阶段（2001—2010年）

2001年《基础教育课程改革纲要（试行）》的颁布是一个个性化教学发展的重要契机，个性化教学的理论与实践在我国开展起来。从2001到2010年的10年之间，我国个性化教学研究成果数量惊人，从中国知网可以发现个性化教学文章数量达到318篇，占现有研究成果的六成以上。从研究特点来看，除了研究数量上升较快以外，在研究视角上不仅有纯粹的理论研究，如王玉冬的《普通高校加强个性化教学的探索》（2003），也有实践性研究文章，如郭延兵的《现代汉语课程个性化教学策略探析》（2010），更有比较性的研究文章，如程介明的《哈佛教育研究院的个性化教学》（2003）。在研究人员方面，这个时期的个性化教学研究呈现出多元化的趋势。

3. 个性化教学研究的深入阶段（2010年以后）

从2010年开始，以《国家中长期教育改革和发展规划纲要（2010—2020）》为分水岭，教育理论研究者和教育实践工作者逐渐重视个性化教学的研究。这个时期，个性化教学研究表现出的特点是研究数量逐步增加，2011年发表文章数达到71篇，2012年数量达到83篇。同时，关于个性化教学的研究视角也逐渐增多，个性化教学研究的领域从幼儿教学到小学教学再到中学教学，一直到大学教学。目前，个性化教学研究进入深入研究阶段，不仅从理论领域，而且在实践教学中也受到前所未有的重视和关注。因此，这个阶段个性化教学研究呈现出研究领域的多元化、研究方法的多样性、研究人员的多层性、研究理论的深入性等特点。

（二）我国关于个性化教学的研究内容

1. 个性化教学的内涵研究

当前，关于个性化教学还没有统一的定义，对于定义的研究，主要有以下三种看法。

第一种看法是指教师的教学个性化。如张兆来（1998）认为个性化教学是指教师对学生的学习活动进行有个性的指导。又如邓志伟（2002）认为，个性化教学即全纳性教学，个性化教学即分化教学，个性化教学即适应性教学。

第二种看法是指学生的学习个性化。如李如密和刘玉静（2001）指出，个性化教学是指教师以个性化的教为手段，满足学生个性化的学，并促进个体人格健康发展的教学活动。再如杨庆荣（2007）认为个性化教学是教师充分尊重和发挥学生的学习积极性，重视学生个性的和谐发展，并通过教学唤起学生的求知欲和对自己全面发展的追求。同时，引导学生独立思考，主动获取信息，实现知识、能力和人格的协同发展。

第三种看法是从教师和学生两个维度来进行界定的。如王中华、熊梅（2012）指出，个性化教学是在教学过程中尊重个性差异和基于教师个性特点，采取灵活的教学形式，提供学习情境，让学生主动参与到学习中去，以培养学生交流与沟通能力、合作学习的能力以及个性化学习为目标，推进个性化的教与学的实践活动。

2. 个性化教学的理论基础研究

邓志伟（2002）认为，个性化教学的理论基础有夸美纽斯的机械自然主义教学理论、洛克的经验主义教学理论、卢梭的浪漫自然主义教学理论、康德的唯理主义教学理论、裴斯泰洛齐的理性自然主义教学理论、赫尔巴特的联想主义教学理论以及科学、人文、实用等教学理论。夏慧贤（2003）等认为，个性化教学的理论基础主要是心理学基础。郭良璞（2006）认为，个性化教学的理论基础是罗杰斯的人本主义、布鲁纳的发现学习、奥苏伯尔的成就动机、加德纳的多元智力理论等。陶磊（2010）认为，个性化教学的理论基础有行为主义、认知主义、建构主义、多元智能等方面。

3. 个性化教学的价值研究

裴文敏和卢真金（1990）认为个性化教学的价值在于：第一，充分调动广大教师的积极性和创造性；第二，有利于在教学实践中丰富和发展我们的教学理论；第三，有利于培养有良好个性的社会主义事业的人才；第四，有利于培养造就一大批具有较高教学艺术水平的教师队伍。邓志伟（2002）认为，个性化教学实现从应试教育走向素质教育的需要，也是实现学生个性自由发展的需要及培养“平民化自由人格”。黄良广、王雪晴（2011）认为，个性化教学有利于形成学生的良好个性，也利于推进素质教育，还能保证教育教学效果等方面的价值。王中华、熊梅（2011）认为，个性化教学的价值在于给学生提供适合的教育、体现教师的个性化教学、推进学生参与课堂教学、解放教师、发展学生的多元智能以及关注学生的个性和共性发展。李佺宁（2012）认为，发展学生个性是促进学生全面发展的需要，是培养创新人才的需要，是实施生本教育的需要。

4. 个性化教学的本质研究

董云川（1993）认为，个性化教学是适应教育的人本化的需要，也是教学方法改革的标志。邓志伟（2002）认为，个性化教学本质是个性化自由发展。黄晓娜、王标（2006）认为，个性化教学追求人的全面自由、个性发展，符合新的课程改革的目标。王中华、熊梅（2012）认为，个性化教学本质是教师个性化的教和学生个性化的学，尊重学生的不同个性发展需要，是实现"和而不同"和"差异共生"。

5. 个性化教学的特征研究

裴文敏和卢真金（1990）认为，个性化教学具有针对性、选择性、艺术个性等特征。王晓玲（1998）认为，个性化教学具有教学语言的个性化、教学思维的个性化、富于个性的体态语、强烈的自我意识等特征。李如密和刘玉静（2001）认为，个性化教学具有民主性、主体性、创造性及和谐性等特征。邓志伟（2002）认为，个性化教学体现出学生在学习步调上的各自差异，媒体技术上的不同选择，学习方法上的多元化策略，学习内容上的满足学生的学习兴趣和需要，学习目标上的多元化课程目标，不同的评价方法以及评价标准上的差异性和个性化。何雁和洪世昌等（2003）认为，个性化教学具有5个方面的基本特征：第一，教学理念人性化，并强调学生个体价值，适应学生个体差异性和多样性发展的需要；第二，课程与教学目的多样化，形成人人都能实现的平民化自由人格；第三，教学内容生活化，贴近学生的生活体验，学生个性才会获得生存发展的空间；第四，教学组织形式生态化，有力支持着学生个性化发展；第五，教学信息技术的现代化，提供学生可以选择的不同媒体技术，丰富学生个性化的学习生活，使学生回归生活世界，为生活而学习和在生活中学习提供物质保障。

6. 个性化教学的缺失原因研究

姜淑颖和李啸（2008）认为，个性化教学缺失主要因为学术界过于重视学生个性而忽略教师个性，教学评价标准太注重统一性，集体备课缺乏灵活性，学校没有给教师留足够的时间和空间等。王中华、熊梅（2011）认为，个性化教学缺失的原因在于教师千篇一律地进行教学，学生去个性化的学习，课堂组织形式缺乏变化，学生的判断能力与选择能力缺失，忽视了学生的个性化教学评价。

7. 个性化教学的影响因素研究

裴文敏和卢真金（1990）认为，个性化教学的影响因素既有客观外界因素又有主观内部因素，既有人的因素又有物的因素。章立早（2010）认为，个性的失落是个性化教学缺失的原因。黄良广和王雪晴（2011）认为，教师的个性、教师的职业审美意识、教师知识经验、教师的自我发展意识、教学环境等因素在影响着个性化教学。王中华、熊梅（2012）从文化视角进行研究，认为个性化教学主要受到教育官本位文化、教师制度文化、教师行为文化、教育研究文化等因素的影响。

8. 个性化教学的策略研究

董云川（1993）提出，在推进个性化教学时，教师需要进行陶冶情操，注重品德修养，寓教书于育人中，而且要把握个性特征，扩大“晕轮效应”，也要钻研学科理论与掌握教学规律并重，善于借鉴前人和同人之优秀教学成果和先进教学经验，还要以高期望值激发学生的探究意识，以原则性与灵活性相统一的方法来实现教学中的双向通道。刘黎明（2002）认为，个性化教学策略主要体现在因材施教、教学艺术化、教学审美化、自主创新性学习等方面。刘玉静（2003）提出了丰富多样的课程开发、有效灵活的教学方法、民主互动的网络教学模式、多元动态的教学评价、尊重个性的教学目标、愉悦和谐的教学环境等策略。聂雅靖（2007）认为，个性化教学需要转变教师思想观念以形成正确的学生观，同时构建民主平等的师生关系，还需要尊重师生双方的个性，创造良好的教学环境，从而实现师生共同成长。杨庆荣（2007）提出了充分了解学生，制订个性化的学习目标、恰当的教学方法，创设个性化的学习氛围，实施个性化的教学评价等个性化教学策略。卞志荣（2009）认为，反思、自主学习、自主创新是实现个性化教学的重要策略。王中华、熊梅（2011）认为，教师需要具有个性化的教学理念、形成教师的个性化教学品质、探索个性化教学组织形式、创设个性化教学环境、加强学生研究、构建个性化教学评价体系等。

9. 个性化教学的学科研究

以学科视角对个性化教学进行研究比较多见，主要研究成果集中在以下几方面。

第一，从语文学科上来探讨个性化教学，如鲁霖霖（2012）在《关于高中语文教学中个性化阅读的若干思考》中指出了个性化阅读在语文教学中的价值，并提出了一些相关策略。当然，在语文教学中探讨个性化教学的研究者还是比较多的。

第二，从信息技术学科上来探讨个性化教学，如刘名卓、张琴珠在《信息技术与个性化教学模式探讨》（2005）中指出信息技术为个性化教学提供了有力的物质基础和技术支持，并提到信息化环境下的个性化教学模式的一些问题。

第三，数学个性化教学，如苏志强在《数学实施个性化教学的策略》（2003）中提出教学内容个性化、教学策略个性化、教学评价个性化等策略。

第四，英语个性化教学，如倪旸在《大学英语个性化教学的实践与探索》（2006）中指出，大学英语个性化教学实践中取得了一定的成绩，同时也存在相关的一些问题。当然，除了上面已经探讨的这些学科以外，也有从体育、音乐、历史等学科进行个性化教学的研究。

10. 个性化教学的模式研究

对于个性化教学模式，一种研究是从理论研究层面进行的。如邓志伟（2002）对个性化教学模式进行了总结，提到了美国沃尔伯格的四类个性化教学模式（阶层模式、随机模式、多元多价模式、多元模式）以及欧内斯特五类个性化教学模式（掌握学习、适应性教学、自主学习、策略教学、计算机化教学）等，也指出台湾学者林生傅总结的七类教学模式（调试学习环境模式、个别辅导教育系统、适应学习需要教育方案、个人化教学系统、精熟教学、灵活化教学系统、非指导性教学），并指出我国教学模式的分类，如表1－2所示。一种研究是从实践层面进行的。如熊梅、王艳玲、艾庆华（2011）认为，个性化教学理念指导的教学呈现出与传统教学模式不一样的形态以及不同的教学策略，并从教学目标、教学内容、学习组织形式、教师指导、学习环境、学习评价六个方面，探讨了个性化教学设计与实施的基本策略。

表 1－2　教学模式分类

所依据的教学原理	模式分类
掌握教学原理	掌握学习、IGE
不断进展原理	程序教学、PSI
自我发展原理	非指导性教学、PLAN

资料来源：邓志伟. 个性化教学论［M］. 上海：上海教育出版社，2002.

当然，个性化教学研究还有其他方面的一些研究，在此，笔者不再一一详细论述。

（三）我国个性化教学研究的局限与不足

1. 研究目标方面的局限

当前，研究者对于个性化教学研究目标、研究的价值取向以及个性化教学的核心价值观等问题都存在一定的不足。现有的关于个性化教学研究缺少对个性化教学的本质思考，缺失对个性化教学终极价值的追求。由于研究目标的缺失，以至于在现有的研究中显得研究方向的迷失，研究的动力不足。

2. 研究内容方面的局限

第一，从研究内容上来看，现有的研究更多的是从实践层面的研究，所以，个性化教学研究的理论深度不够。尽管有邓志伟发表过《个性化教学论》等专著，夏慧贤发表过《多元智能与个性化教学》等专著，也有李如密、刘玉静等在《教育理论与实践》上发表过《个性化教学的内涵及特征》，还有董云川在《高等教育研究》上发表的《个性化教学初探》等理论性的文章，但是从总体来看，现有研究更多的是从实践层面来进行研究，理论深度有待进一步提高。

第二，研究视角不够。在目前的研究来看，从教育学、信息技术学、心理学等学科领域进行了相关研究，但是，缺乏从文化学、社会学、经济学等相关学科以及跨学科方面的研究。

第三，从研究文章发表的杂志上来看，由于研究内容的局限，发表文章的杂志档次也一般。尽管也有《中国教育学刊》《教育理论与实践》《高等教育研究》《教育评论》《黑龙江高教研究》《现代教育管理》等 CSSCI 期刊来关注个性化教学研究以及《教学与管理》《教育学术月刊》《教育探索》《当代教育科学》等核心期刊来进行关注个性化教学，但是，研究成果的档次不够高。其中核心期刊级别的文章为105篇，占文章总数的21.29%，CSSCI级别的文章合计22篇，占4.46%，其余的文章都是省级或者省级以下的刊物，合计366篇，占74.25%。

3. 研究人员方面的局限

第一，从研究人员分布上，不难发现，个性化教学研究者以一线教师为主，研究文章近七成是一线教师所进行的研究。

第二，在研究人员分布上，以中小学教师居多，文章为390篇，占79.1%。因此，个性化教学研究在研究深度、研究广度、研究推广度方面均存在这样或者那样的问题。

第三，专业研究人员的“缺席”。在研究人员分布中，我们可以发现，大学研究人员的文章总共103篇，占20.9%，而专业研究人员更是少之更少。

4. 研究方法方面的局限

在个性化教学研究的方法上来看，研究方法更多是显得单一，更多的研究显示出或者是一种实践经验总结或者是一种纯粹思辨。当前，个性化教学研究缺乏调查法、比较研究法、质性研究等研究方法。总之，近年来我国个性化教学研究取得了一定的成就，为培养创新性人才，推进我国素质教育，提高教育质量都做出了很多的贡献，但是目前的个性化教学研究还存在这样或者那样的不足。因此，为了进一步推进个性化教学，需要加强个性化教学方面的研究。

（四）国外关于个性化教学的研究

自古代苏格拉底以来，西方将苏格拉底作为“个性化教学的鼻祖”。因此，西方关于个性化教学的研究还是比较多，特别是凯勒研究个性化学习系统以来，从20世纪70年代开始对个性化教学的研究就一直不断，包括美国、日本等一些国家对个性化的研究较多，由于笔者外语水平的限制，搜集的资料也不是非常广泛，主要列举以下的研究，如表1－3所示。

表 1-3　国外个性化教学研究代表观点

作者	主要内容或者基本观点	文章出处
［日］加藤幸次	主要探讨了在指导学习形态和指导过程中需要做到“适应个人差异”，并探讨传统教学与个性化教学的特征比较，在此基础上研究了学习课题上的个人差异，学习进度方面的个人差异，学习适应性、学习类型方面的差异	《创造适应个人差异的教学》，载于《东亚学校教育创新高端学术论坛暨东北师大附小教育集团开放式教育十年研究发表会研究纪要》，2011 年 9 月
［美］乔治·J. 艾伦	主要探讨了写作是一项创造性的活动，并通过调查分析写作风格与学生的成绩优劣是否有相关性，指出个性化教学对写作具有重要的价值	《用个性化教学提高大学生的写作技能》，载于《心理学教学》1984 年第 2 期
［美］丽萨·M. 瑞博，乔治·B. 塞姆	在提出个性化教学是否与批判性思考有关的论题下，认为个性化教学能提升高级程序技能，并提出了相关解决策略	《个性化教学与批判性思考：关系紧密或者没有区别》，载于《心理学教学》1991 年第 4 期
［美］弗兰克林·P. 莫里	教学是一项基于教师道德诚信的道德事业，个性化教学发生在教师与学生之间的关联，并在一个网络之下，包括学生家长、其他学生和其他教职工。它也是一个交互的、道德经验，它是道德判断的交互活动	《个性化教学的本质》，载于《教育领导》1979 年第 5 期
［美］贾瑞德·A. 查斯，拉蒙娜·霍曼发	在分析凯勒的个性化学习系统基础之上，探讨了学生的成绩与学生的风格是有关的，而且通过控制学生的风格能影响学生的学习成绩，可见个性化教学的价值	《个性化学习课程中普通组和实验组之间的学生不同效果》，载于《行为教育杂志》2009 年第 8 期
郭法奇	从美国个性化教育的思想基础出发，探讨美国教学中重视学生按照自己的兴趣和需要进行独立学习，培养学生的自信心和反抗精神	《论美国的个性化教育》，载于《教育理论与实践》2001 年第 1 期

总之，本书研究具有一定的理论及现实价值，通过对个性化教师文化的应然探讨，对个性化教学视野下教师文化的实然探索，从而提出相关对策与

建议，能为个性化教学的开展提供些许建议与参考。

二、教师文化研究现状

我国教师文化研究从秋实在《广州教育》（1991）发表《教师文化建设》开始，从《教育文化学》（1992）一书出版以来，到目前为止，教师文化研究取得了相当大的成就，出版的著作达几十部，发表的博硕论文69篇，期刊论文436篇，教师文化研究成果日益增加。

（一）教师文化的研究阶段

1. 教师文化研究的起步期（1990—1999年）

我国的教师文化研究起步较晚，大概到20世纪90年代才通过有关国外的教师文化研究相关成果的介绍和引进，有了自己的研究。从这个时期来看，在著作方面，比较明显的是1992年由刁培萼主编的《教育文化学》一书，其中深入地探讨教师文化、课程文化和学生文化方面的问题。吴永军（1997）从社会学视角研究教学过程中的教师文化与学生文化。吴康宁（1999）出版著作《课堂教学社会学》，运用社会学视角对教学文化的结构、冲突、运作等方面展开了研究。但是，这个时期的教师文化研究体现出引进、探索等特点。

2. 教师文化研究的发展期（2000—2009年）

在这个阶段，教师文化研究取得了相当大的发展和繁荣。一方面，从事教师文化研究的人员越来越多，从中小学教师到广大的研究人员，研究内容也从大学教师文化研究过渡到中小学教师文化研究。另一方面，教师文化研究的方法也逐渐开拓，从定性研究逐渐发展到定性研究与定量研究的结合。

3. 教师文化研究的纵深发展（2010年至今）

在这个时期，我国教师文化研究呈现出我国研究者从解构与重构的视角来重新研究教师文化。葛金国、吴玲（2012）等从教师文化本体论和教师文化演进论探讨到教师文化功能与教师文化使命，再探讨到教师文化生态论和教师文化实践论，从教师文化的结构到教师文化的重构。

（二）教师文化的研究内容

1. 教师文化含义的研究

对于教师文化定义的研究，目前学术界还没有达成统一的认识，因此还存在诸多的定义，主要有下面几种代表性的定义：秋实（1991）认为，教师是社会中一个特定的群体，这一群体所共有的价值观念、思维模式、行为习惯等，就称之为“教师文化”。① 顾明远（1998）认为，教师文化是指教师的价值观念及行为方式。② 冯生尧、李子建（2002）认为，教师文化可以从内容和形式上进行定义，从内容上可以认为在特定教师团体内或在更加广泛的教师社区之间各教师成员所共享的态度、价值、信念、假设以及处事方式等就是教师文化，而在形式上主要是指教师成员之间相互联系的方式与关系的类型等。陈永明（2003）认为，教师文化是学校文化中的亚文化，它是教师在教育教学活动中形成与发展起来的价值观念和行为方式。③ 赵昌木（2004）认为，教师文化是在学校教师群体内形成的独特的价值观、共同的思想和信念、职业精神和行为准则、规范等方面。金崇芳（2004）认为④，教师文化是教育与文化的社会同构体，它不仅代表着教育者的精神风貌、理想信念，蕴涵着一个学校的办学思想、管理观念，是集教育者个人素质、学校教育观念及社会价值理念于一体的综合文化反映。张九洲（2006）认为，教师文化是指学校教师共同的价值体系和行为规范的综合，它既包括教师团体的价值信念、态度、习惯及行为规范，也包括教师之间的关系形态及集体成员的结合方式。⑤ 王欢（2007）认为，教师文化的内涵应指教师在教学活动中形成与发展起来的价值观念和行为方式，它主要包括教师的角色认同、行为方式、职业职能教育理念等方面的内容。⑥ 刘万海（2008）指出，一般意义上的教师文化是指教师共同体的专业范式特征及倾向，是与其专业特质相适应的物质文化、制度文化与精神文化的总和。⑦ 谢翌、张释元（2012）在总结前人的基础之上认为，教师文化内涵十分丰富，并提出一些代表性的观点：第一，教师共享的信仰和知识；第二，教师的精神现象和文化状况；第三，教师共

---

① 秋实．教师文化建设［J］．广州教育，1991（7）：38－40.

② 顾明远．教育大词典［M］．上海：上海教育出版社，1998：705.

③ 陈永明．教师教育研究［M］．上海：华东师范大学出版社，2003：258.

④ 金崇芳．教师文化刍议［J］．渭南师范学院学报，2004（3）：82－83.

⑤ 张九洲，房慧．当代教师文化释义［J］．现代教育科学，2006（3）：25－27.

⑥ 王欢．浅论新形势下教师文化的变革［J］．杭州电子科技大学学报：社会科学版，2007（3）：82－86.

⑦ 刘万海．从“课程”到“教师”［J］．全球教育展望，2008（8）：50－52.

享的实质性的态度、价值、信念、假设和处事方式；第四，教师共同的意识、价值体系、行为规范、感知方式和生活习惯的综合，是一种“集体无意识”的存在方式。

2. **教师文化分类研究**

教师文化分类研究，如表 1－4 所示。

表 1－4　　　　教师分类研究

代表人物	分类说	内容
郑金洲（2000）	三类说	学术本位的文化、学校本位的文化、学科本位的文化①
刘万海（2008）	二类说	适应型与创生型文化
古翠凤（2005）	四类说	低权力距离文化、高不确定性回避文化、高个人主义文化和女性度文化②
邵汉明（2003）	三类说	表层教师文化、中层教师文化和深层教师文化③
宋宏福（2004）	二类说	浅层文化与核心文化，个人文化与合作文化，角色文化与生态文化④
罗红艳（2005）	二类说	隐性文化与显性文化⑤
林清江（1981）	三类说	学术中心与教学中心的对立；专业取向与受雇者取向的对立；教学者与学习者两种角色的对立
蒋冠裙（2007）	三类说	教师物质文化、教师制度文化、教师精神文化⑥
郝明君，靳玉乐（2006）	两类说	隔离型教师文化与合作型教师文化⑦
李润洲（2006）	三类说	教师角色文化、教师交往文化、教师形象文化

① 郑金洲．教育文化学［M］．北京：人民教育出版社，2000：269.

② 古翠凤．文化四维度理论视角下的教师文化研究［J］．教育探索，2005（8）：112－113.

③ 邵汉明．中国文化研究二十年［M］．北京：人民出版社，2003：16.

④ 宋宏福．教师文化及其对教师成长的意义［J］．教育与职业，2004（15）：92－94.

⑤ 罗红艳．教师文化塑造：意义、困境与路径［J］．教学与管理，2005（4）：16－19.

⑥ 蒋冠裙．学习型学校的教师文化建设［D］．南京：南京师范大学，2007.

⑦ 郝明君，靳玉乐．教师文化的变革［J］．中国教育学刊，2006（3）：70－72.

3. **教师文化的特征**

郑金洲（2000）认为，教师文化具有阶级性或者说阶层性、自主性和专业主义性。赵炳辉（2006）认为，教师文化具有高度的专业自律性、反思基础上的实践性、合目的基础上的互依性、多维度的开放性等。郝明君、靳玉乐（2006）指出，教师文化基本类型为隔离型与合作型教师文化。张莉（2008）认为，教师文化的特征体现在可塑性、精神性、融合性、示范性、共享性等方面。刘冬生、杨伶（2010）认为，教师文化的基本特征就是精神性、融合性、可塑性。

4. **教师文化功能的研究**

房慧（2005）认为提高学校管理质量、优化师资队伍建设、促进教师专业发展。① 史品楠（2008）认为教师文化有导向功能、示范功能、凝聚功能以及整合功能。② 车丽娜（2010）认为，教师文化具有人格塑造功能、社会区隔功能、团体凝聚功能、学校民主管理功能、社会伦理发展功能。赵振杰（2010）认为，教师文化具有引导、凝聚、激励、约束等内在功能和协调、辐射等外在功能。葛金国、吴玲（2012）认为，教师文化功能主要表现在诠释功能、化育功能、规训功能、涵养功能等方面。

5. **教师文化困境的研究**

段会冬（2011）指出，乡村教师陷入文化困境的原因在于：第一，宏观层面国家权力的下沉；第二，相关制度的安排；第三，工业化、城市化进程中国家发展重心的转移；第四，微观层面个体的文化选择。冯宇红（2011）指出，制约农村教师文化发展的主要因素是文化阻抗，基本表现是农村教师教育理念的落后和价值取向偏差以及教师行为失范等。

6. **教师文化建设的研究**

秋实（1991）认为，建设教师文化需要建立现代教育价值观、建立与现代教育技术相适应的思维模式、培养与现代教育相适应的教育行为习惯和心理素质。凌小云（1998）认为，可以从教师主体性、学校组织等视角去重新塑造教师文化。

---

① 房慧．新课程背景下教师文化的建构［D］．桂林：广西师范大学，2005.

② 史品楠．论新课程背景下的教师文化建设［D］．南京：南京师范大学，2008.

7. **教师文化的多理论视角研究**

第一，身体哲学视角。龙宝新、韩国强（2010）认为，在身体哲学的视野中，教师身体具有表现性与储积性、建构性与受约性、本体性与区分性等多重文化特性。教师身体是文化的生产者、符号、装置与演员。

第二，生态学的视角。李清臣（2008）认为，教师文化是一个完整的生态系统，是一个由教师文化的基本生态主体与生态环境组成的复合与多元的整体。同时，文丽萍（2011）认为，文化生态的自由既指教师教育教学活动独立和自主，又指教师不断完善自己，实现生命价值的自由。

第三，信息技术视角。孟燕燕（2008）认为，网络为教师文化搭建了发展的平台，也使教师文化从适应型教师文化到创生型教师文化以及从隔离型教师文化到合作型教师文化。

第四，病理学视角。林艳（2007）认为，从病理学视角出发，教师文化存在以下病理现象：相互隔离，各自为政；机械操作，按部就班；主体缺失，放弃管理；丧失动力，迷失自我。

第五，生命哲学视角。赵复查（2007）认为，教师文化要在追求卓越中探索生命意义、启迪生命智慧、提升生命价值；要在教育实践中感悟生命的存在、生命的深不可测、生命的创造；要在教育活动中体现生命存在的价值认同、生命存在的主体间性、生命存在的生态观照。①

第六，社会学视角。吴永军（1997）从社会学的角度对课堂教学中的教师文化与学生文化进行了探讨。吴康宁的《课堂教学社会学》（1999）也从社会学的角度研究了师生关系及课堂教学文化的结构、冲突、运作等内容。当然，还有一些其他方面的研究视角。

8. **教师文化的多学科视角研究**

第一，从数学学科来研究教师文化。如孙建霞（2012）指出，教师需要树立正确的数学文化观，也要完善自己的专业结构，还要改变自己的教学方法。

第二，从体育学科的视角来研究教师文化。如李鸿双、班玉生（2011）指出，体育院校术科教师文化是此类专业院校中的主导教师文化。②

---

① 赵复查．生命哲学视域中的教师文化［J］．韩山师范学院学报，2007（2）：87－92.

② 李鸿双，班玉生．体育教师文化论［J］．体育文化导刊，2011（4）：101－103.

第三，从英语学科视角进行教师文化研究。如陈丽春（2012）指出英语学科教师文化重建的重要价值。

第四，从思想政治课视角研究教师文化。如张成林（2011）认为，中小学思想政治课教师需要从改变教师角色、树立新的教学理念、形成新的师生关系等去重构教师文化。当然，还有其他关于学科视角的教师文化研究。

（三）教师文化的国外研究

国外的教师文化研究主要分为三个阶段，首先，是20世纪30年代，美国社会学家沃勒（W. W. Waller）在《教学社会学》（1932）中率先提到了教师文化方面的一些内容，这是教师文化研究领域的开端。沃勒研究了美国社会中特殊的人际关系与独特文化，并指出教师文化的核心是非人性（Impers, Nality），即教师在教学过程中所表现出来的伪善、卑屈、狭隘、权势等特征，同时探究了形成教师行为与意识偏差的社会因素与制度因素。其次，20世纪70年代，芝加哥大学的社会学家洛蒂（D. C. Lortie）的著作《教师—社会学研究》（1975）对教师文化进行了一定的研究，进一步推进了教师文化的深入研究。再次，20世纪80年代以来，受到教师专业化运动与教师教育改革运动的影响，教师文化的研究得到了前所未有的重视和关注，以鲍尔（S. Ball）和古德逊（I. Goodson）的《教师的生活和职业》、古德逊（I. Goodson）的《教师生活研究》、布罗菲（Jere. E. Brophy）的《透视课堂》（Looking in Classrooms）、斯蒂格勒的《教学的差异》、加拿大学者哈格里夫斯（Andy Hargreaves）的《教学文化：变革的焦点》和《变化的时代，变化的教师：后现代时期的教师工作与文化》以及日本学者佐藤学的《课程与教师》和稻垣忠彦所做的长野县师范学校毕业生的教师生活调查等文献为代表，展开了对教师文化深入和广泛的研究，将教师文化研究推向了新的高潮。具体如下：

第一，兰学者霍夫斯坦特（Hofstede C.）提出了著名的“文化四维度理论”：权力距离维度、不确定性回避维度、个人主义与集体主义维度和男性度与女性度维度等来界定教师文化。

第二，夫斯对教师文化类型进行了相关的研究，并在《教学文化：变革的焦点》和《变化的时代，变化的教师：后现代时期的教师工作与文化》

等著作中，提出了教师文化的四种类型，即个人主义的教师文化（Individualistic Culture）、巴尔干化的教师文化（Balkanized Culture）、自然合作性的教师文化（Collaborative Culture）和人为合作性的教师文化（Contrived Collegiality）。①

第三，日本教育学者佐藤学在《课程与教师》对教师文化进行一定的研究。佐藤学（2003）认为，教师文化是指教师的职业意识与自我意识，专业知识与技能，感受“教师味”的规范意识与价值观、思考、感悟和行动的方式等，即教师们特有的规范式职业文化。并指出教师文化的主要类型分为支配性教师文化、教育研修中心和大学的教师教育文化、教育工会的文化、以自主研修与非正式研究会为基础的专业文化。

第四，美国学者 Allam A. Glathom 认为，学校管理者在学校领导的过程中，应该从整个学校的观点着眼。鼓励与促进成员之间的沟通；建立积极而开放的学校气氛；和教师同人们共同合作，建立学校课程标准；以专业发展来带动教师的成长；以身作则，作为教师同人在课程领导方面的典范；与教师同人建设良好的教师文化和学校文化。②

第五，美国学者格罗斯（N. Gross）在《全美校长职务研究》中指出，如果校长多用“专业领导”方式，比如校长经常接见教师、给予鼓励并指导教学等问题，形成良好的教师文化。

第六，美国高等教育学家伯顿·克拉克认为，教师文化分为研究型文化、学术教学型文化、专业训练型文化和校外专业工作型文化。

纵观已有的关于教师文化方面的研究，不难发现教师文化自从 20 世纪 30 年代以来逐渐受到世界范围内的关注与重视，而我国关于教师文化的研究起步较晚。随着我国教育学研究水平的提升和教育改革的宏观背景，教师文化研究日益在我国发展起来，并且取得了相当的成就。从教师文化定义的研究到教师文化分类，从教师文化的功能到教师文化发展的困境等方面都展开了相关研究。但是，以往的研究更多地在于从教师专业化发展的视角进行研究，如房慧的《新课程背景下教师文化的建构》等是从教师文化与教师专业发展

---

① ANDY HARGREAVES. Changing teachers, changing times: teachers'work and culture in the postmodern age [M]. London: Cassel Educational Limited, 1994: 166.

② ALLAN A. GLATHOM. 校长的课程领导 [M]. 单文经，等，译. 上海. 华东师范大学出版社，2003：31.

关系来探究教师文化，或者从学校文化建设与教师文化之间的关系作为研究视点，而从课堂教学进行研究教师文化的学者更多的是从教学社会学视角进行教师文化研究，而将教师文化锁定在教学的视角，特别是个性化教学的视角，并探讨个性化教学与教师文化之间的关系的研究还是不多见。因此，还存在一定的研究空间。

第二章 个性化教学与教师文化的基本理论分析

在本书研究的过程中，首先需要对个性化教学和教师文化进行深刻的理解和界定，从中寻找到个性化教学的基本理论和内涵解读以及教师文化相关的理论分析，从而才能在此基础上进行深入的分析和研究，以便进一步得到个性化教学与教师文化之间的变量关系，进而为本书研究打下坚实的理论基础。因此，本章首先探讨个性化教学的内涵、理论基础、特征以及价值所在和核心价值观，并深入分析教师文化的内涵、传统特征以及教师文化的结构，在此基础之上再进行个性化教学与教师文化之间的关系探讨，思考个性化教学背景下教师文化变革的理论依据。

第一节 个性化教学的内涵分析

一、内涵解析

（一）个性的含义

当前，对于个性的理解存在不一致的看法，具体而言主要有以下几种看法。第一，从心理学角度来进行定义，个性“也可称人格。指一个人的整个精神面貌，即具有一定倾向性的心理特征的总和”①。第二，从哲学视角来进行定义，个性指：“一事物区别于其他事物的个别的、特殊的性质。它使事物具有各自的特点。共性和个性是辩证的统一。各个事物内中不但包含着个性，而且包含着共性，共性存在于个性之中，个性表现共性并丰富了共性。”② 第

① 朱智贤. 心理学大词典［Z］. 北京：北京师范大学出版社，1989：225.

② 辞海编辑委员会. 辞海（哲学分册）［M］. 上海：上海辞书出版社，1980：77.

三，艺术学上来进行定义，一般而言，个性是指作品上的风格和特色。第四，马克思对个性的定义。个性是指“个体的主体性”①。

综合已有的研究成果，笔者将个性界定为：个性主要指一个人区别与另一个人的一种稳定的、特殊的、个别的整体心理特征，是针对共性而言的。

（二）个性的特征分析

从个性的特征来看，有的学者认为个性的特征主要包括个性的独特性、个性心理的整体性、个性的意识倾向性、独立自主性等几个特征。② 也有学者认为个性具有唯一性、不可重复性、独特性和不可取代性、自我性是个性的特征。③ 还有学者认为，个性具有整体性、个别性和共同性、稳定性和可变性、生物制约性和社会制约性。④ 笔者认为，个性是一个人所具有的心理倾向性，同时，个性包括了个人的独特性、创造性和差异性、开放性、自由性。

（三）个性化教学的含义

1. “教学方法说”，即将个性化教学看作是一种个性化的教学方法

《国际教育百科全书》认为，一种以个体而非群体为基础的教学形式，与诸如演讲或小组教学等全体为基础的教学方法相比，在学习步调和学习时间方面，几乎一切个性化教学都允许学生有更大的灵活性，教学适应学生个人需要的程度随所采用的特殊方法而变化。⑤

2. “教学手段说”，即将个性化教学看作是一种个性化的教学手段

有的学者认为，个性化教学是指教师以个性化的教为手段，满足学生个性化的学，并促进个体人格健康发展的教学活动。⑥

---

① 马克思，恩格斯．马克思恩格斯全集（第46卷上）[M]．北京：人民出版社，1974：494.

② 胡克英．教育与个性发展[J]．教育研究与实验，1989（2）：1-8.

③ 冯建军．论个性化教育的理念[J]．教育科学，2004（2）：11-14.

④ 高玉祥．个性心理学[M]．北京：北京师范大学出版社，2007：10.

⑤ 中央教育科学研究所比较教育研究室．国际教育百科全书（第五卷）[Z]．北京：教育科学出版社，1990：75.

⑥ 李如密，刘玉静．个性化教学的内涵及其特征[J]．教育理论与实践，2001（9）：37-41.

3. “适应性教学说”，即将个性化教学视为一种适应性教学

有的学者认为，个性化教学是指适应性教学，就是要求教学安排适应个别差异的环境条件，创设相应的情境，建构相应的课程知识以及建立相应的评价制度。①

4. “教学程序说”，即将个性化教学看作是个性化的教学程序

有的学者认为，个性化教学是教师要针对自身的综合特质，结合所教学科的特点以及学生的独特个性、能力结构，并在此基础上设计的整体教学思路和教学程序。②

5. “教学环境说”，即将个性化教学强调为创设个性化的教学环境

东北师大附小对个性化教学的定义：以珍惜群体中的每一个人为基本出发点，旨在创造最有利于每个学生的最好发展环境，充分尊重和发挥学生学习的主动性和积极性，灵活运用多种方式以适应学生学习个别差异达到学生个性和谐发展和个人全面发展的目标。

纵观已有的个性化教学的定义，笔者认为，个性化教学主要是指在课堂教学过程中，教师尊重学生个性差异和基于自身的个性特点，采取灵活的教学组织形式，提供学生以合适的学习情境让学生主动参与到学习中来，以培养学生交流与沟通能力、合作学习的能力以及个性化学习为目标，推进个性化的“教”与“学”的实践活动。简而言之，个性化教学是指在尊重学生的个性差异和学习选择性下，以学生的“学”为主体，通过教师个性化的“教”推进学生个性化的“学”的一种活动。

二、理论基础

（一）建构主义的学习理论

20世纪60年代，瑞士心理学家、教育家皮亚杰（J. Piaget，1966）在总结前人的多种学习理论基础之上，提出了建构主义的学习理论，并认为学生是教育活动和学习的主体，对知识意义具有主动建构的意识和倾向，并认为学生对知识意义的建构是整个教学和学习过程的最终归宿，在教学过程中的

① 邓志伟．个性化教学论［M］．上海：上海教育出版社，2002：55.

② 孟秀．试论个性化教学［J］．徐州教育学院学报，2004（7）：135－136.

教师虽然是居于主导地位，但是教师不能直接向学生灌输知识，只对学生知识的建构起帮助与促进作用。那么，在建构主义学习理论的视野下，个性化教学也就强调教师的促进与指导作用，而不是中心地位，不是对学生进行知识灌输。可见，建构主义学习理论是个性化教学的重要理论基础之一。

（二）多元智力理论

多元智力理论（The Theory of Multiple Intelligences）是由美国哈佛大学心理学家爱德华·加德纳（Howard Gardner）在1983年出版的《智力的结构》（Frames of Mind）中提出了人的七种智力，即言语—语言智力（Verbal－linguistic intelligence）、音乐—节奏智力（Musical－Rhythmic Intelligence）、逻辑—数学智力（Logical－Mathematical Intelligence）、视觉—空间智力（Visual－Spatial Intelligence）、交往—交流智力（Interpersonal Intelligence）、自知—自省智力（Intrapersonal Intelligence）、身体—动觉智力（Bodily－Kinesthetic Intelligence）。后来，又提出第八种智力和第九种智力，即自然观察智力（Naturalist Intelligence）、存在智力（Existential Intelligence）。多元智力理论的基本特征是强调多元性、差异性、开发性、创造性等。我们知道，个性化教学强调尊重学生的个性和差异，关注学生的学习选择性，重视学生的个性化学习，可见，个性化教学的特征与多元智力理论是分不开的。

（三）开放式教育理论

开放式教育是“多元、民主、自由、创新的教育”。① 在开放式教育理念下，重视教学信息空间的开放和沟通渠道多元化、教育功能作用纵深化、教育方法多样化、教学技术手段科学化、教育评价个性化，教师需要给予学生更多的选择与学习自由，创设更加宽泛轻松的学习情境，构建更加和谐的师生关系，让学生能多元化地学习和回答问题，能实现学生个性的张扬。同时，在开放式教育观念下，打破陈旧的观念树立开放的教育观，打破狭隘的管理拓展广阔的管理渠道，打破虚无的德育增强人的实效性，打破单一的课程促进课程的校本化，打破传统的教学创设开放式的教学，打破一元多分评价构

---

① 乔万敏，邢亮．开放式教育：创新型人才培养的新视角［J］．教育研究，2010（10）：86－106.

建多元的激励机制，打破封闭的视野实现人文情怀的开放性。① 在开放式教育理念下，强调教学过程的个性化，关注教学情境的个性化，重视教学评价的个性化，倡导教学内容的个性化，从而使教师在开放式的教育视域中进行个性化的“教”和学生进行个性化的“学”。

（四）信息技术理论

当前，信息技术的发展，特别是以网络为平台的信息技术高速发展，为个性化教学带来了理论与技术支持。从理论上看，信息技术强调个性化、共享性，具有新时代的优点，特别是多媒体教学技术手段的运用，具有以下优点：“直观性，能突破视觉的限制，多角度地观察对象，并能够突出要点，有助于概念的理解和方法的掌握”“图文声像并茂，多角度调动学生的情绪、注意力和兴趣”“动态性，有利于反映概念及过程，能有效地突破教学难点”“交互性，学生有更多的参与，学习更为主动，并通过创造反思的环境，有利于学生形成新的认知结构”“通过多媒体实验实现了对普通实验的扩充，并通过对真实情景的再现和模拟，培养学生的探索、创造能力”“可重复性，有利于突破教学中的难点和克服遗忘”“针对性，使针对不同层次学生的教学成为可能”“大信息量、大容量性，节约了空间和时间，提高了教学效率。② 因此，多媒体教学等教学手段的变革也为个性化的教学提供了新的教学理念、教学方式变革和教学手段的变化，为促进个性化教学提供了客观前提。

（五）人本主义理论

以马斯洛、罗杰斯为代表的人本主义者，强调在教育和教学过程中重视学生的情感、态度与学习需要。第一，自我实现是教育的目的所在。第二，强调个人经验在学生学习中的作用。第三，人本主义的教师观。教师不应是知识的传授者，而是一个解放者，用自己独立的人格去激发学生发展自己的思想，让学生摆脱各种教条的束缚，抛弃各种集体的观点，说出自己喜欢的话来，成为一个独立的人。教师角色的变革，教师成为学生学习的促进者，

---

① 张云鹰．开放式教育［M］．北京：教育科学出版社，2011：43－44.

② 彭军．论多媒体教学的优势［EB/OL］．（2010－08－05）［2013－11－20］．http：//www.pep.com.cn/xxjs/jszj/cai/201008/t20100827_785238.htm.

为学生提供学习资源，让学生单独地或者与其他学生共同形成他们自己的学习计划，提供学生一种促进学习的良好氛围。学生的学习目标是自己确定的，教师只是需要参与学生的学习中去。所以，“我多么渴望完整的人能出现，他们既用情感的方式也有认知的方式行事”。① 现代教育扼杀人的第一性，也扼杀了人的本能和个性，要改造这样的教育就需要发扬人的本能和个性，反对用固定的模式将人培养成机器或者工具，反对将千篇一律的知识硬塞给不同特点的学生。人本主义者科姆斯概括人本主义的几个方面：人类问题是最根本的问题，人无法预测未来，重视个体内在的情感、信念、价值观、意愿和抱负的研究，重视个体的心理状态和过程的研究，重视人类经验的形成，强调自我概念。因此，在人本主义者看来，学校的教学需要重视教师的个性，也需要重视教师的个性化教学，更需要重视学生的个性化发展和个性化的学习。

（六）存在主义理论

以德国的海德格尔（1889—1976）的《存在与时间》和雅斯贝尔斯的《生存哲学》、马丁·布伯的《我与你》为代表的德国存在主义以及法国的萨特、加缪、马尔罗等存在主义学者认为：

第一，人的存在是人的真正本质，没有人的存在，其他一切的存在都是没有意义的。同时人的存在有两个基本特征就是：存在先于本质，人的存在是具体的而不是抽象的。

第二，存在主义的“自由”。人是自由的，自由选择是无条件的。要勇于承担责任。人人都有超越自我的前提。

第三，教育的本质在于唤醒人的灵魂。教育的目标是发展个人意识，为自由的道德选择提供机会，鼓励和发展对自我的认识，唤醒和发展自我责任感和个人的承诺感。②

第四，存在主义的教师和学生关系观。教师需要具有民主的品德，反对教师的个人专制，主张教师与学生的对话与交流，正如马丁·布伯在《我与你》中所指出的那样，教师与学生形成一种“我—你”关系，而不是“我—

① 钟启泉，黄志成．美国教学论流派［M］．西安：山西人民教育出版社，1993：242.

② 赵同森．解读人本主义教育思想［M］．广州：广东教育出版社，2006：21－22.

他”关系。“最关键的是具有独立见解和追求的教师，他在学生中所发生的作用是极大的。”①

第五，发展自我认识为中心的课程观。重视课程的广泛性和活动性，重视学生的学习兴趣，让学生自由选择课程。重视学生经验的差异性以倡导个性化的课程。

因此，存在主义学者认为，教学需要重视教师与学生的个性化存在，重视学生和教师作为教学过程中的主体存在，教师和学生作为主体间性的存在，即在教学过程中，改变传统教学过程中忽视人的存在的做法，做到尊重学生的差异性，重视学生的自主性和能动性以及创造性。

三、特征分析

（一）从“教”转向“学”的教学理念

我们知道，由于过去科学技术的落后，导致经济和社会发展缓慢，以至于人类知识的增长也比较缓慢，于是形成了传统的教学理念。传统的教学中心是教师中心、课堂中心、教材中心。在这种教学理念的主宰下，教师是高高在上的知识给予者或者说是知识授予者，而学生是知识的追求者和文化的被动接受者。因此，教师与学生之间是一种主体与客体的关系，教师是知识的拥有者，对学生进行“填鸭式”和“灌输式”教学，以至于形成了一种赫尔巴特时代的“教育学”。但是，在今天，已经“从什么知识最有价值”发展到“谁的知识最有价值”。在教学活动中学生不是一无所知地来到学校就学，而是带着许多的知识和生活经验来到学校的，甚至可以说在某些方面，“弟子不必不如师”，即教师的“知识”可能还不如学生，这是正常的。因此，在当前的教学过程中，教师需要改变过去那种“高高在上”的观念，需要从“教”转向“学”，即教师的“教”是为学生的“学”服务的，学生才是学习的主体。

在个性化教学视域下，教师需要树立一种新的教学观，即将教学看作学生学习的指导，看作学生的学习做辅导，为学生的学习做好组织工作，为学

① ［德］雅斯贝尔斯．什么是教育［M］．邹进，译．北京：生活·读书·新知三联书店，1991：5.

生的学习做好方向的引导，为学生的学习做好评价，学生才是学习的主人。因此，个性化教学倡导教师从教走向学，积极鼓励学生参与到学习中来，发挥学生的积极性、主动性、创造性。当然，教师还需要改变课程过于注重知识传授的倾向，强调形成积极主动的学习态度，使获得基础知识与基本技能的过程同时成为学会学习和形成正确价值观的过程。①

（二）多元化和个性化的教学内容

北京师范大学顾明远教授指出，“把学习的选择权还给学生”，② 尊重学习的选择权，让学生根据自己的学习兴趣、学习能力、学习风格、学习水平等不同的个性特点，进行个性选择自己所需要学习的内容，这是当前教学改革的一个主流思想。在尊重学生的个性差异和学习选择的过程中，教师就需要提供更多的可以让学生选择的“菜单”。因此，在进行教学设计或者说“备课”的过程中就需要进行选择。

一方面，需要在“问题解决方法”上让学生具有更多的选择。例如，学生在进行一元一次方程“$(x-1)/4-1=x/3$”的解答时，可以让学生进行“去分母，两边都乘以最小公倍数12，得到$3(x-1)-12=4x$，进一步化简得到$x=-15$”。也可以让学生进行“移项，得到$(x-1)/4=(x+3)/3$，然后再交叉相乘，并化简得到$x=-15$”。

另一方面，在学习内容或者要解答的问题上让学生具有选择性，例如同样是学习数学中“商不变规律”时，让学生学习“$1\div1=1$，$2\div2=1$”也可以让学生选择“$10\div10=1$，$100\div100=1$”等，通过让学生对不同数字的计算更加深刻地理解商不变的规律。因此，个性化教学中，教师需要准备更多的可供学生选择的知识学习内容，而不是全班统一的学习方法和同一的学习方案。

（三）灵活的教学组织形式

自从班级授课制产生以来，大班化教学给教育带来更大的经济效率和规

---

① 教育部．基础教育课程改革纲要（试行）[N]．中国教育报，2002-07-22（2）.

② 顾明远．把学习的选择权还给学生[J]．河北师范大学学报：教育科学版，2012（1）：5-8.

模效益，于是传统教学和大班教学得到了前所未有的推崇，以至于秧田式的座位排列，即学生的座位是固定的，“一个萝卜一个坑”，学生上课是不容许随意走动的，也不能随意交流，学生被人为地割裂开来。这种集体座位排列方式和教学组织形式严格限制了教师与学生的交流，也阻隔了学生之间的沟通和学习合作，从而不利于学生的学习。

在个性化教学视域下，以开放的教学理念为前提，采取更加活动性的座位排列和灵活的教学组织形式，以小组为单位，让学生在小组内能进行交流与合作。同时，小组之间也能进行进一步的合作与交流，强调学生之间的学生的交流、合作与经验的分享，在问题解决时能形成学生的“头脑风暴”，进一步促进学生学会学习和学会共同生活。

（四）和谐、互动、合作的师生关系

师生关系是教学过程中重要的一对矛盾关系，这是不容置疑的。师生关系关系到教师教学活动的效果，关系到学生的学习态度和学习心理，关系到学生的学习效果，是有效教学和教学质量的重要保证。因此，师生关系历来就受到学者们的关注与重视。然而，师生观却在不同的时代形成不同的特征，正如有学者指出，我国的师生关系走过了“师道尊严，以师为重”的师生关系—“以学生为重”的师生关系—“以教师为主导”的师生关系—“尊师重教，教师为尊”的师生关系—“民主平等”的师生关系—“尊重学生”的师生关系六个阶段。①

在传统教学的视域下，特别是在传统的文化理念下，师生关系更多的是一种尊卑关系，教师是尊，正如“天地君亲师”所描述的，而学生则是“卑”，教师是被动的学习者。因此，在个性化教学视域下，我们需要转变教师的师生观，让教师从“神坛”上走下来，成为学生“平等中的首席”，尊重学生的个性和差异，成为学生学习的指导者、学生学习的促进者、学生学习共同体的成员与学习合作者，加强与学生之间的交流与沟通，与学生成为一种合作的和谐关系。

① 何学新，闫芳．从师道尊严到尊重学生［J］．河北师范大学学报：教育科学版，2012（2）：30－35.

（五）个性化的教学评价体系

个性化教学评价体系主要表现在个性化和共性结合的教学评价目标、多元的教学评价主体、发展性的教学评价内容、过程导向的教学评价方法，进一步认识到个性化教学不是那种以单一的考试分数来评价学生，而是重视学生的学习创新能力和实践能力，重视学生的多元表达和个性化的答案，并且学生可以接受和选择不同的学习任务。当然，“不同学生也可以选择不同层次的范围或者不同领域的知识，评价以其选择的层次和领域为依据”。①

四、价值所在

（一）寻找失落的个性

由于几千年来的历史和文化原因，我国一直是重视整体性和社会性，重视国家和集体，因此，更多的是“我们”，而不是“我”。例如，我们经常说“我们的国家”“我们的民族”“我们的社会”“我们的单位”等，我们很少看见有人这样说道“我的社会”“我的民族”“我的单位”“我的国家”，从遣词造句就可以看到，我们的话语概念中，更多的是一种集体性话语，而缺少个性化的话语。从而导致个性的缺失，更多的是一种共性。“为了中华民族的伟大复兴，为了每位学生的发展”。第八次基础教育课程改革明确提出，学校教育要培养学生创新能力和个性等目标，改变过去整齐划一的教学模式，改变教学过程中的条条框框的束缚，打破传统教育理念中教师总是力求用一个模式去塑造学生，过分强调在课程、教学方法、评价标准等方面的整齐划一，甚至在一些具体教学要求上也要求学生的步调一致，绝不允许学生有任何“出格”的行为，使得教师的个性丢失，培养不出学生的个性。②

在今天，个性化教学作为新课程改革的一种新的价值追求，力图改变过去传统教学理念下的非个性的教学或者说是个性的教学，更加重视教师的个性化的“教”和学生个性化的“学”，强调尊重学生的个性化差异，重视学习选择性，倡导一种开放的教育理念，重视教师在教学中的个性彰显和教师

① 邓志伟．个性化教学论［M］．上海：上海教育出版社，2002：62.

② 章立早．寻找失落的个性化［J］．中国民族教育，2010（12）：40.

培养学生的个性，企图做到“因材施教”，给学生提供差异性和个性化的教学，为满足学生的不同学习需要和学习需求而进行教学，给学生提供合适的学习方式，从而形成学生丰满的个性和凸显生命的独特性和唯一性。

（二）教师个性的回归

当前课堂教学过程中，教师的教学更多是没有个性的教学，学生也是缺失个性的学生，教师也是缺乏个性的教师，主要表现在教师千篇一律地进行教学，教案的固定化、缺乏个性化以及教学程序的“按部就班”，教师呈现的材料缺乏个性和多元。① 在传统教学的视域下，教师采取统一进度和同一课题或者方法让学生掌握知识或者灌输“标准答案”，教师是不能彰显自己的教学个性，学生也没有个性。在这种传统的教学理念下，教师是去个性的“教”，只是被动的传授知识和讲解知识，将造就预设好的材料和教学内容教给学生，“照本宣科”，甚至出现“一本教案几十年不用换”的局面，也出现一个教师给几个班上课都是语气、语调、话语一样，连每个行为肢体语言都一样的现象，这样的教学没有创新，也没有个性。

然而，在教育改革的今天，更加关注培养学生的创新能力和实践能力，培养学生的探究精神和学习体验，更加重视学生的学习主人翁态度，尊重学生的个性差异和多元化学习，为给学生提供合适的教育，推进学生参与课堂教学。那么，教师就需要个性化教学，需要尊重学生的不同学习兴趣和学习能力，重视学生的不同学习体验和不同学习经历，重视学生的合作学习，让学生从学会知识和技能到学会学习、形成情感价值观态度和能力。个性化教学恰恰就是凸显教师的教学创新，给予学生多元的“学习需要”，提供学生多样化选择的“学习菜单”，从而为学生提供学习选择服务。个性化教学在强调学生个性化的“学”的同时，也重视教师的个性化的“教”，尊重教师的教学风格和教学特色，彰显教师的教学个性。因此，个性化教学旨在促进教师个性的回归。

（三）凸显学校特色

《国家中长期教育改革和发展规划纲要（2010—2020）》中明确指出：

① 王中华，熊梅．个性化教学的缺失与建构［J］．现代教育论丛，2011（6－7）：25－30.

“树立以提高质量为核心的教育发展观，注重教育内涵发展，鼓励学校办出特色、办出水平，出名师，育英才。”① 于是，学校特色或者说特色学校是当前教育界比较关注的焦点问题。一般来说，特色就是指色彩和个性。那么，特色学校或者说学校特色就是指具有鲜明个性和独特色彩的学校。但是，一直以来，学校是千篇一律、办学趋同的现象，学校之间相互模仿和学习，形成“中国只有一所学校”的局面，从而导致学校特色的空无。

我们知道，学校的中心工作和主要任务是教学。学校的一切工作都是围绕教师的教学而开展的，那么，要形成学校的特色和构建特色学校关键在于学校教学的个性化和教学特色。可见，一个学校是否具有个性化教学的理念，是否进行个性化教学，是否彰显教师的个性和学生的个性是考量是否形成学校特色的重要砝码。因此，我们要形成学校特色，构建特色学校关键在于校长具有开展个性化教学的办学理念，形成教师个性化教学文化，加强教师的个性化教学。

（四）形成学生创新能力

基础教育课程改革的理念中强调要形成学生的创新能力。创新精神和创新能力不是一蹴而就的，而是需要在教学过程中逐步培养的。但是，传统的教学理念，重视学生的考试分数，重视学生的“死记硬背”，忽视学生的学习体验，忽视学生的学习合作，忽略教师的个性化“教”，不尊重学生的学习选择，不关注学生的学习需要，淹没学生的学习差异，采取统一的教学内容和评价标准，使得学生不能体现自己的学习差异，也不能进行个性化学习，教师和学生都被规制和规训，往往是“循规蹈矩”“不敢越雷池半步”。于是，教学创新和学习创新的勇气被“扼杀”了。

在个性化教学视域下，重视教师进行个性化的“教”，教师成为学生的学习组织者和合作者，学生能进一步去选择自己的学习，形成自己的学习个性和学习风格，能进行独创性的学习，能进行个性化的体验学习，能得到差异化和多元化的评价，这样一来，学生的创新精神得到了培育，学生创新的个性得到了彰显，学生的创新能力也得到了培养。

---

① 教育部. 国家中长期教育改革和发展规划纲要（2010—2020）[N]. 中国教育报，2010-07-30（1）.

（五）追求和而不同、和谐共生的教学

个性化教学是尊重学生在学习兴趣、学习能力、学习发展水平、学习方法、学习风格、学习需要等方面的差异和个性，尊重学生的多元，重视学生的“不同”。例如，学生在进行《中国行政区域》这个主题学习，在共同学习了“北京”我国首都这个行政区域的地理位置、地方特色等方面的内容之后，让学生在自主学习过程中，可以自主进行选择，出现有的学生选择“上海”，有些学生选择“香港”，有些学生选择“吉林”，也有些学生选择“海南”等进行相关的学习。这样一来，学生能更加重视自己的选择，能进行个性化地判断和学习，从而形成自己的“和而不同”和发展自己的个性。

当然，尊重学生的差异，重视学生的学习选择，关注学生的不同学习需要，重视学生的不同个性，这是个性化教学的应然。同时，个性化教学也重视学生之间的合作，重视学生的同一主题的学习，重视学生的“和谐”，培养学生学会共同生活，形成学牛的集体荣誉感，也培养学生的“同”，形成学生在尊重差异性下能与他人合作与和睦相处的精神，能进行文化理解，能实现“和谐共生”。因此，个性化教学不是放弃“和谐”，也不丢弃“合作”，而是一种“和而不同”“和谐共生”的教学存在。

（六）促进教学质量的提高

一直以来，我们的课堂教学是追求数量，追求一个教师教几十个甚至上百的学生所带来的规模效益，采取统一进步进行教学，能“节省”教师的教学时间，能“节约”很多的经费开支，须不知这样的教学所带来的是学生成为“填鸭式”的工具，学生成为学习的手段，教师成为“传声筒”，以至于大部分学生沦为考试分数的牺牲者，也成为被动的学习者，甚至一个班级的教学只是为几个考试成绩好、考试分数高的学生服务。但是，这样的教学既损害教师的利益，让教师成为考试的“奴隶”，一切教学为考试服务，也损害学生的利益，让学生成为考试的“牺牲品”，考试没有升学就成为“废品”。从总体来看，这样的教学何以谈教学质量，有的是几个考试分数好的学生的“考试质量”，而不是教育质量，也没有“有效教学”。

在今天关注教育质量的时刻，教育质量的衡量标准首先应该是“让人民满意的教育”，那么，人民是谁？笔者认为，人民是代表大多数人的利益的

人，而不是指少数利益的受益者，即在课堂教学过程中，绝大多数学生的利益才是我们需要关注的。可见，办“人民满意的教育”就是要办符合国家发展需要的同时让受教育者个人满意的教育。[①] 因此，教师的教学是以大多数学生的利益为出发点和归宿，重视学生的学习情感、学习需要，关注“学生的满意度”。通过个性化教学能充分尊重学生的学习需要，让学生能在自己的学习范围内进行选择。例如，在数学学习中，将数学知识的难度系数分为A、B、C、D，学生可以根据自己的学习兴趣和学习需要来选择，有些学生喜欢高难度的可以选择A，有些喜欢低难度的就选择D，这样一来，能实现让所有学生在自己可能发展的范围内都获得一定程度的发展和自己发展水准上的最大发展，从而实现所有学生的发展以便提高教育质量。

（七）推进素质教育

自从20世纪80年代开始，我国就一直倡导素质教育。1999年，中共中央国务院颁布《关于深化教育改革全面推进素质教育的决定》指出：“实施素质教育，就是全面贯彻党的教育方针，以提高国民素质为根本宗旨，以培养学生的创新精神和实践能力为重点，造就‘有理想、有道德、有文化、有纪律’的德智体美等全面发展的社会主义事业建设者和接班人。”[②] 自此，我国素质教育建设从理论上到实践上进行了探索，但是素质教育不是“一句口号”，不是一个理论，而更重要的在于学校教学过程中，将其付诸于实践。素质教育的价值，在这里不再赘述。素质教育所倡导的教育理念，关注学生的全面发展和个性化发展，是需要我们去关注的。

个性化教学与素质教育是不谋而合的，素质教育关注学生的个性和创新精神的培养，而个性化教学也非常重视学生的实践探究，形成学生的创新能力。因此，素质教育具体落实到学校课堂教学中去就是需要进行个性化的教学。通过个性化的教学，形成教师个性化的“教”，形成学生个性化的“学”，在个性化的教与学之间形成具有个性化的学生，让学生形成自己的独创个性和风格，形成自己独特的人格品质，从而提高自己的素养和实现全面

---

① 和学新．“人民满意的教育”的评估指标研究［J］．教育科学研究，2009（1）：5－12.

② 中共中央国务院．关于深化教育改革全面推进素质教育的决定［EB/OL］．http：//www.jyb.cn/info/jyzck/200602/t20060219_10716.html.

发展。总之，个性化教学是达到实现素质教育目标的重要手段和重要路径，我们需要加以重视和关注。

五、核心价值观

（一）个性化教学核心价值观的含义

要弄清楚个性化教学核心价值观，就先要理清楚核心价值观的含义。我们认为，核心价值观主要是指人们（主要是指某一社会群体）判断某种事物时依据的是非标准、遵循的行为准则，对群体价值体系和个体行为起决定和支配作用的价值观，也称为“主导价值观”。根据核心价值观的普遍性定义，我们进一步认为，个性化教学的核心价值观是指在个性化教学视域下，教师判断个性化教学与非个性化教学时所依据的标准，在开展个性化教学时所遵循的行为准则，对教师价值体系和个体行为具有决定和支配作用的价值观，也是个性化教学的主导价值观或者基本价值观。

（二）个性化教学核心价值观的基本特征

第一，基础性，即个性化教学核心价值观是个性化教学价值体系中最基本的价值，是个性化教学体系中最内核和最具有标志性的价值，并对个性化教学价值体系中其他的价值观具有引领作用。

第二，普遍性，即为绝大多数教师所共同接受并对教师个性化教学具有普遍意义和普遍影响的价值观。

第三，相对稳定性，即在价值体系的变化中处于相对稳定的价值观。

第四，辐射性（内发性），即个性化教学核心价值观是个性化教学价值体系中最具内源性的部分，是“其他价值观赖以生存的根基”。①

（三）个性化教学核心价值观的意义

1. 避免价值观的混乱

“个性化教学与传统教学具有哪些不同之处？”“个性化教学价值观在哪

① 冯建军．差异与共生：多元文化下学生生活方式与价值观教育［M］．成都：四川教育出版社，2010：210.

里?”“核心价值又在哪里?”……这些问题往往摆在一线教师面前，他们没有办法回答，只落得“不识庐山真面目，只缘身在此山中”的遗憾，特别是一线教师显得“很混乱”，甚至“迷失”在个性化教学中。面对个性化教学改革，却不知道个性化教学的核心价值观在何处，这是需要我们解决的课题。通过个性化教学的核心价值观确立，能给教师一个明晰的价值取向，能给教师以教学思想定位，给予教师教学以正确的方向引导，能使教师进一步形成价值共识和价值认同，从而减少教师在教学理念和教学行为上的认知偏差，规范教师的个性化教学。

2. 提升个性化教学的有效性

实现教学的有效性，促进学生的全面发展和个性发展，提高学习能力，促进教师的专业成长等，都是个性化教学的追求目标。但是，在个性化教学中，教师往往出现“无效”或者“低效”。为什么呢?原因主要在于：“价值层面的有效教学观念，是开展有效教学的重要前提和基础。”① 当我们还没有对个性化教学的核心价值观进行界定，对于个性化教学所追求和奉行的价值观还缺少认同时，是很难甚至不能做到有效的个性化教学。所以，要实现个性化教学的有效性，就需要从理念层面和价值观上来进行认识。

3. 利于推进教学公平

“为每个学生提供适合的教育才是最公平的教育。”② 的确，个性化教学就是基于公平思想的教学，尊重每一个学生的差异和个性，根据学生的学习需要，给予他们相应的学习，体现个性化。那么，这些教学公平的思想需要在个性化教学实践中得到体现和执行，就需要在核心价值观中体现出来，得到教师思想和精神上的认同，因为“思想决定行动”。所以，通过个性化教学核心价值观的构建，能促进教师对“个性化教学体现教学公平”更加深刻的理性认识和感性认识，甚至还获得一种“身份”，充分认知到自己所要进行教学公平的责任和使命感，从而将思想内化为行为，在开展个性化教学中践行教学公平。

4. 利于构建教师文化

一般来讲，教师生活在物理世界、生理世界以及文化世界，故教师是生

① 吴刚平. 价值层面有效教学观念探析［J］. 全球教育展望，2007（4）：22－25.

② 顾明远. 个性化教育与人才培养模式创新［J］. 中国教育学刊，2011（10）：5－8.

活在文化世界中的一种文化存在，顺理成章地就需要教师文化，而教师文化系指教师的职业意识、专业知识与技能，感受“教师味”的规范意识与价值观、思考、感悟和行动的方式，等等，即教师们所特有的范式的职业文化。① 毋庸置疑，个性化教学视域下建构的教师文化肯定是不同于传统教学视域下的教师文化。在个性化教学视域，该如何进行教师文化建设呢？我们应该知道，在建构教师文化过程中，首先要了解个性化教学的核心价值观，即需要认识到个性化教学所要达到的核心理念，如果连这个问题都没有解决又将如何去建构教师文化。因此，教师文化建设过程中，需要建构个性化教学核心价值观。

5. 彰显课程改革的基本精神

新课程改革的宗旨是“为了中华民族的伟大复兴，为了每位学生的发展”。不容置疑，个性化教学也需要与新课程改革宗旨保持一致。但是新课程改革的理念，核心价值观不是纯粹理论，不能只是“形而上”的一种“宏伟蓝图”和远大理想，而是需要将其“形而下”，内化为到具体的教学实践中去，特别是在新课程改革经历了十多年的“旅行”，进行核心层面的改革，即具体落实到课堂教学中去，如何构建教师信念，如何改变教师行为，如何促进学生的学习能力形成等课程改革的核心层面上来，而个性化教学就是新课程改革的具体样态。那么，在个性化教学过程中，如何去体现新课程改革的基本精神呢，我们认为就是需要建构个性化教学的核心价值观。

6. 便于得到社会广泛认同和推广

个性化教学不是一种“哗众取宠”的游戏，不是“唱独角戏”，不是孤掌难鸣，而是需要将其定位到教育改革的“大舞台”去，需要得到社会的广泛认同，取得成功的群众基础。然而，要使个性化教学取得群众基础就需要做到“促进所有学生的发展”“对积极支持并参与教育改革者予以合理的利益回报”“采取民主的推进方式”等基本条件。② 因此，学校在开展个性化教学过程中，要想使个性化教学得到广大群众的支持，首先是需要让家长等在内的社会人士知道个性化教学的核心价值观，看到个性化教学能给他们

---

① ［日］佐藤学．课程与教师［M］．北京：教育科学出版社，1999：12.

② 吴康宁．教育改革成功的基础［J］．教育研究，2012（2）：24－31.

孩子的成长和学习的发展带来多大的"利益回报"。可见，对于获得广大的群众基础来说，构建个性化教学的核心价值观是迫切的和必要的。尽管在欧美国家以及亚洲的日本等发达国家，个性化教学开展得有声有色，但是。当前对于个性化教学，由于对其核心价值观的模糊认识，还存在很多学校和教师处于徘徊和彷徨时期，不敢或者不愿进行个性化教学，往往驻足于理论研究。因此，通过核心价值观的建构，进行价值澄清，进一步丰富和扩展个性化教学的价值追求，理清人们对个性化教学的认识，以便为更多人所接受和参与其中，切实为学生提供"适合的教育"，从而促进个性化教学。

（四）个性化教学核心价值观的构成

1. 教学目标观：形成独特个性的"和而不同"与发展社会性的"和谐共生"

个性化教学是尊重学生的差异，将学生的差异视为教学资源，重视学生的兴趣、动机、能力、多元智能、意志等不同的个性差异，强调形成学生的独特个性，关注"和而不同"。同时，通过学生在小组内的合作学习，开展学习的对话与交流，经验的分享与沟通，共同解决学习中的问题与困难，而且让"会学习"的学生带动"不会学习"的学生，让学生在学习生态中获得相互学习信息交换与对流，让学生进行社会性交往与合作，从而发展学生的互助合作、共同面对问题、分享与交流等方面的社会性，培养其社群意识与集体精神，实现"和谐共生"。

2. 教师的核心价值观的转变：由"教"到"学"的转换

第一，教学思想的变革。2001 年，新课程改革一开始就旗帜鲜明的宣称，将打破原有的教学模式，改变学生的"死记硬背"的学习方式和传统的教师"填鸭式"的教学方式，从而使教学的"天平"从"教"一端向"学"的另一端的再度倾斜。个性化教学视域下，教师需要改变过去那种以教材、教学大纲、教科书为蓝本的局面，需要形成个性化的教学设计，引导学生个性化的学习。

第二，教学方法的转变。个性化教学视域下，教师尊重学生的学习需要。根据马斯洛需要层次理论，人类的需要可以分为生理上的需要、安全上的需要、情感和归属的需要、尊重的需要、自我实现的需要以及求知需要和审美需要。那么，传统教学或者说非个性化教学强调教师的"满堂灌"和"教师讲，学生听"的被动学习状态，将教学简化为教师的"教"，而在个性化教学价值观中需要转变过去只“教”的现状，从而走向“学”，教师需要指导学生的“学”和让学生参与学习，调动学生的学习主动性和创造性，教师不是“权威”，不是裁判学生学习成绩的“法官”，而是“平等中的首席”，教师成为学生学习的合作者、组织者、引导者。

可见，在个性化教学视域下，教学得到重新诠释，即由原来的教师“教”与学生“学”发展到教育的本质是学习，教学是教师引导学生去学习，并调动和激发学习的个体主动性和创造性，将“教学”变成为“学习”。

3. 教学内容观：基础性学习与发展性学习的统一

个性化教学强调根据学生的不同差异，进行个性化的体验和学习，但是它是在强调学生的共同性学习下的差异性学习，而不是片面强调个性化学习，即个性化关注的是：“学生在普遍达到基本要求的前提下实现有个性的发展。”① 比如小学生在学习“中国行政区域”时，首先需要学习北京是我国首都，掌握其地理位置、自然环境、交通、人文、地方特色等基础性知识以后，再让学生进行个性化学习，学生可以根据自己感兴趣的省、市、区等行政区域进行相关的学习，即个性化教学内容的核心价值观是基础性学习与发展性学习的统一。

4. 教学活动观：“做中学”

杜威的“做中学”是个性化教学活动的基本价值观。个性化教学追求学生在小组内主动学习和自我体验，在小组间的对话与分享，通过活动性学习让学生生成知识与形成能力。“做中学”是美国教育家杜威基于“教育即生活”“教育即生长”“教育即经验的改造”所提出来的，认为学生有四种本能。第一种本能是社交本能，是学生在谈话、交际和交往中所表现出来的兴趣，语言本能是儿童社会表达的最简单的形式。第二种本能是制作本能，是学生在游戏、运动、制作材料等方面表现出来的兴趣，又称为“建构性冲动”。第三种本能是探究本能，是学生探究或发现事物的兴趣，学生并没有多少抽象的探究本能，探究本能似乎是建构性本能和交谈本能的结合。第四种本能是艺术本能，也称表现冲动。杜威强调学生的动手能力，主张“从活动中学”“从经验中学”。当然，个性化教学就关注学生在学习中根据自身的兴趣差异、个性差异和能力差异等去开展个性化的探究、去体验、去获得个性

① 教育部. 基础教育课程改革纲要（试行）[N]. 中国教育报，2001-07-27（2）.

化的学习。

5. **教学环境观：开放的空间与时间**

开放式教学空间和教学时间是个性化教学的重要前提，没有思想的开放，没有自由的空间，缺少教学的自由是不能成为个性化教学的。因此，个性化教学强调在思想上解放，以形成教学自由和学习自由；在教学时间上，能根据学科品性的差异性，根据学生年纪的差异性，根据学生的能力差异性，根据教师的教学个性能在时间上达到开放性。同时，需要改变一直以来的固定的“秧田式”作为排列，改变教师站在三尺讲台前，不能来回走动，学生的位置是不能进行前后交流与讨论的空间局限，实现开放性的教学空间，学生形成小组学习，学生的座位是可以移动的，教师可以走到学生的中间，小组内学生之间、小组与小组之间、教师与学生之间能进行交流与对话，并且学生有足够的空间能进行成果交流与表达。

总之，个性化教学环境观强调从封闭走向开放，“打开班级的墙壁、打开年级的墙壁、打开教师的墙壁、打开部门的墙壁，促进学生之间、教师之间、部门人员之间的合作”。①

6. **教学评价观：“学会”到“会学”**

一直以来，我们只知道让学生去“学会”，认为学的知识和技能越多，对知识的把握越准确，考试分数越高就是好学生，以至于出现考试分数本位来评价学生，没有关注学生的学习动机、学习兴趣以及学习能力的培养。新课程改革提出“六个改变”，从知识与技能的“双基”发展到形成知识与技能、过程与方法、情感态度价值观等“三维目标”。当然，个性化教学也是在新课程改革大背景下形成的，也关注学生的“学会”。但是，个性化教学更注重形成学生的“学会”，关注学生的学习能力的形成，在学习基础之上更形成终身学习所需要的能力。正如陈至立所强调“关爱每位学生，帮助每位学生进步，并切实培养广大学生的终身学习能力”。② 因此，在对学生的评价过程中，个性化教学应关注学生的学习体验，重视学生的学习兴趣培养和终身学习能力的形成。

---

① 熊梅，王庭波．开放式学校组织特征与建构［J］．中国教育学刊，2011（8）：17－20.

② 陈至立．大力提倡个性化教育［J］．中国教育学刊，2011（10）．

第二节 教师文化的内涵分析

一、内涵理解

（一）文化的释义

我们经常说到文化，文化在我们生活中无处不在，无时不有，喝茶有“茶文化”，喝酒有“酒文化”，穿衣服也有“服饰文化”，甚至上厕所也有“厕所文化”，如此等等文化充斥着我们的生活，仿佛文化就在我们眼前。但是，文化究竟是咋回事？文化有多高？有多重？文化在哪里呢？似乎文化很难说清楚？对于文化来说，有的人说文化是一种关系，有的人说文化是一种制度，有的人说文化是一种生活方式，也有人说文化是一种商品，还有人说文化是一种环境，更有人说文化是一种中介。可见，对于文化的理解是不一而同的。纵观已有的文化研究，我们可以进行以下几方面的理解。

1. 文化的历史溯源

文化（Culture）一词，源自于自拉丁文“cultus”，它主要代表耕种、居住、练习、留心或者注意、敬神等方面的意思，文化又由 colo、colore 和 cultus 等语言结构构成。在德语中，文化被写作“kultur”，在英语和法语中，文化都用“culture”一词来代表。当然，美国也有人将文化看作为“civilization”。就我国来说，“文化”一词，最先不是在一起的，是分开的单独的字，而最早将文化关联起来的是《周易》中的“关乎人文，以化成天下”。历史的车轮一直发展到汉朝，刘向在《说苑·指武》中说道：“凡武之兴，谓不服也，文化不改，然后加诛。”从此，“文”“化”二字真正成为一个词语，即“文化”。

到今天，文化发展到更加多样的领域和意义。对于文化定义来说，到目前为止，都达到好几百种定义。美国文化学者克罗伯（1876—1960）和克拉克洪合作整理了现代当代学者为文化所下的定义，以泰勒的《原始文化》（1871）作为计算的上限，1871—1919 年共 7 种定义，1920—1950 年增加到 157 种定义，1965 年在莫尔《文化的社会史程》中给出了 250 种定义，俄罗斯学者克尔特曼发现文化的定义已经超过 400 余种。可见，文化是一个非常广泛的概念。

2. 文化学科视角的定义

文化在不同的学科上有不同的界定，学者在心理学、社会学、教育学、历史学、人类学等学科上对其进行了相关的界定，具体如表2－1所示。

表2－1　　文化的学科定义

学科	定义	代表人物
心理学	文化是个人心理在社会屏幕上的投射①	弗洛伊德
社会学	意指由社会产生并世代相传的传统的全体，亦即指规范、价值及人类行为准则，它包括每个社会排定世界秩序并使之可理解的独特方式②	墨菲
教育学	在人们的生存和发展历史中形成并通过人们的各种活动而表现和传承的行为方式、价值观念、风俗习惯、语言符号、知识系统的整体。它的核心是价值观念③	石中英
历史学	文化者，人类心能所开积出来之有价值的共业也。易言之，凡人类心能所开创，历代积累起来，有助于正德、利用、厚生之物质和精神的一切共同的业绩，都叫做文化④	梁启超
文化学	文化或文明，就是其广泛的民族意义来说，是包括全部的知识、信仰、艺术、道德、法律、风俗以及作为社会成员的人所掌握和接受的任何其他的才能和习惯的复合体⑤	泰勒
哲学	文化是人类创造的第二自然⑥	黑格尔
人类学	文化是指社会成员通过学习从社会获得的传统和生活方式⑦	哈里斯
语义学	文化起码有三种定义，第一相当于德语中的bildung，即个性的形成，个人的培养；第二是指日常的行为、举止和生活习惯，是社会性；第三是指装饰⑧	杰姆逊

① 吴克礼. 文化学教程［M］. 上海：上海外语教育出版社，2002：49.

② ［美］罗伯特·F. 墨菲. 文化与社会人类学引论［M］. 王卓君，吕乃基，译. 北京：商务印书馆，1991：33－34.

③ 石中英. 教育学的文化性格. 太原：山西教育出版社，1999.

④ 梁启超. 什么是文化［A］. 饮冰室文集（十四册）［C］. 北京：北京大学出版社，2003：65.

⑤ ［美］泰勒. 原始文化［M］. 桂林：广西师范大学出版社，2005：15.

⑥ 吴克礼. 文化学教程［M］. 上海：上海外语教育出版社，2002：51.

⑦ ［美］哈里斯. 文化人类学［M］. 上海：东方出版社，1988：6.

⑧ 易小明. 文化差异与社会和谐［M］. 长沙：湖南师范大学出版社，2008：117.

3. 文化的含义

1999 年，我国《辞海》中对“文化”是这样进行解释的：从广义来说，指人类社会历史实践过程中所获得的物质、精神的生产能力和创造的总和。从狭义来说，指精神生产能力和精神产品，包括一切社会意识形式：自然科学、技术、科学、社会意识形态，有时又专指教育、科学、文学、艺术、卫生、体能方面的知识与设施。

德国的《迈尔大百科全书》（1978 年修订版）有关文化的定义：“文化指人类在一定时期一定区域内依据他们的能力在同周围环境斗争中以及在他们的理论和实践中所创造的成果，亦指不同文化内容和文化形式以及与此相联系的一定文化范畴内个人和社会生活方式和行为方式的创造和再生产的过程。”①

克莱德·克拉克洪《人类之镜》中指出：“一个民族的全部生活方式。个人从他的群体获得的社会遗产。来源于行为的抽象。人类学家关于一个人类群体的真正行为方式的理论，集中的知识库。对多发问题的一套标准化适应方式。习得行为。调节和规范行为的机制。适应外部环境和其他人的一套技能。历史的沉淀。”②

《现代汉语小词典》的解释：一是人类在社会历史发展过程中所创造的物质财富和精神财富的总和，特指精神财富，如文学、艺术、教育、科学等；二是考古学用语，指同一个历史时期的不依分布地点为转移的遗迹、遗物的综合体，同样的工具、用具，同样的制造技术等，是同一种文化的特征，如仰韶文化、龙山文化；三是指运用文字的能力及一般知识。③

《苏联大百科全书》（1973）指出广义的文化是社会和人在一定的发展水平，它所表现为人们进行生活和活动的种种类型和形式以及人们所创造的物质和精神财富，作为狭义的文化仅指人们的精神生活领域。《大英百科全书》（1973—1974）将文化分为两类：第一类是一般性的定义，总体的人

---

① BULLOCK A，STALLYBRASS. The Fontana Dictionary of Modern Thought［M］. London：Fontana，1982：456.

② ［美］格尔茨．文化的解释［M］．北京：北京译林出版社，1999：4.

③ 中国社会科学院语言研究所词典编辑室．现代汉语小词典［M］．北京；商务印书馆，2005：1427.

类社会遗产；第二类是多元的相对的文化概念，是一种渊源于历史和生活结构的体系。这种体现往往为集团成员所共有，包括语言、传统、习惯、制度，也包括有激励作用的思想、信仰和价值以及它们在物质工具和制造物中的体现。《法国大百科全书》（1981）指出，文化是一个社会群体所特有的文明现象的总和。文化是一个复合体，它包括知识、信仰、艺术、道德、法律、习惯以及作为社会成员的人所具有的一切其他规范的习惯。①

纵观以上国内外研究学者对文化的解释，笔者进一步认为，文化主要是指人类物质生产与精神生产及其产品的总和，它是在人们的生存和发展过程中形成并通过人们的各种活动所表现与传承的价值观念、制度体系、心理特点、行为方式、风俗习惯、知识系统等方面的统一体。

4. 文化的分类

有的学者认为，文化分为深层结构的文化、转换结构的文化、表层结构的文化。赫伯特·甘斯认为文化分为高雅文化、中上层文化、中下层文化、下层文化、准民俗下层文化。柏那（L. L. Bernard）在《文化的分类》中从行为主义与实用主义的立场将文化分为文化物象和文化行为。提克松在《文化的构造》中将文化分为物质的文化、社会的文化、精神的文化。舒尔兹在《文化古史》中将文化分为社会的文化、经济的文化、物质的文化、精神的文化。斯宾塞在《社会学原理》中将文化分为家庭制度、礼仪制度、政治制度、宗教制度、执业制度、工业制度。泰勒在《原始文化》中将文化分为智识、信仰、艺术、道德、法律、风俗、人类在社会所得的一切能力与习惯。

综上所述，笔者认为，文化是一个复杂的系统，具有相当丰富的结构和分类，具体而言，文化可以分为物质文化、行为文化、制度文化和观念文化等几类。

（二）教师文化的含义分析

文化作为一种存在方式，是物质世界、精神世界之后的一种文化存在，是人类的三种存在方式之一。因此，教育作为文化的一部分，自然与文化有着十分密切的关系。那么，教师作为从事教育活动的主体，毫无疑问也与文化有着深刻的影响。那么，教师所拥有的文化又是怎么样的呢？我们需要思考和理解教师文化。“人类任何群体的文化，都是复杂的、不固定的，难以用

① 李述一，李小兵．文化冲突与抉择［M］北京：人民出版社，1987：5－6.

科学语言来描述的。要了解文化情景（Cultural Settings），必须要乐意接受这种不确定性和模糊性”。[①] 因此，我们对于教师文化的理解进行复杂性的理解，而不是简单和轻易地进行定义。

陈永明认为，教师文化有广义和狭义之分。广义的教师文化一般定义为：它是学校文化中的亚文化，是教师群体在共同的学校教育环境里，在教育教学过程中创造出来的物质成果和精神成果的总和与表现，是教师所具有的与其他职业群体所不同的价值观念、行为习惯、知识技能以及语言符号等。狭义的教师文化一般定义为：教师在长期的教学实践中形成与发展起来的教育理念、思维方式、价值取向、职业意识、态度倾向与行为方式等。其中，价值取向作为教师文化的核心，决定着对教师教育教学活动直接产生影响的态度倾向与行为方式。[②] 葛金国、吴玲等认为，教师文化是教师作为特定适合职业群体所具有的价值观念和行为方式。[③]

通过上述教师文化的不同界定，笔者认为教师文化是指教师在长期的生活、学习与工作过程中，在学校交往中所积淀下来的一种价值理念、职业道德、行为方式、制度规范以及物质环境等方面的总和。

二、结构分析

对于教师文化的结构而言，已经有很多学者提出自己的看法，从教师文化研究现状中，我们能看到一些具体看法。在此，笔者主要探讨自己认为比较受到关注的几种教师文化结构研究。例如，陈永明认为，教师文化具体可分为三个层次：表层教师文化（也称显性文化或物质文化）、中层教师文化（也称制度文化）和深层教师文化（又称精神文化）。[④] 吴浩明（2002）借用斯肯（Schein，1985）的文化层级结构将教师文化分为三层次，即文化创造物及创造、价值、基本假设等。[⑤] 笔者在认同其观念的同时，从主观和客观两方

---

① NADYA AISENBERG，MONA HARRINGTON. Women of Academe：Outsiders in the Sacred Grove ［M］. Massachusetts：University of Massachusetts Press，1988：92.

② 陈永明．当代教师读本［M］．北京：中国人民大学出版社，2008：36.

③ 葛金国，吴玲．教师文化通论［M］．北京：北京师范大学出版社，2012：31.

④ 陈永明．教师教育研究［M］．上海：华东师范大学出版社，2003：253.

⑤ 吴浩明．香港与大陆教师文化差异研究［J］．华东师范大学学报：教育科学版，2002（1）：71－82.

面认为主观包括教师观念文化和教师行为文化，客观方面包括教师制度文化和教师物质文化，进一步认为教师文化的结构主要包括教师观念文化、教师制度文化、教师行为文化和教师物质文化，如图 2－1 所示。

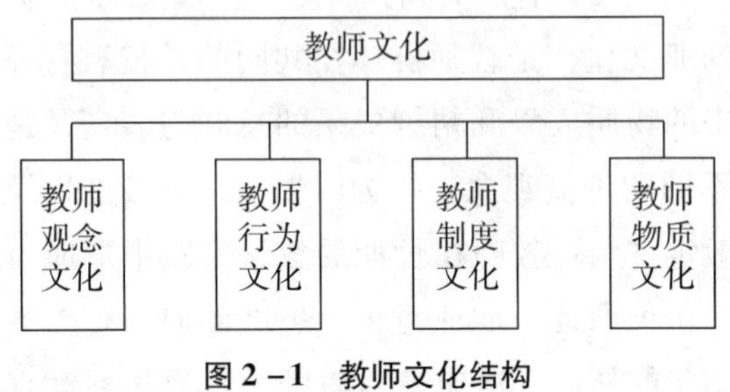

图 2－1　教师文化结构

（一）教师观念文化的内涵

1. 教师观念文化的含义

观念文化，一般是指长期生活在同一文化环境中的人们，逐步形成的对自然、社会与人本身的、基本的、比较一致的观点与信念。那么，教师观念文化主要是指长期生活在学校文化环境中的教师，逐步形成的对学校、学生与教师本身的基本的、比较一致的观念与信念。

2. 教师观念文化的分类

从文化的范围来分，教师观念文化可以分为宏观的教师观念文化、中观的教师观念文化和微观的教师观念文化。

第一，宏观的教师观念文化。宏观的教师观念文化主要是指教师对个性化教学有关的宏观背景和相关理论的根本认识，即为宏观的教师观念文化层也是教师对于什么是个性化教学、怎么样开展个性化教学、如何去进行个性化教学评价等相关问题的认识和基本观点。

第二，中观的教师观念文化。中观的教师观念文化是教师对与学校开展个性化教学相关的核心要素，包括教师对课程、学生、教师自我观、学习观等关键概念的根本理解和认知，即为中观的教师观念文化层。

第三，微观的教师观念文化。微观的教师观念文化是指教师对与具体开展个性化教学有关的学科教学、学生个体等方面的基本看法和观点，即微观的教师观念文化层。

从文化的深入程度分，教师观念文化可以分为表层的教师观念文化和核心的教师观念文化。

第一，表层的教师观念文化，是指那些处于表层的，容易辨认的教师文化观念与教师信念。

第二，核心的教师观念文化，指教师心中最重要、最起支配作用的那些文化理念与认知。

从文化的开放程度分，分为开放的教师观念文化、半开放的教师观念文化、封闭的教师观念文化。

第一，封闭的教师观念文化，指那些传统的、守旧的、不能与时俱进的、不易变革的、封闭和压抑在心中的教师观念与信念。

第二，开放的教师观念文化是指教师那些易于变革、转换、容易解除限制的观念。

第三，半开放的教师观念文化，指那些处于封闭的教师观念文化与开放的教师观念文化之间的一种中间状态。

（二）教师行为文化的释义

1. 教师行为文化的含义

一般来说，行为文化主要是指人们在工作与生活过程中所贡献出来的有价值的、有利于促进文明和文化以及社会发展的经验或者创造性的活动。那么，教师行为文化，就是教师在教学过程中所逐渐形成的并在课堂教学中所表现出来的一种行为方式和行动倾向以及所形成的一种教学经验和教学创造性活动。

2. 教师行为文化的分类

第一类，尊重学生差异和个性的行为。在个性化教学的基础之上，教师能在课堂教学过程中充分尊重学生，将学生视为学习的主体，关注学生的学习需要和学习差异性，尊重学生的学习选择，彰显人性的光芒，而不是像传统教学理念下忽视学生的学习需要，只是采取整齐划一的教学内容和教学方法，一味地灌输给学生以知识和技能，让学生“死记硬背”，将学生变为被动的“学习机器”，从而实现“尊重学生”，充分发挥学生的学习主动性和积极性，体现“以人为本”的教学理念。个性化教学视域下，教师尊重学生的差异和不同个性，不仅体现在教师的教学观念之上，更需要凸显在教师的教学行为上。“行胜于言”，只有教师切实将自己的理念内化为具体的教学行动，这样的教学改革才会具有真正的意义。因此，教师行为文化对学生的差异和个性的尊重，对学生的不同学习经验、不同的学习能力和不同的学习风格以及不同的学习兴趣等多个方面能够做到“因人而异”“因需施教”。

第二类，教师的课堂组织行为。新课程改革强调教师成为课堂的组织者，那么，课堂组织是教师的重要任务与责任，也是课堂教学中的重要一环。一方面，教师组织学生的学习。尽管，在个性化教学视域下，教师需要改变过去那种主宰课堂的局面，成为学生学习的组织者和和合作者，因此，教师需要成为学生课堂的组织者，组织学生如何去学习，引导学生学习的方向。另一方面，教师为学生创设丰富的学习环境。为帮助学生解决问题，教师需要尽可能地发挥自己的能力，为他们提供丰富的学习环境，让学生能进行个性化学习和集体化学习，如图 2 – 2 所示。① 纵轴是表示学习课题的数量，是一个还是多个。横轴是表示学习的主体是集体还是个人。第一象限是指学习课题多样化，学习主体是年级和学年这种大集体。第二象限是指课题多样化，学习主体是小组或者个人。第三象限是指课题相同，但学习过程多样化的学习。第四象限是指课题相同且学习主体庞大的学习。

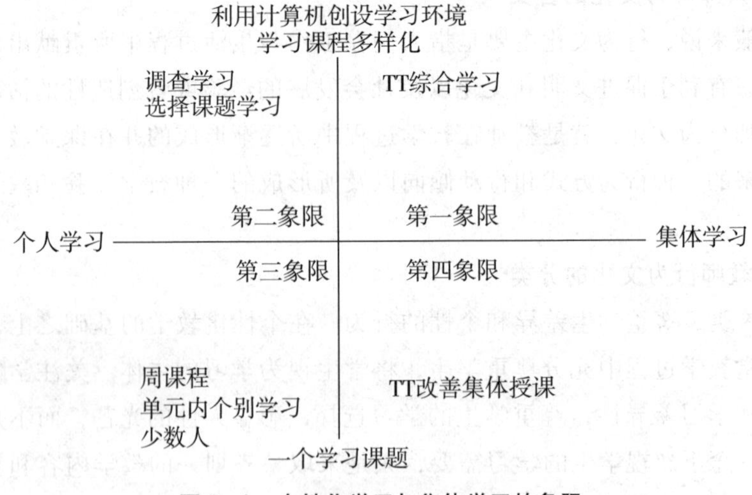

图 2 – 2　个性化学习与集体学习的象限

① ［日］佐久间茂和．创建个性化教育的学校——关于课程编制的思考［C］．东亚学校教育创新高端学术论坛暨东北师大附小教育集团开放式教育十年研究发表会研究纪要．长春：东北师范大学附属小学教育集团，2011：48 – 49.

第三类，教师的教学指导行为。在个性化教学视域下，教师需要从“说教式”“填鸭式”“强迫学习式”的教学方式转变到学生主动学习，根据自己的学习兴趣和学习风格以及学习能力进行选择性的学习。因此，教师需要加强对学生的指导：对学生的集体指导。主要是针对全班学生的指导，在上课之初，就需要对学生进行相关的“教学说明”和“学习解说”，让学生明确自己的学习要求和学习选择的范围，清楚学习的目标和发展性学习的内容，从而为进一步开始学习奠定前提条件，避免学生在“云里”“雾里”进行学习。而且在学生进行了小组的学习以后，教师需要进行集体指导，让学生学会自己总结学习，指导学生进行学习反思，也需要加强集体性指导。教师需要对学习小组进行指导，特别是针对学习小组大多数学生容易犯错误或者比较困难的问题，教师需要加强指导和解释，让学生能更加清楚和明了学习内容。对于个别学生，特别是那些学习困难或者学习优秀的学生需要特别关注，一方面是基于学习困难的学生在常规性学习或者基础性学习上都不能恰当的学习和处理，很难应对深一步的学习，因此，教师需要加强个别指导。同样，对于那些学习优秀、学习能力较强的学生也需要加强个别指导，主要是在发展性学习或者拓展性学习的过程中，学生已经学习好常规性学习，那么，“学有余力”的学生可能需要进一步去拓展学习，这个时候教师也需要加强个别指导。

第四类，教师的合作行为。虽然个性化教学强调个性，重视教师和学生张扬个性，但是合作仍然是不可或缺的。教师合作行为主要有：①教师与教师之间的合作。教师与教师之间是否存在合作，这个问题已经是常识了。新课改强调教师之间的合作，重视教师的合作行为，“合作意识和能力是现代人应当具有的基本素质”。① 因此，在个性化教学视域下，教师需要改变过去那种缺乏合作和孤立无援的教学模式，形成一种相互合作、相互配合的教学状态，从而更好地完成个性化教学。②教师与学生的合作。个性化教学尽管彰显学生的个性化学习和教师的个性化教学，重视学生的个性和差异，注重教师的教学差异和教学个性，但是，个性化教学更重视教师与学生之间的教学合作。在以学生的学习为主的前提下，学生需要进一步得到教师的指导，教师与学生之间就某些问题和学习内容进行对话和交流，进行学习的合作与配

---

① 闫光亮，刘莉，刘悦．课程改革简明读本［M］．北京：首都师范大学出版社，2001：95.

合，而且这种学习上的合作更加不同于过去那种形而上的合作，而是一种形而下的合作，一种主动性的、积极性的、创造性的合作，更加是一种教的主体和学的主体之间的合作，是一种实质性的合作，而非形式上的合作。③教师与家长的合作。家庭教育和学校教育保持一致性，这是教育原理已经告诉我们的。在个性化教学过程中，为了更好地了解学生的个性和差异，知晓学生的学习兴趣和学习能力，学习风格等方面的差异和个性，以便为教师能在课堂教学过程中能更好地尊重学生的差异和个性，教师需要与家长合作，通过合作能实现学校教学与家长教育的一致性和连续性，从而提高个性化教学的实效性。

第五类，教师的教学评价行为。个性化教学评价需要教师从理念到行为、从思想到行动、从理想到现实进行转变，那么教师就需要具有适应个性化的教学评价行为。教师教学评价行为：教师需要树立尊重差异和个性的评价行为。在教学评价过程中，教师需要根据学生的差异和个性来进行评价，而不是采取统一的评价标准来对学生进行评价。例如，对于小学四年级的《品德与社会》课程中《中国行政区域划分》一节，有的学生认为需要研究“上海”，而有的学生认为需要研究“北京”，有些学生则认为需要研究“香港”，那么，在对学生的评价过程中，我们需要针对学生的学习差异和个性来对学生进行评价，不是采取统一的标准对学生进行评价；而是进行多元性的教学评价方法。在教学评价过程中，教师需要采取课堂观察、考试、对话、作业等多种教学评价方法，让学生能体现出差异性和个性化，根据不同的差异采取不一样的评价方法，实现每一个学生得到尽可能的发展。首先，关注学生自我评价和同伴评价。个性化教学需要重视学生自己的评价，在个性化学习过程中，教师需要重视学生对自己的学习情况进行价值判断，也需要重视小组内同伴对该学生的评价以及小组间的同伴对该学生的评价，从而更全面地评价学生。其次，引导学生的评价。在个性化教学过程中，教师应该让学生学会如何去评价学生和评价自己。一方面，教师需要引导学生学会评价自我，如图 2 - 3 所示。① 另一方面，教师需要引导学生进行小组内和小组间的评价，即教师需要引导学生评价其他学生的学习。所以，需要激发学生参与评价的热情和兴趣，同时给学生创造参与评价的机会，让学生学会倾听同学，形成

① 王文静. 学生自我评价流程［J］. 中国教育学刊，2005（3）：46 - 49.

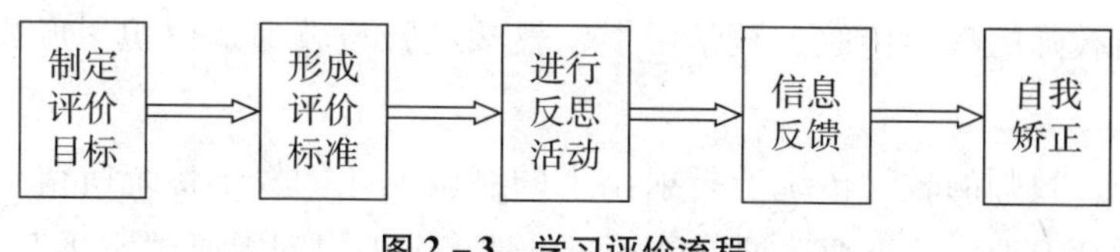

图 2-3 学习评价流程

评价的技能，从而更好地进行教学评价。

第六类，教师的学习行为。教师需要终身学习，这是时代赋予的责任和使命，也是中小学教师职业道德规范所要求的内容。在个性化教学过程中，教师也需要改变过去那种一成不变的教学理念，以至于出现“一本书教一辈子”“一个教案教几十年”的局面，在今天经济与社会发展迅速、科技迅速增长和知识几何级数增长的局面下，特别是在教师需要面对知识经验不断增多的学生来说，为进一步提高个性化教学效果，教师需要对学生作进一步的了解。因此，教师需要不断地学习，不断地获得更多的信息，以便能有针对性地进行教学。

（三）教师制度文化的解释

1. 教师制度文化的含义

制度，主要是指要求一定范围内的人们必须共同遵守的办事规程与行动准则，也是指在一定历史背景下多形成的法令、习惯、礼俗等规范或者一定的规格。制度文化是人类为了自身的生存与社会的发展，而主动地创造出来的有组织的规范体系，它是人类在物质生产的过程中所结成的各种社会关系的总和。当然，制度文化更加偏重于强调制度的文化层面同规则层面的内在一致性，也就是说，强调制度的价值观念、思想意识、道德伦理与制度同规范、习惯、规则的内在一致性。① 那么，教师制度文化就是指教师教学规范所构成的一种文化，是教学管理思想、教学体制与教学模式等方面的凝结形式，也是教学行为方式的依据，渗透在教师教学管理体系架构、教师规章制度、教师工作流程、教师工作岗位职责中的价值观念和风格特色。

2. 教师制度文化的分类

教师制度文化的基本层面：表层制度文化。教师制度文化的基本层面主

---

① 曾小华. 文化、制度与制度文化［J］. 中共浙江省委党校学报，2001（2）：30-36.

要是指由教师的教学传统、教学习惯、教学经验与教师知识积累形成的制度文化。

第一，教师的教学传统所折射出来的制度文化。教学传统所留下来的制度，如教师上课之前需要备课，教师要求学生上课提问需要“举手”，课堂上需要对学生要“语气和蔼”“平易近人”等。

第二，教学习惯上多折射出来的制度文化，如教师往往将自己看作是园丁、“蜡烛”以至于对学生往往是“倾囊相授”“苦口婆心”，总是希望做到“一切为了学生，为了一切学生，为了学生的一切”。

第三，教学经验与教学知识所积累起来的制度文化。教师在上课过程中往往是把考试成绩好的看作优秀学生，把考试成绩差的学生看作“差学生”，这是教师在课堂教学中所表现出来的一种制度文化。

教师制度文化的实施层面：核心制度文化。教师制度文化的实施层面主要是指学校、班级、课堂、中小学教师职业规范等的实施机制层面。在教师的教学过程中，核心制度文化对教师的影响是最大的。

第一，学校规章制度。教师生活、工作都在学校进行，学校的规章制度不仅对学生具有约束作用，同时对教师也具有规范作用。例如学校规定早上八点钟上课，那么教师就不能八点半来上课，学校规定男教师不能留长头发，那么，男教师就不能留着长头发来到教室上课。

第二，课堂教学规范。课堂教学中要求教师尊重学生的差异和个性，尊重学生的学习选择权，那么，教师就应该去这样实施。

第三，中小学教师职业道德规范。2008 年新修订的《中小学教师职业道德规范》对教师进行了六个方面的规定，强调教师要热爱学生、要终身学习等。那么，教师在教学过程中就应该遵守教师的职业道德，做到和实施这种制度，而在这个过程中所彰显出的文化就是一种制度文化。

第四，教学设备制度。对于教学设备，如多媒体的运用，教师需要正确的按照操作程序进行操作而不是违反规则进行操作。可见，这些教师制度文化都是在实施过程中，特别是在教学过程中，教师必须遵循的一种制度。

教师制度文化的高级层面：深层制度文化。教师制度文化的高级层面是由理性设计和建构的教师制度文化。这些制度文化，是体现教师群体的差异性和教师个性的一种制度文化，为教师的专业发展和教师的教学工作起到更加深刻的价值与作用。

（四）教师物质文化的理解

1. 教师物质文化的解释

一般而言，物质文化是指经过人类所改造的自然环境和由人类创造出来的一切物质形态的产品，诸如工具、器皿、公园、服饰、建筑物、水坝等，都是文化的有形可见部分。但是，在它们上面凝聚着人们的价值观念、需求与能力。那么，教师物质文化，就是指教师文化的有形可见部分，是教师文化存在和发展的基础，是经过改造的自然环境和创造出来的教学设备等物质形态的产品，是教师文化的空间物质形态，也是教师观念文化的重要物质载体，主要包括教学环境和教学设施等方面。

2. 教师物质文化的分类

根据表现不同，笔者将教师物质文化划分为教学基础设施文化和教师自然人文环境文化。教学环境文化包括学校总体结构与布局、校园美化和绿化、具有教育含义的教育教学场所以及校园环境卫生等方面。教学设施包括教学仪器、办公设备、实验设备、图书和后勤保障设施等。

根据存在状态的不同，笔者将教师物质文化划分为时间文化和空间文化。教师时间文化，指教师在教学过程中的时间维度来反映教师的文化样态。教师空间文化，指教师在教学过程中所存在的空间状态，主要是指教师教学空间等方面。

三、传统特征

文化是在历史的长河中不断发展和积淀中获得增加，教师文化作为文化的一个内容或者说组成部分，同样是在文化的历史继承过程中发展起来的。比如我国古代教师文化中的“尊师重道”“因材施教”“教学相长”“为人师表”“身正为范，学高为师”“师者，所以传道授业解惑也”等教师观念文化；也有教师形象文化，如“教师是蜡烛”“教师是春蚕”“教师是园丁”“教师是人类灵魂的工程师”；还有教师身份文化，如“天地君亲师”等。教师文化一直在影响着一代又一代的人对教师的看法。在今天，这些教师文化中的一部分仍然在影响着教师的信念、价值、行为等。但是，教师文化在不同的时代体现出不同的特征，传统的教师具有孤立性、保守性等基本特征。

（一）教师文化的孤立性

1. 教师在备课过程中的“单打独斗”

在以往的教学理念和教学模式下，教师自己备课，自己准备教学内容和“教案”，基本上没有与其他教师进行相互沟通与交流，没有与其他教师（即使是同一个学科同一个年级的教师）进行交流和合作。因此，“一间教室就像是一个城墙和护城河的城堡。我们太忙了，从来不出去，而我们的同事又羞于进来”。① 从而导致教师文化表现出孤立性。

2. 教师在上课过程中也展示出孤立性

在传统的课堂教学过程中，教师在上课过程中也展示出孤立性。一方面，教师自己在针对教学大纲的审视、对教材分析以及对学生的研究基础之上进行教学；另一方面，教学是教师的“独角戏”，课堂教学上更是学生的“静默”和“安静”。如一个教学案例：学生张××，男，小学六年级学生，长得还挺精神，平时不善言语，但与同学之间的交流还是挺积极的，他是典型的上课“死不说”和下课“说不死”的学生类型。平时学习时，他也还算比较认真、努力，学习成绩属于中等偏上。笔者发现在课堂上他举手的次数很少，有时即使举手也是慢条斯理的，基本上就是最后一个。可是，每次点名让他来回答问题，他几乎都能回答出来，虽然有时回答得不是非常完整。上课后，问他上课为什么不主动积极举手时，他开始还不说话，好像挺有顾虑，经过耐心开导，他终于说话了。然而，没有想到他的回答令人非常吃惊。他回答说：“我上课举手不积极，因为我知道，自己的成绩在班上属于中等，老师如果提简单的问题大家都举手时，老师肯定不会喊我回答，会喊那些成绩比较差的同学回答；老师如果提难度大一点的问题我又不敢举手，我怕自己答错。时间一长就不想举手回答问题了。”②

3. 教师教学评价过程中的孤立

教师教学评价过程中的孤立，一方面，指学校对教师的评价，往往是领导和长官意志，显得很孤立；另一方面，教师对学生的评价体现出“一言

---

① 钟启泉，崔允漷，张华．《基础教育课程改革纲要（试行）》解读［M］．上海：华东师范大学出版社，2001：432.

② 印志颂．数学教学不是教师的“独角戏”——从高年级数学课堂上学生“静默”现象谈起［J］．基础教育研究，2012（19）：28－31.

堂”，教师对学生学习成绩的优劣与好坏，往往是教师依据考试分数来判断学生的优秀与否，缺少更多的评价依据。可见，在传统的教师文化理念下，教师的教学基本是自己备课、上课、批改作业以及进行学生成绩测验，一套教学流程下来，主要是靠教师自己对教学的理解、对教材的分析、对他人个人经验的学习、对班级学生情况的把握等方面的研究来进行教学，这些教学过程显得很“孤立”。一般而言，在这样的教学状态下，教师之间的孤立、隔绝状态和单独的环境与状态养成了教师一心一意地专注课堂事物的习惯，从而教师之间彼此孤立、互不合作。① 可见，在这个情境下，教学强调的是教师个人英雄主义和教师的“单打独斗”，而不是一种教师与教师之间的合作状态，也不是教师与学生之间的教学合作。

（二）教师文化的保守性

1. 教师教学思维上的“保守”

根据教师专业发展理论，我们知道，教师专业发展需要经过适应与过渡时期、分化与定型时期、突破与退守时期、成熟与维持时期、创造与智慧时期等阶段。② 通过这些过程和阶段，教师往往形成了自己对教育教学的独到见解和个性化理解，形成了自己的一套教育教学理论，也可以说形成了一定的教师文化。因此，当教学进行改革倡导教学思维方式转变之时，教师显得很保守，往往表现出“不情愿”。正如当新课程改革来到之时，“真正理解和赞成，并积极投入其中的教师的比例不到30%，其余超过70%的教师对新课改反应冷淡”。③

2. 教学过程中教师所表现出来的教学行为和教学情感

不可否认的是，教师经过若干年的教学实践，逐渐形成了一套熟练的教学经验、教学习惯、教学方法甚至教学情感，教师对课堂、对教学、对学生所形成的“教学习性”。一方面，这些已经形成的教学经验对教师的教学具有

---

① 张晓红，杨雪翠．教师文化的转型研究［J］．现代教育科学，2005（6）：49－52.

② 卢真金．教师专业发展的阶段、模式、策略再探［J］．课程·教材·教法，2007（12）：68－74.

③ 华丹．比较视野下教师保守性探析及对当前课改的启示［J］．当代教育论坛，2006（2）：94－95.

一定的价值，能迅速激发教师进入教师角色，能更加快地开展教学，也能迅速应对课堂“教学危机”，从而提高课堂教学的效率和教学质量。另一方面，这些已经形成的教学经验、教学方法、教学情感等已经内化为教师的教学习性，对教师的教学又起着阻滞作用，正如研究者指出：“影响课程实施的最为关键的因素或者最具不确定性的变数乃是教师的问题，教师既可能是课程革新最活跃的、能动的和创造性的因素，也可能成为最为守旧的、消极的和抵制的因素。”① 可见，教学的保守性是教师文化中最重要的一个特征。在这样的教师文化中，教师难以面对改革，不敢去接受新的教学理念、教学方式、教学手段，也不愿意轻易放弃自己所形成的教学行为，也很难洗刷掉自身已形成的教学习性和教师文化。

（三）教师文化的封闭性

教师文化的封闭性体现在两个方面。一方面，体现在教师教学内部的封闭性，“我的教室就是我的城堡，其他君王一概不受欢迎”。② 以往的教学中形成了教师中心、课堂中心、教材中心，那么，教师是课堂的主体，学生是被动地接受知识和技能，教师不敢让学生进行创新，不愿意让学生尝试新的解答问题的方法。正如多年前的案例：教师让学生回答“雪融化后是什么”，有些学生回答是“水”，有些学生回答是“春天”，但是教师却说：“标准答案是水。”另一方面，教师文化的封闭性体现在教师教学外部的封闭性。教师不能充分地与社会接触，往往是在“围城”内部进行教学工作、生活，待在“象牙塔”之内。因此，教师对社会的接触较少，对学校与社会、对教育与生活之间的关联太少，往往显得很封闭，形成“两耳不闻窗外事，一心只读圣贤书”的局面，甚至将学校变成了“监狱”。

可见，在传统的教师文化中，教师往往囿于固有的现成教学理念、教学行为与教学方法，缺少接受新事物的思维，缺少开放式的教学方法，没有创造和创新的勇气。

---

① 王健．新课程改革中的教学习性改造问题思考［J］．教育发展研究，2007（1B）：28－31.

② ［英］帕默尔．教学勇气［M］．吴国珍，余巍，译．上海：华东师范大学出版社，2005：143.

（四）教师文化的被动性

在传统的教师文化中，教师文化的变革往往是被动的，教师不愿意主动进行教学创新。特别是在以考大学为前提的应试教育下，教师往往是从提高学生的考试分数出发，进入考试的“围城”中，往往出现“新课程改革喊得轰轰烈烈，应试教育办得扎扎实实”的局面，而且教师已经形成了与新课程改革所倡导的那种积极进取、充分的探究兴趣、富有创新的教师行为“格格不入”的行为，这是一种停滞不前、墨守成规的教师行为文化，这种文化对自身发展和学校的前景都没有多大的优势，是一种满足于现状以及明哲保身的教师文化。① 在这样的教学理念下，教师不敢创新，也不敢彰显自己的个性，也不允许学生表达自己的个性。同时，作为新课程改革的个性化教学是一场利益的再分配，当然，教师也不愿意放弃其已经拥有的利益。因此，面对课程与教学改革，教师显得很被动。

四、价值探讨

（一）促进新课程改革的纵深发展

1. 教师文化的变革是基础教育课程改革的旨归

当前，越来越多的人认识到：新课程改革本质是一种教育文化的改革与重建，落实到具体的教育教学过程中去就是教师文化的重新构建，即建构适合新课程改革所需要的文化。毕竟教师是新课程改革的主力军，新课程改革的成败关键在于千百万的一线中小学教师，因为“教师文化通过对教师行为的制约从根本上影响教育改革的推行”。② 因此，通过教师文化的变革能促进新课程改革的深入发展。

2. 新课程改革现实中的教师文化的滞后，影响课程改革的深入发展

在新课程改革中，有些教师呈现出不思进取的状态，持有“做一天和尚撞一天钟”的倾向，并对课程与教学的变革反应迟缓，对教育与教学工作态

① 王中华．新课程实施的文化障碍与策略［J］．教育理论与实践，2008（4）：28－29.

② 韩登亮，康延军．教师文化影响教育改革的发展机制研究［J］．当代教育科学，2008（19）：34－36.

度持旧，而且教师群体的整体气氛“沉闷”，同时，教师之间缺乏教学合作。① 在新课程改革的纵深发展阶段，为了巩固和发展新课程改革的成效，关键在于教师的教学理念的转变、教师行为的变革、教师教学方法的改进、教师评价方式的转变等。教师文化的重新生成，关键在于改变传统的教师文化。因此，教师文化在新课程改革过程中的价值是不可替代的。

（二）学校文化建设的重要部分

学校文化是指“经过长期发展历史积淀而形成的全校师生（包括员工，下同）的教育实践活动方式及其所创造的成果的总和”。② 学校文化包括教师文化、学生文化等文化内容，可见，教师文化是学校文化的重要组成部分，而且是最关键的一个内容。在建设学校文化的过程中，教师作为学校建设的重要主体，其教学理念、教学价值观、教学行为的变革等为学校文化的改变起着重要的推动作用。在学校文化建设过程中，除了建设学生文化之外，还需要进行教师制度文化建设、教师精神文明建设、教师观念文化建设、教师行为文化建设，而“只有群体的所有成员从根本上分享某种文化时，一个有着强大的社会团结的社会群体才有可能存在”。③ 因此，通过教师文化的建设，能进一步深化学校文化建设。

（三）促进教师的专业成长

1. 教师文化本身是教师专业发展不可分割的部分

教师专业发展包括了教师专业知识、教师专业技能、教师专业信念、教师的专业态度、教师的专业行为等方面的专业发展。然而，“信念、态度、行为是构成文化的三个有机构成要素”。④ 那么，教师的信念、态度、行为就演

---

① 王中华．新课改遭遇教师冷漠态度的文化检视［J］．西南教育论丛，2008（1）：86－90.

② 顾明远．论学校文化建设［J］．西南师范大学学报：人文社会科学版，2006（5）：67－70.

③［美］霍尔，尼兹．文化：社会学的视野［M］．周晓虹，徐彬，译．北京：商务印书馆，2002：180.

④ 李霞．信念、态度、行为：教师文化建构的三个维度［J］．教师教育研究，2012（3）：17－21.

变为教师文化的重要维度。因此，教师文化是教师专业发展的不可分割的部分。

2. 教师文化是促进教师专业发展的重要步骤

对于教师文化与促进教师专业发展之间的关系，已经有诸多的研究者进行了研究，并认为教师文化对教师专业发展起到重要的价值。通过 Dinan Thompson 所认为的“教师改变的层次”来思考教师的发展，如图 2－4 所示。① 可见，教师专业成长与教师文化的改变存在着某种密切的关系，要深入推进教师专业成长，首当其冲的需要促进教师文化的变革与发展。因此，我们在倡导教师专业发展和实践教师专业成长的过程中，需要注重教师文化的变革。

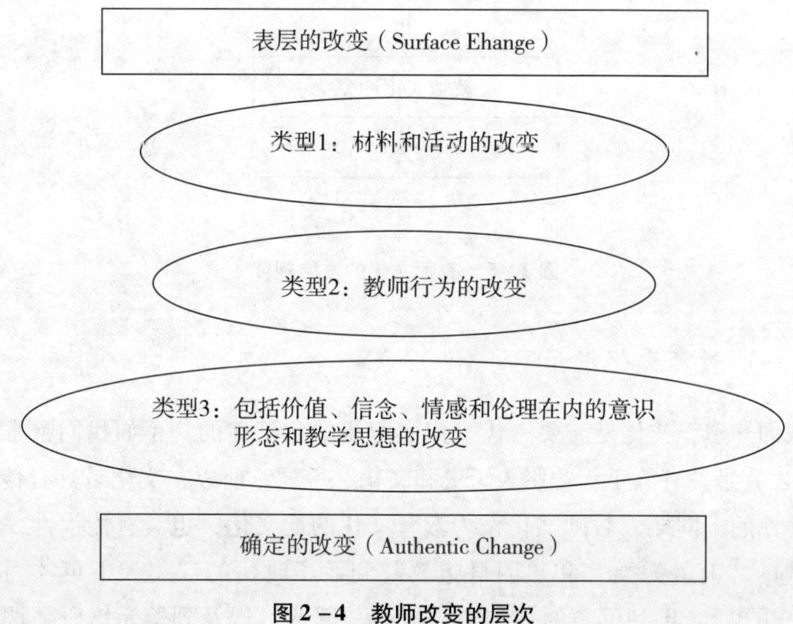

图 2－4 教师改变的层次

五、发展规律

我们知道，任何事物的发展都具有一定的特点和规律，作为文化，其存在与发展也有一定的规律性，因此，我们首先需要对文化发展规律进行探讨，

① 操太圣，卢乃桂. 伙伴协作与教师赋权［M］. 北京：教育科学出版社，2007：75.

寻求文化发展的规律。一般来说，文化发展的根本特点就是文化的开放性，其结构和功能都没有也不会停止在某一界限上，所以它将不断地扩展、更新、升华自身，从而使自己成为一种不确定的、没有限制的存在。① 但是，我们在研究文化的过程中需要进一步去了解和认识文化发展的特点，形成对文化的规律行认识。那么，作为社会文化的亚文化的教师文化也需要遵循其规律和特点。文化发展的一般规律如图 2－5 所示。

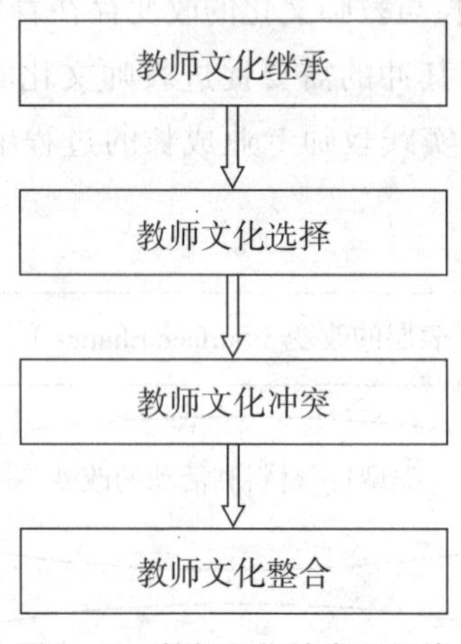

图 2－5　教师文化的发展规律

（一）教师文化继承

我们知道，文化是需要一代一代人积累的和沉淀的，正如我们常常谈到“中华民族是具有五千年的悠久历史和文化”一样，所以，文化是具有传承性和继承性的。同样，教师文化作为教育文化的亚文化，也具有传承性，从孔子时代的“有教无类”和“因材施教”到孟子时代的“得天下英才而教育之，三乐也”，再到韩愈的“传道、授业、解惑”以及到蔡元培所强调的培养学生健全人格等，一直到今天的“中小学教师职业道德”所提出的“爱国守法”“爱岗敬业”“为人师表”“关爱学生”“教书育人”“终身学习”等教师文化都具有继承性。因此，教师文化的发展首先需要继承传统的教师文化。

① 韩民青．论文化发展的特点与规律［J］．贵州社会科学，2011（6）：52－56.

(二)教师文化选择

在教师文化的发展过程中，有些教师文化是被淘汰的，有些教师文化是被改变的，有些教师文化是创造性的流传下来。例如，有些教师文化在过去曾经起到过非常重要的作用，但是随着人们教育理念的转变和教师文化观念的转换，有些教师文化将被人们进行“选择”，如我们常常以“蜡烛”“春蚕”“园丁”“人梯”“人类灵魂的工程师”等来比喻教师这个职业，褒扬其默默无闻，牺牲自我，甘于奉献，仅求付出以及不求回报的崇高精神，这在过去的年代里的确发挥过积极的激励作用。① 但是，今天强调重视教师生命主体，重视教师的生命意义，将教师看作一个有思想、有情感甚至有职业倦态的完整的“人”，所以，教师需要付出，也需要奉献，同时，也需要得到相应的尊重，得到一定的重视和关照。可见，在教师文化的发展过程中，教师文化是常常被选择的，会根据时代的发展变化而变化的。

(三)教师文化冲突

要理解教师文化冲突的意蕴，首先从理解冲突入手。从字面上来理解，冲突主要是指人们由于某些抵触或者对立所感知到的不一致之差异。文化冲突主要是指由于两种或者两种以上的不同文化之间的差异和不一致导致在人们在文化观念上和行为上的不和谐与差异。教师文化冲突，主要是指教师在教学或者生活过程中由于两种文化之间的差异而形成观念和行为上的不一致和差异。根据教育与社会发展的关系，我们知道，教育与社会经济、政治、人口等方面具有辩证统一的关系。随着经济与社会的发展，传统的旧有教师文化是逐步发展的，新的教师文化逐步形成，但是在此过程中，会出现教师文化冲突。例如，在新课程改革过程中，强调“改变课程实施过于强调接受学习、死记硬背、机械训练的现状，倡导学生主动参与、乐于探究、勤于动手，培养学生搜集和处理信息的能力、获取新知识的能力、分析和解决问题的能力以及交流与合作的能力”。② 那么，教师就需要转变自己的教学方法和

① 覃兵．论教师主体生命意义的消解与重构［J］．教师教育研究，2005（3）：39－43.

② 教育部．基础教育课程改革纲要（试行）［N］．中国教育报，2001－07－27（2）.

学生的学习方式，转变教师与学生的课堂教学关系，但是，在传统的教师教学理念之中，教师更多的是“满堂灌”和“教师讲课学生听课”，以及教师是中心、课堂是中心、教材是中心等“填鸭式”的教育教学方式，这样一来，一方面需要教师形成新的教学方式，另一方面内化成教师的行为文化或者说教师的“教学习性”又在起着作用。那么，就产生了教师的观念文化和行为文化上的冲突，以至于教师在“新”与“旧”之间进行“徘徊”和“挣扎”。可见，在教师文化发展的过程中，教师文化冲突也是其重要的一个方面。

（四）教师文化整合

1. 教师文化整合的原因

教师文化的发展，一方面，教师需要对传统文化进行继承，继承我国几千年流传下来的优秀的教师文化传统；另一方面，教师文化需要不断变化和发展，需要根据教育与社会经济的发展而进行文化变革，需要形成新的教师文化，这样一来，教师往往在新与旧文化之间进行冲突。为了进一步促进教师文化的发展，为了发展教师文化，教师文化需要加强整合。

2. 教师文化整合的含义

文化整合，主要是指不同文化进行相互吸收、融化、调和而逐渐趋于一体化的过程。尤其是当有不同文化的族群杂居在一起时，他们之间的文化必然会相互吸收、涵化、融合，将发生文化内容和文化形式上的变化，从而逐渐整合为一种新的文化体系。① 那么，教师文化整合，就是将教师的文化看作一个系统或者整体，对教师教育教学工作和生活所存在的各种不同的文化进行相互调适与适应，从而逐渐形成一个教师文化的整体过程。

3. 教师文化整合的分类

郑金洲指出，文化整合分为：初步整合和完全整合；专断整合和水平整合；横向整合与纵向整合以及历史整合。②

4. 教师文化整合的价值

对于教师文化而言，教师文化也在经历个体文化和集体文化的冲突，新的教师文化与旧有的教师文化之间的冲突，而在今天教育开放和教育交流的

---

① 司马云杰．文化悖论［M］．合肥：安徽教育出版社，2001：85.

② 郑金洲．教育文化学［M］．北京：人民教育出版社，2000：202.

背景和教育信息化的时代下，国内教师之间通过信息技术手段，微信、微博、E－Mail 等电子手段加强了文化对话与文化交流，当然，国内的教师文化与国外教师文化也逐渐交流频繁，教师文化，毫无疑问，教师文化也在多元性中需要走向整合，正如学者指出的“理性的立场”应是“推动文化走向整合”。①

第三节 个性化教学与教师文化的关系

一、个性化教学与教师文化存在复杂的变量关系

（一）教师文化在深刻影响个性化教学

从本书研究看来，教师观念文化、教师行为文化、教师制度文化以及教师物质文化等多方面都在影响着教师的教学观念、教学行为、教师思维方式等方面，即教师文化在影响着教师的个性化教学实践，以教师文化冲突为例，通过教师文化冲突，我们能发现教师文化对个性化教学的影响。

1. 教师文化影响教学理念

在我国“大一统”文化理念的影响下，教育领域也是强调统一和整体，于是在课堂教学中往往是采取传统教学的模式，忽视学生的个性发展。尽管我国是以马克思人的全面发展学说作为我国教育目的的理论基础，但是在我国具体的教育教学实践中缺少对全面发展与个性发展的认识，没有认识到：“只有个性得到充分、自由、全面的发展，才能有整个社会成员的千差万别和丰富多彩的个性。个体的自由而独特的发展，则是人的自由全面发展的必要条件，两者相辅相成，不可分割。”因此，在课堂教学中往往是只有整体的“整齐划一”，没有学生的独特个性。然而，在个性化教学视域下，强调教师对学生的规律性认识，认识到学生的差异性存在，认识到学生的个性化存在，学生不是一张“白纸”，而是具有一定的生活经验和学习经验的学生，也具有自己的独特思想和个性的人。所以，需要关注学生的差异性存在，尊重差异，体现差异性的教学，从而需要个性化教学背景下的教师文化。于是，传统的

---

① 王奘，刘万海．走向整合：当代教师文化重建的现实方向［J］．现代中小学教育，2013（1）：61－64.

教师文化理念与个性化视域下的教师文化理念产生了冲突，从而对教师的教学理念产生强大的影响，对于在课堂教学中是否重视学生个性，还是忽视学生个性，对于如何关注到每一个学生的个性，如何培养全体学生的个性，如何看到人的全面发展与个性充分发展之间的关系，如何形成个性化教学等一系列内容都产生了巨大的影响。

2. 教师文化影响教学设计

个性化教学强调个性化设计，在考虑全班所有学生的基本知识和技能等“基础学力”的基础之上，更需要考虑学生的个体差异性，做些选择性的设计。因此，个性化教学需要考虑到一些共性的学习内容和学习方法，也要考虑到选择性的学习内容与学习方法，以至于出现多种设计。如F小学所进行的实践模式就有好几种，“集体指导补充模式”“学习起点模式”“学习进度模式”“学习顺序模式”“课题选择模式”等个性化教学实践模式。因此，在个性化教学设计过程中，教师需要考虑多种教学方案，以便满足学习的选择性需求。可见，教师需要进行共同参与的教学内容和教学方法，需要思考和设计那些学生选择性的教学内容和教学方法。而我们传统的教学设计，即通俗的“备课”，关注备教材、备学生、备教法，更多的是考虑如何将课“上”好，而不需要考虑每一个学生的自由学习进度，不需要设计多个方案，不需要进行学生的选择性学习。面对两种教学文化理念的冲突，教师对备课显得没有“信心”了，不知道如何去“备课”，不知道如何去设计自己的课堂。

3. 教师文化影响师生关系

个性化教学需要改变传统的线性师生关系，建立网络平等的师生关系，重视师生间的相互尊重，师生间的相互理解以及师生间的交互作用。然而，传统的师生关系却是教师是知识的权威，是“高高在上”的长者，以至于“一日为师，终身为父”，而教师的话就是经典，有如“圣旨”，是不容违背的。这种传统的师生关系定位已经深入教师精神文化层面，而对个性化教学理念下的师生关系却是对这样关系的解构，于是对教师产生了强烈的“冲击”。那么，在个性化教学中教师如何定位自己的角色与地位，又如何定位学生的角色与地位，如何定位两者的关系呢？在此问题上，教师往往显得“不适应”，以至于教师在上课过程中更加表现出对课堂的“控制”过多，舍不得“放手”，“害怕”学生学不到东西，也不敢与学生进行合作学习，以至于那种越俎代庖的思想涌现出来。如在“乘法的分配律”的数学课堂上，老师提问："哪个同学能用语言来表达一下这个式子：$(a+b)\times c=a\times c+b\times c$?"学生本来想回答："$a$、$b$ 之和乘以 c 等于 a 乘以 c 加上 b 乘以 c。"教师却是"怕"耽误时间，"怕"学生说错，就急匆匆地打断学生的回答，说出了"乘法的分配律"的"正确"表达：两个数的和同一个数相乘，等于把两个加数分别同这个数相乘，再把两个积加起来，结果不变。在这里，笔者认为，该数学教师没有尊重学生的话语权，没有体现师生之间的平等关系，剥夺学生的话语权，教师还在想"把控好"整个课堂，而没有形成个性化视域下的平等师生关系。

4. 教师文化影响教学过程

个性化教学强调尊重学生的差异，尊重学生的自主性学习，强调从"教"走向"学"，重视学生的自主探究，重视学生的合作学习，重视学生的学习体验，关注学生的直接经验，重视学生的学习方法与学习过程，在此视域下学生成为课堂的学习主人，大部分的教学时间成为学生学习的过程，教师成为学生学习的组织者、支持者、引导者、合作者。"改变课程实施过于强调接受学习、死记硬背、机械训练的现状，倡导学生主动参与、乐于探究、勤于动手，培养学生搜集和处理信息的能力、获取新知识的能力、分析和解决问题的能力以及交流与合作的能力。"① 然而，传统的课堂教学不是这样的，是"教师讲，学生听"，教师在黑板上写板书，学生在座位上记笔记，教师教学生回答问题往往都是强调标准统一的答案，往往是教师"教"给学生以知识与技能，而不是给充分的学习时间让学生自己去学。在这两种不同的文化理念交织下，教师产生了冲突，以至于有些教师都感觉自己"不会上课了"，不知道该何去何从。②

5. 教师文化影响教学评价

在传统的教师文化理念下，教师对学生的评价主要是以考试分数作为评价标准，如果学生考试考得好就是好学生，而考试成绩差的学生就是教师眼中的"差生"和学生眼中的"坏学生"，而对于学生的学习能力和创新精神以及学生自主学习精神的形成却很少关注。但是在个性化教学视域下，更加

---

① 教育部. 基础教育课程改革纲要（试行）[J]. 中国教育报，2001-07-27（2）.

② 田印红，王中华，邬小学. 个性化教学视域下的教师文化冲突与化解 [J]. 中小学教师培训，2013（9）：58-61.

强调学生的“会学”，重视学生的创新精神和实践能力的培养，关注学生的学习兴趣和学习能力的形成以及培养学生的社会责任感和合作意识等，所以在评价学生时更重视学生的过程性评价，关注学生的学习体验和学习态度以及合作学习，不以知识与技能作为唯一标准，而是多元评价。在这两种教学评价文化下，教师产生了冲突，往往在评价学生的过程中出现某种偏差，甚至不知道如何判断一个学生的优秀与否。可见，教师文化对个性化教学有着深刻的影响。

（二）个性化教学深深地影响教师文化

通过本书研究，对F小学开放式个性化教学实践的分析，不难发现，在个性化教学开展过程中，影响了教师文化建设的方方面面，不仅包括了教师物质文化与教师制度文化，还包括了教师观念文化和教师行为文化，具体而言有以下几方面。

1. 教师观念文化的变革

教师观念文化的变革，主要是指教学由教师的“教”到学生的“学”的转换等方面的变革。

第一，个性化教学关注学生的主体的发挥。传统意义下的非个性化教学，是在以赫尔巴特和凯洛夫教育理论为基础的，是教师中心、教材中心、课堂中心“旧三中心”理念下的教学，忽视学生的主体地位，忽视课堂中的学生作为“人”的存在。个性化教学为一种新课程改革所倡导的教学理念和教学模式，试图扭转过去那种局面。个性化教学实现教学理念和教学模式的转型，即实现关注学生的主体，发挥学生的学习能动性，重视“学习者中心”，体现教学的创造性。

第二，个性化教学逐渐解放教师。中小学教师的辛苦，工作量大，压力大已经是不可否认的事实。在非个性化教学中，教师在课堂中不停地讲、不停地在黑板上演示，不停地向学生灌输书本上的知识要点，导致教师不仅是心累、身体也很累。在个性化教学中，教师给出学生《学习指南》，让学生自主学习、自主探究，可以充分地解放教师的部分劳动（那种代替学生自主学习的工作量），如在F小学六年级的一次公开课上，语文教师在讲“科学家眼中的动物”单元《天鹅》这篇课文中，我们进行课堂观察和课堂分析，发现老师的教学工作量（在课堂上进行说话的时间进行计算）比传统教学节约工作量近三分之一。可见，在个性化教学过程中，教师得到了一定的“解放”。

第三，促进学生的合作与交流。个性化教学关注学生之间的合作与交流；既有小组内的交流，也有小组之间的交流；既有学生与教师的交流，也有学生之间的交流，在面对共同的问题和学习任务时，学生通过合作，集思广益，进行“头脑风暴”，实现问题的解决和完成学习目标。

第四，重视学生的表达。学生是否具有表达的机会和空间是个性化教学比较关注和重视的，学生具有表达的空间，如在《社会》课中《超市中的工作人员》一课中，教师让学生基于去超市的经验说出，超市中有哪些工作人员，学生能根据自己的生活经验说出了有保安人员、保洁员、导购员、收银员等将近十多种的工作人员，学生根据自己的判断不断去表达自己的想法。

2. 教师行为文化的变革

第一，由“讲授”到“指导、课堂活动的组织”转换。一方面，在个性化教学中，教师不再是一味地教授，而是转向对学生进行学习指导。指导学生怎么样去学习，怎么样进行小组交流，怎么样去与他人学习合作，转变传统的教学方式，树立学生的对话、交流、合作、参与等教学方式，对学生的问题回答和学习过程进行指导。另一方面，对学生如何开展学习进行课堂活动的组织，如根据何种标准进行小组成员的分配，对学生学习活动开展的时间，学习活动开展的内容进行组织，让学生有效进行主体性、个性化学习。

第二，由教师的“单向教”到学生自我的“问题解决”。个性化教学过程中，教师充分给予学生提问的空间和时间。对于课堂教学过程中不断形成的问题，特别是学生在回答《学习指南》过程中形成的答案里有问题时，往往由另一个学生去提问回答问题的学生，从而让学生学会表达，学会如何提问。对于教师“满堂讲”到教师的“满堂问”，再到教师的指导，学生的自主提问。在个性化教学过程中，以问题为中心，以学习者为中心，让学生在同学的自主提问、老师的提问下去发现问题，从学生对问题的回答中去探索问题、分析问题、解决问题，让学生学会反问和思考，从而促使学生对知识掌握和思维的形成。

第三，由“教案”向“学习指南”转换。我们都知道，传统的备课是“三备”，即钻研教材、研究学生、考虑教法，并写下自己的“教案”。在个性化教学下，教案转换成学生学习的“学习指南”。以《天鹅》这篇课文为例，教师展示了第二个“学习指南”①。

（1）写出初读感受（建议时间7分钟）。

（2）交流初读感受（建议时间8分钟）。交流要求：组内交流由组长负责，依次交流默读；小组之间交流要求将每个人的学习卡片平放在自己的桌面上压好，同学们离开座位后保持安静，看的时候尽量不要交流；集体交流要求被推荐的同学要安静地将自己的感受与别人分享。

（3）写下自己交流后的新感受（建议3分钟）。

因此，个性化的学习指南与传统的教案是不一样的，它不是以教师的预设教学效果为主，而更关注以学生的独立学习为主，让学生在课堂中生成所需要学习的内容。

3. 教师制度文化的变革

第一，从单枪匹马到小组合作学习。学习是社会化的，这些已经被许多研究者所证明。学习不是单枪匹马就可以完成的，特别是在课堂学习过程中，学习活动需要加强学生之间的合作与交流，进行交往与沟通。通过F小学的个性化教学实践我们可以发现：一方面，关注了学生的合作与参与。在非个性化教学过程中，学生学习往往是个别性的学习，缺乏小组学习，缺少小组与小组之间的沟通与交流。在个性化教学过程中，更多的是让学生自主学习，让学生积极参与小组内交流和小组之间的交流，形成共同学习的局面。另一方面，让学生快乐地学习。通过小组学习，让学生快乐地学习，如在小学四年级《科学》中的《磁铁》课堂中，通过每组学生进行“钓鱼”（鱼的眼睛是由小磁铁做的，鱼钩是铁做的）实验，让学生每组派代表进行实验，另外没有参与实验的学生进行观察，在做完实验后，每组学生在组内进行交流，既可以合作探究，又可以相互思维碰撞，形成思维的火花，激发学习的兴趣和主动性。

第二，形成开放的教学时间。在个性化教学过程中，教师给予学生足够的时间进行独立性学习，也给予一定的时间进行小组内的交流与合作，还给一部分教学时间让学生进行小组间的交流。如在《天鹅》这篇语文课堂上的第一节中，教师给予学生“一、学习难懂的词句”时间是15分钟，其中“读

① 喻莉，王中华．关于小学语文个性化教学的思考［J］．江西教育学院学报，2012（6）：186－189.

课文标记难读的语句”时间是 7 分钟，“小组内的交流”时间是 3 分钟，“集体学习”时间是 5 分钟。“二、本课会写的字”时间是 8 分钟，其中“六个生字，选出难写的字写两遍”时间是 3 分钟，“小组内交流谁写的字更美观”时间是 2 分钟，“集体学习”时间是 3 分钟。“三、写初读感受并交流”时间是 15 分钟，其中“写初读感受”时间是 7 分钟，“交流初读感受”时间 8 分钟。从上面的时间分配来看，我们不难发现整个语文课堂，都是一种开放性的时间。而且以学生的学习与交流为主，教师的指导为补充。

4. 教师物质文化的变革

课堂组织形式的转换：由固化的秧田式作为向移动转换。从课堂组织形式来看，非个性化教学组织形式是传统的秧田式组织形式，学生座位的排列是以一个课桌两个学生，形成横数几排，竖数也是几排的局面，这样不利于学生之间的学习交流，也不利于小组之间的合作学习。而在个性化教学模式下，就形成了学生的座位由固定的座位，到可以移动的座位，学生可以进行随意的交流和互动，这样的背景下，学生形成小组合作，还可以进行小组间的交流与合作。

通过对个性化教学与教师文化之间的关系研究，可以很清楚地看到个性化教学在影响着教师文化。笔者认为教师文化是因变量，个性化教学是自变量，同样教师文化也在影响着个性化教学的开展，于此可以认为个性化教学是因变量，教师文化是自变量，因此，个性化教学与教师文化之间存在着双重的复杂的变量关系。

二、个性化教学背景下教师文化变革的理据

（一）开放式教育理念客观要求

1. 开放式、个性化的教育理念客观要求教师文化的变革

开放式教育理念与个性化教学是一种重要的变量关系，即开放式教育是自变量，个性化教学是因变量，而教师文化是两者之间的重要中介。因此，要进行个性化教学，就需要进行开放式教育和教师文化的变革。从理论上看，教师需要形成一定的开放式教育理念，具有信息的扩大、动态平衡的构建、适应能力的增强、弹性教学制度等一系列开放的教育教学理念。① 在教师具有

① 张云鹰. 开放式教育［M］. 北京：教育科学出版社，2011：67.

这些开放式教育理念的前提下，他们才能进一步去开拓教育思想，形成个性化教学思维，也才能进行课堂教学改革，去倡导个性化的“教”的理念，去开展个性化“教”的行为。所以，在个性化教学视域下，教师需要不断改变传统的封闭式、孤立式、保守的、静态的教育教学理念，打破传统的教师文化束缚和制约。

2. 开放的学校组织系统需要教师文化变革

从耗散结构理论来看，学校是一个耗散结构系统或者说是一个自组织系统，即学校是一个远离平衡或者说是“非平衡”的系统，它需要保持动态平衡才能存在。因此，学校组织系统中的教师、学生与外界不是孤立存在的，而是一个开放的系统，教师是一个非常活跃的组织因素，教师的教学思维、教学方式、教学行为等需要根据教学改革的要求、学生的学习需求、学生的差异性进行不断变革，打破原有的平衡，实现动态的平衡。如果教师不能充分利用开放式的教学环境，不能“进行打开组织的墙壁，即打开班级的墙壁、打开年级的墙壁、打开教师的墙壁、打开部门的墙壁，促进学生之间、教师之间、部门人员之间的合作”。[①] 那么，教师就很难从实践中去适应个性化教学。因此，在开放式教育和个性化教学理念下，教师文化需要实现变革，即教师需要积极形成新的文化理念，革新自己的教学理念，并形成开放式的教育理念和教学价值观，这样才能更加适应变革所带来的变化。

（二）变革的教学组织形式使然

1. 变革的教学组织形式要求教师教学思想的变革

教学组织形式的历史发展可大致分为：个别教学—班级授课制—多元化教学组织形式。[②] 我们知道，在传统的教学组织形式中，学生的座位被是被固定为横竖整齐的一行一行的小组排列，是一种“秧田式”的排列，每一个学生被固定在一个座位上，不能走动，不能进行有效交流，教师针对全班学生进行集体“授课”，教师只需要站在讲台前进行集体性演示和教学，不能有效地对学生进行小组指导和个别指导，也不需要与学生进行个别交流与沟通，

---

① 熊梅，王廷波．开放式学校组织特征与建构［J］．中国教育学刊，2011（8）：17－20.

② 杨小微．现代教学论［M］．太原：山西教育出版社，2004：226.

也没有尊重学生的个性和差异。但是，在个性化教学视域下，教学组织形式发生了变化，教室成为开放式的教学空间，学生被分成小组，在小组内进行合作与学习，小组之间能进行对话与交流。那么，教师需要改变以往忽视学生差异和不与学生进行交流的行为，需要改变以往忽略学生的个体差异性的做法，而是需要关注学生的不同学习需要，尊重学生的学习选择性，重视学生的个性化表达和学习，关注学生的合作学习，需要加大对学生的学习指导力度。

2. 变革的教学组织形式要求教师教学角色的变革

在变革的教学组织形式下，教师需要成为“平等中的首席”，教师需要与学生进行“教”与“学”的合作，教师需要成为“学习共同体”的一部分，同学生一起“商量”和探究问题。同时，教师需要指导小组内学生的学习，也要兼顾个别指导和集体指导，所以教师成为学生学习的指导者，并且教师还要积极组织学生进行学习，并让学生参与到课堂教学中去成为学习的“主人”。那么，教师就需要改变过去那种“不平等地位”，改变过去已有的角色文化现象，转变成为学生学习的组织者、合作者、指导者、咨询者、引领者。这样一来，教师就需要形成新的教学理念和新的教学行为以及新的教学方法等新的教师文化。

（三）张扬个性的必然要求

1. 个性化教学强调教师个性化的“教”

个性化教学要求凸显教师的“个性”和教师教学的“个性”，这样一来，个性化教学就客观要求教师文化的变革。个性化教学强调教师个性化的“教”，那么，教师在备课、上课、课后辅导、教学评价等教育教学阶段都体现出不同的特色和个性来，在备课过程中，需要体现出教师对教材的个性化的理解、对学生有独到的研究，对教案有个性化的准备，在上课过程中体现出教学特色，从而体现出教师个性化的“教”。

2. 个性化教学强调学生个性化的“学”

要求凸显学生学习的个性化。个性化教学强调尊重学生的个性差异，重视学生的学习选择性，关注学生的不同学习需要，鼓励学生个性化的成长，重视教师个性化的“教”和学生个性化的“学”。尊重学生的差异性和凸显学生的个性，引导学生个性化发展是个性化教学的重要体征。然而，传统的教师文化理念中主张教师是教学的中心，教师在课堂上“说了算”，学生是被动的受教育者，学生的一举一动都是在教师的“监控之下”，教师的教学也是在学校领导的“监督之下”，学生往往不敢有自己的“不满”，不能表达自己的“心声”，不能不遵守严格的“课堂纪律”。因此，在这样的教学境况下，教师与学生都是“被监督者”，教师是按照“教学大纲”和教科书等“本本”为依据，不能有自己的“想法”和突出的“思考”，教师是“带着镣铐跳舞”，教师的教学是没有个性化的，当然，学生也是不能具有自己的个性，教师的无个性和学生的无个性，从而形成了无个性的教学，以至于形成了整齐划一的教学模式和千篇一律、没有特色的学校。在个性化教学视域下，这种传统的教师文化与个性化教学所需要的教师文化是“格格不入”的，那么，要进行个性化教学就需要教师改革以往的“去个性化”的教学理念，形成尊重学生的差异性和多样性，重视学生的个体体验和差异性的知识多元性生成。所以，个性化教学所强调的“尊重个性”“尊重差异”“尊重学生的学习兴趣”，并倡导“个性张扬”等理念，必然要求教师形成一种具有个性特点的教师文化。

（四）新的教学评价理念所要求

在新课程改革过程中，新的教学评价理念需要改变过去的评价方式和评价体系，改变过去那种过分强调评价的甄别与选拔功能忽视改进与激励的功能，改变评价标准单一和评价内容过于注重学生的学业成绩忽视学生全面发展和学生个体差异，也改变评价方法单一注重量化、忽视质性评价以及注重相对评价忽视绝对评价和个体差异性评价，还需要改变评价主体“错位”和学生被动性的评价等传统的评价方式和评价理念，重新建构新的评价框架。[①]新课程与教学评价理念下，强调“个体差异性评价”“学生的主体性地位”以及尊重学生的差异，尊重学生的多元学习需要，重视学生的学习兴趣和多样性发展，关注学生的个性化体验，关注学生的合作学习，重视学生的多元评价。因此，评价一个学生是否优秀，评价一个教师的教学是否有效，不是将学生的考试分数作为评判学生的唯一标准，而是重视多元化的评价目标，注重多元化的评价主体，重视多元化的评价内容和评价标准，强调多样化的

---

① 徐勇，龚孝华．新课程的评价改革［M］．北京：首都师范大学出版社，2001：8.

评价方法，从而更加全方位、多渠道地去评价学生的学习效果和教师教学效果，达到“改变课程评价过分强调甄别与选拔的功能，发挥评价促进学生发展、教师提高和改进教学实践的功能”。[①] 那么，在新的教学评价理念下，教师就急切地需要积极改变过去那种传统的教学评价理念和评价方式，形成新的教学评价文化，从而通过评价来促进个性化教学，促进学生的个性化成长。

（五）重新构建教师文化模式的客观要求

在个性化教学的视域下，教师文化模式将发生新的“革命性”变革。那么，文化模式是什么呢？在美国学者本尼迪克特看来，文化模式是相对于个体行为来说的，并认为人类行为方式有多种多样的可能，这种可能是无穷的。但是，一个种族、一种文化在这样无穷的可能性里，只能选择其中的一些，而这种选择有自身的社会价值取向。选择的行为方式包括对待人之生死、青春期、婚姻的方式，以至于在经济、政治、社会交往等领域的各种规矩、习俗，并通过形式化的方式，演成风俗、礼仪，从而结合成一个部落或部族的文化模式。[②] 可见，本尼迪克特的“文化模式”是一种价值取向和行为方式的总和。但是，美国学者 A. L. 克罗伯认为“文化模式”就是文化结构和文化功能的规定。

纵观当前的观点，我们认为，文化模式是一种相对稳定的文化存在方式，包括文化价值取向、文化结构和文化功能等方面的总和。那么，教师文化模式就是指教师群体在教育教学过程中所逐渐形成的一种价值取向、文化存在方式、文化功能和文化结构等方面的一种规定和程序系统，对教师个体具有强制性和制约性。在个性化教学视域下，现有的教师文化模式已经不能适应个性化教学背景下的要求，所以需要打破现有的“教师文化模式”，重新构建适合个性化教学的教师文化价值观、教师文化功能以及教师文化结构，从而重新审视教师文化的存在。因此，在个性化教学背景下，构建新的教师文化模式，需要对教师对文化进行重新定位和估量，需要教师对文化进行变革。

---

① 教育部．基础教育课程改革纲要（试行）[N]．中国教育报，2001-07-27(2).

② 刘敏中．文化模式论．[J]．学习与探索，1989（4-5）：11-20.

第三章 个性化教学背景下的教师观念文化

文化是教学的母体，教学往往是在一定的文化中开展的，没有文化作为基础，教学就成为“空无”，正如学者所指出的：“教学方式实质上是人类的生存方式在教学活动中的一种文化映射。”① 作为教学方式中的一个方面个性化教学，同样需要具有一定的文化理念作支撑，这是毋庸置疑的。通过前文对个性化教学的分析可以看出来，个性化教学需要教师形成新的教学观、学生观、师生观、教学评价观等一系列新的教师观念文化观念，这是毋庸置疑的。那么，在个性化教学背景下，教师观念文化的应然如何，教师观念文化的现状又是怎样，又有哪些因素在影响教师观念文化的形成。本章将在个性化教学背景下教师观念文化的应然建构之上，通过对 F 小学的个性化教学实践的现实观察和分析，从中找到个性化教学背景下教师观念文化的现实表现和问题所在，并进一步去分析其障碍因素，从而找到个性化教学背景下教师观念文化的构建策略。

第一节 个性化教学背景下教师观念文化的应然

一、开放和谐的教学观：从“封闭”走向“开放”

在个性化教学视域下，教师将形成新的教学理念，教学概念将突破“教学是教师引导学生按照明确的目的、循序渐进地以掌握教材为主的一种教育活动”。② 逐步更新“教学”的理念，将教学看作教师与学生的一种交往活动，并进一步认为“教学”不是教师的“照本宣科”和“填鸭”，也不是教

---

① 李森，王天平. 论教学方式及其变革的文化机理［J］. 教育研究，2010（12）：66－69.

② 南京师范大学教育系. 教育学［M］. 3 版. 北京：人民教育出版社，2005：355.

师的“复制”和“拷贝”，而是学生在教师的引导下进行学习和探究的一种活动。因此，教师需要重新审视教学的本质，不能将教学看作是一种“工业”，而更是将教学看作是一种“农业”，一种尊重生命个性和学生心理发展规律的个性化教学，是学生的自主学习和教师指导相结合，而不是教师的“满堂灌”和学生的被动学习，它更是一种教师与学生共同弹唱的“协作曲”，是一种师生“共鸣”后的和谐乐章。一旦教师形成了对教学的文化理念，那么，个性化教学就能进一步开展。

教师的文化观念会影响其教学观念的形成，这是必然的和毋庸置疑的。在传统的文化观念下，教师往往是整体性地出发，重视一致性和标准规格的整齐划一，犹如军训中的“齐步走”，关注的是全体和集体性而忽视个性和差异。因此，在这种集体性文化思维方式下，导致传统的教师观念往往强调的是学习时间的同步、统一学习材料和学习内容并得到同一的学习答案。但是，在个性化教学观念下则主张不同的（多元化的）学习任务、不同的学习步调、不同的学习材料和学习内容以及不同的学习答案，如图 3 - 1 所示。① 从图3 - 1中可以发现，在新的教学理念下，“开放式教学系统”需要转变传统的教学观念，形成个性化教学背景下的新教师观念文化。教师的专业信念、教师的专业道德、教师的专业知识是教师专业化的重要内容和表征。因此，教师具有何种教师专业信念和教学观念文化，就会产生什么样的教学，正因为孔子主张“有教无类”和“因材施教”，才会出现对“冉求”和“子牛”等不同个性的学生采取“求也退，故进之；由也兼人，故退之”的教学方法。正如叶澜先生所指出的“教师不会仅仅是成为规定要求的执行者，而且成为教育活动的自主创造者；教师的职业才会有内在的尊严，给学生也带来尊严”。② 在个性化教学视域下，教师只有具有了个性化教学背景下的教师文化观念，才会尊重学生个性、重视学生发展差异、重视学生差异性学习，教师才会从事个性化指导和个性化的“教”。

---

① 加藤幸次．创造适应个人差异的教学［C］．东亚学校教育创新高端学术论坛暨东北师大附小集团开放式教育十年研究发表会研究纪要．长春：东北师范大学附属小学教育集团，2011：1 - 5.

② 叶澜．教师职业的本质［J］．教师之友，2002（2）：1.

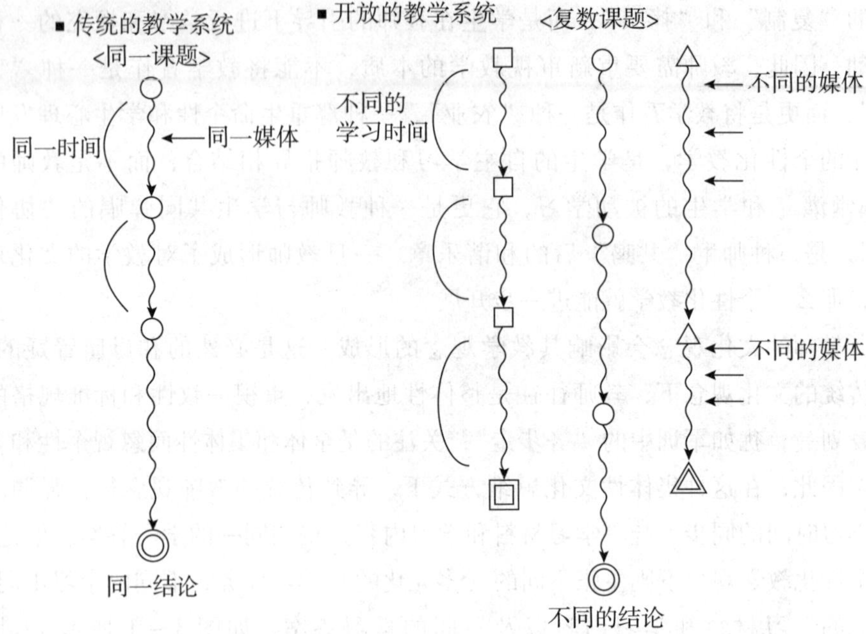

图 3－1　传统教学系统与开放教学系统比较

二、自由平等的师生观：从“被压迫”走向“平等”

传统的师生关系是一种不对等的关系，是一种倾斜的天平，课堂教学中教师的地位被“无限”抬高和尊崇，而学生的地位被压制和扭曲了，学生成为受教育者和“被压迫者”。因此，课堂中的一切往往都是教师“说了算”和“一言堂”，学生被剥夺了个性和“自由”，成为“奴役的对象”，以至于学生成为“沉默的羔羊”和“配合教学的对象”。但是，在今天的基础教育课程改革过程中，特别是在个性化教学视角下，教师与学生成为天平两端平衡的主体，即教师成为“教”的主体，学生成为“学”的主体，两者关系转化为主体间性的关系。在个性化教学中，教师需要意识到：学生需要成为课堂的主人，成为个性化学习的主体，教师不再是剥夺学生个性和自由的“主宰者”，而是教师与学生是“平等的”。当然，教师逐渐成为学生学习的指导者和组织者，“这样，教师的作用就不会等同于一部百科全书或一个供学生利用的资料库。一个有创造性的教师应能帮助学生在自学的道路上迅速前进，教会学生怎样对付大量的信息，他更多的是一名向导和顾问，而不是机械传递知识的简单工具”。① 教师具有什么样的观念文化，当然也表现在对学生的态度上。在集体化的教学理念下，教师强调的是学生对教师的“配合”，认为教师是“主角”，学生只是“配角”，因此，自古以来，就会出现“一日为师，终身为父”“严师出高徒”的“至理名言”。这样教师观念文化映射到课堂教学中，就会出现教师是高高在上的“施教者”，学生是被动的“受教者”，所以，教师更多地采取集体讲授和“满堂灌”，教学设计和教学目标完全根据教师的教学要求，而忽视学生的学习需求和学习需要，以至于学生成为“受压迫者”，以至于我国近代著名教育家陶行知先生针对传统教育的弊端喊出解放儿童的头脑、双手、眼睛、嘴、空间、时间等“六大解放”。在个性化教学视域下，教师需要形成那种重视学生的个性和差异，尊重学生的学习经验和学习需要，重视学生的学习选择等，那么就需要教师去形成新的教师观念文化。可见，教师观念文化在影响着个性化教学，也在影响着教师对学生的态度。

三、差异多元的教学评价观：从“统一”走向“差异多元”

2001 年，我国基础教育课程改革的文件明确指出，新课程改革的理念就是要形成“改变课程评价过分强调甄别与选拔的功能，发挥评价促进学生发展、教师提高和改进教学实践的功能”的局面。② 在个性化教学视域下，通过教师文化的变革，让教师逐步改变过去那种传统的以考试分数来评价学生的学习成绩的优劣与否的局面，形成一种“尊重学生学习的差异，尊重学生的个性”的评价理念。

第一，在教学评价目标上，教师需要树立“评价的目的不是为了证明，而是为了改进”的评价宗旨，形成让每个学生都能得到尽可能的发展，坚持“为了一切学生”，而不是为了某些学生而牺牲其他学生的学习权利和学习利益。

第二，在评价主体上，教学评价需要改变那种单一的教师评价和学校领导评价主体，让学习同伴和学生自我参与到评价中来，给予学生自我评价的

---

① ［伊朗］S. 拉塞克，［罗马尼亚］G. 维迪努. 从现在到2000 年教育内容发展的全球展望［M］. 马胜利，高毅，丛莉，等，译. 北京：教育科学出版社，1996：105.

② 教育部. 基础教育课程改革纲要（试行）［N］. 中国教育报，2001 - 07 - 27(2).

权利。

第三，在评价方法上，教学评价应采取多元的评价方法，在个性化教学评价理念下，教学评价需要改变传统评价理念中以考试分数来评价学生的唯一标准的做法和观念，重视通过其他评价方式来对学生进行综合性和全方位的多元性评价。

第四，在评价内容上，教师需要改变以书本知识为唯一的评价内容，还需要关注学生的情感、态度、价值观的形成等评价，并且根据学生的个性和差异，需要对学生展开多元性和差异性的评价，从而形成对学生进行尊重个性和重视差异的教学评价体系。

四、自主选择的学习观：从“刻板规定”到“自主选择”

尊重学生的学习选择权，将学生视为学习的主体，让学生根据自己的学习兴趣、学习能力以及学习倾向，具有自己判断的能力，去选择自己的学习内容和学习方向，在学习一些基础性知识和技能的基础之上，进行选择性学习。比如，你去号召儿童去从事某种活动之前，就要让儿童对活动感兴趣，关心儿童对该活动所必需的全部力量，让儿童去活动，教师始终是指导和引导他的活动。①“思想是行动的先导”，有什么样的思想就会出现什么样的行动。教师不同的观念和信仰会影响其在教学过程中的行为方式。新的“教学系统”，如表3－1所示。②一味地集体指导不能适应不同的学习活动的需要，因此，需要进行集体指导和个别指导相结合，针对不同的教学采取不同的教学指导方式，从而做到“学习适应性、学习类型”方面的差异性。正如陈至立所指出的，要”尊重学生的不同特点与个性差异”，既面向全体学生又兼顾个别学生，具有灵活性、针对性、多样性特点，避免“千人一面”③。

---

① ［苏］维果茨基．教育心理学［M］．龚浩然，译．杭州：浙江教育出版社，2003：144.

② ［日］加藤幸次．创造适应个人差异的教学［C］．东亚学校教育创新高端学术论坛暨东北师大附小集团开放式教育十年研究发表会研究纪要．长春：东北师范大学附属小学教育集团，2011：1－5.

③ 陈至立．实施个性化教育的关键在教师［J］．中国教育学刊，2011（10）：卷首语。

表 3－1　　个性化教学系统的框架

学习活动名称	类　型	次　类　型	指导·学习·模式
①完全习的学习	（1）齐头式教学补充型	（A）齐头式教学补充	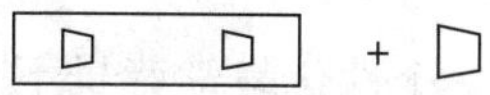
		（B）精熟学习	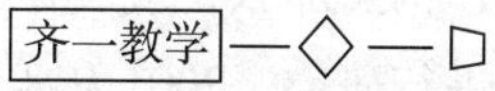 齐一教学
②到达度别学习	（2）类群区分型	（A）不同学力群	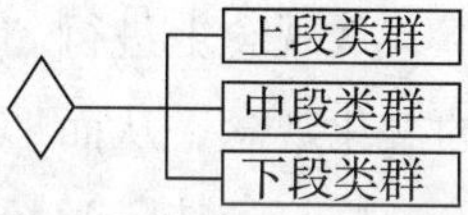 上段类群 中段类群 下段类群
		（B）学力+a群	
③自由进度学习	（3）学习步调配合型	（A）单元内不同进度	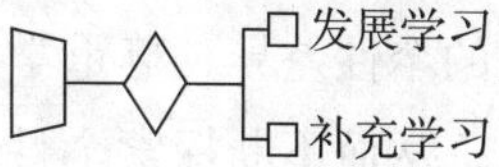 发展学习 补充学习
④无年级制学习		（B）学力+a群	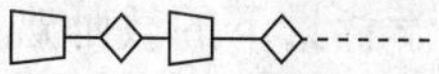
⑤性向处理学习	（4）学习方式选择型	（A）整体应对	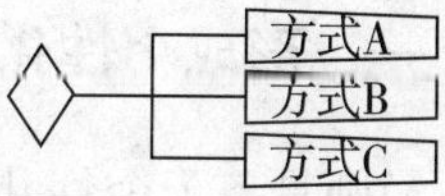 方式A 方式B 方式C
		（B）部分应对	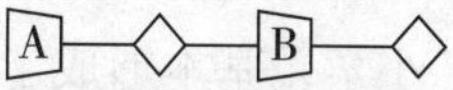 A B
⑥顺序选择学习	（5）学习顺序选择型	（A）课程选择	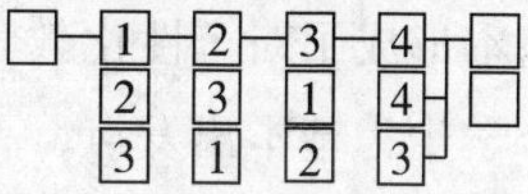 1 2 3 4 / 2 3 1 4 / 3 1 2 3
		（B）任意选择	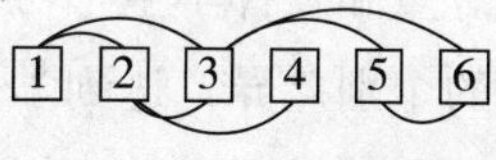 1 2 3 4 5 6
⑦发展课题学习	（6）学习课题选择型	（A）部分选择	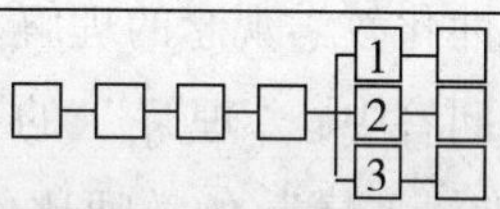 1 2 3
⑧课题选择学习		（B）整体选择	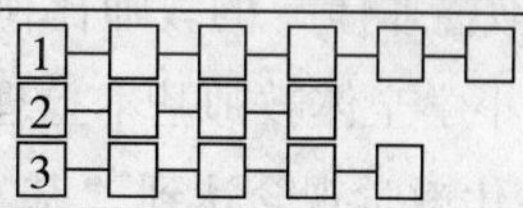 1 2 3
⑨课题设定学习	（7）学习课题设定型	（A）单元内主题设定	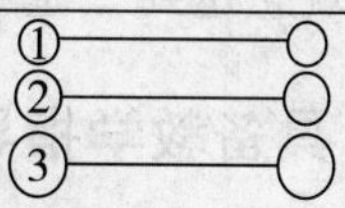 ① ② ③
⑩自由研究学习		（B）契约学习	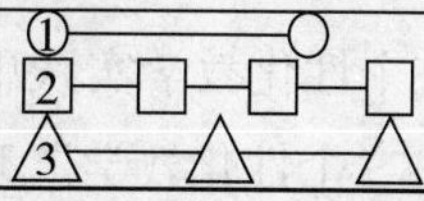 ① ② ③

注：▭：齐头式教学　⏢·个别辅导（群体学习、个人学习）
◇：评分活动（前测验、形成测验）　□：学习课题（模式）。

第二节 个性化教学背景下教师观念文化的现状

个性化教学背景下，教师观念文化的理想状态即“应然”，我们已经进行了建构。那么，现实中的教师观念文化又是如何呢？本书将以F小学作为个案进行研究。2001年开始，F小学在校长的引领下，开始了轰轰烈烈的学校改革，从观念上进行“开放式·个性化”的办学理念，让教师们逐渐改变自己的文化观念，从而形成新课改背景下所需要的理念，在与新课改同步的前提下，进行了特色学校的建设，即从培养学生的自主性和个性出发，尊重学生的个性差异，尊重学生的学习兴趣和学习能力的不同，尊重学生的学习差异，从而不断探索个性化教学的文化理念。十余年下来，形成了一定的个性化教学背景下的教师观念文化层面的理念，具体如下。

一、形成个性化教学观念

教师具备了个性化教学的基本理念，形成了对个性化概念的基本理解。在F小学，基本形成了一定的个性化教学概念：在教师个性化实践中，教师基本形成了对个性化教学的理解，并认为个性化教学是以珍惜群体中的每一个学生为基本出发点，旨在创设最有利于每个学生得到最好发展的环境，充分尊重和发挥学生学习的主动性和积极性，灵活运用多种方式以适应学生学习的个别差异，达到学生个性和谐发展和个人全面发展的目标。从F小学对个性化教学观念的理解程度调查中发现，对于“您理解什么是个性化教学吗”的回答中，“理解”的教师比例占47%，“比较理解”的教师比例占50%，“似懂非懂”的教师比例占3%，没有教师填写“根本不懂”一项。所以说，F小学全体教师基本上理解了个性化教学的理念。可见，97%的教师已经对个性化教学观念达到“基本理解”以上的程度，如图3-2所示。

二、具备教学指导理念

在个性化教学实践中，教师已经具有了个性化教学的理念，并在备课中展现出“个性化教学”理念，见下文的案例，从案例中不难发现，教师已经具有了个性化的“教”和让学生“个性化阅读”的个性化学习理念，并具有了集体指导的理念。从下文的“语文大单元《科学家眼中的动物》第三四课

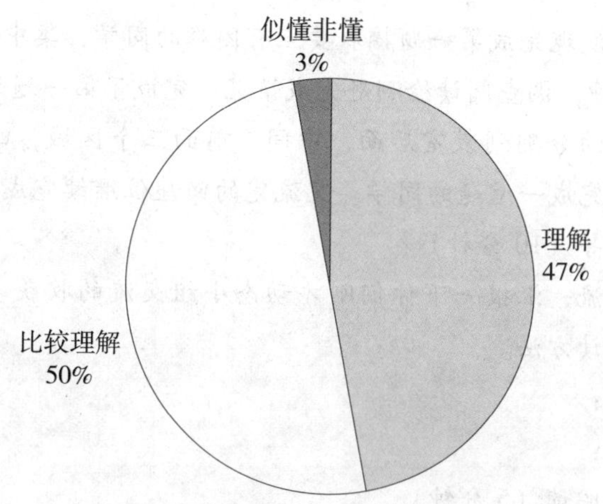

图 3-2 教师个性化教学观念理解程度

时教学设计”中，不难发现，教师在进行教学设计过程中，既考虑到学生的个性化学习和个性化指导，也考虑到学生的集体指导。因此，教师具有了个体指导和集体指导的个性化教学理念。

语文大单元《科学家眼中的动物》第三、四课时教学设计

陈吉荣

课前根据学生初读感受，在电脑上打出三个阅读检测题（待定）。

一、引入阅读检测（5 分钟）

上节课同学们已有了初读感受，这节课我们就在初读感受的基础上，运用已有的阅读方法，深入理解课文，实现一种个性化的阅读。为了推动大家的阅读，也为了检视大家阅读的效果，老师特地选取了几个有代表性的初读感受，由此生发出几个问题。

××同学在初读感受中写道：出示问题 1。

××同学在初读感受中写道：出示问题 2。

××同学在初读感受中写道：出示问题 3。（关于第二自然段表达特点）

下面请同学们带着问题认真阅读课文，在学习卡片上写下你的思考、理解。

二、个性化阅读（20 分钟）

1. 个别学生学习运用已有阅读方法，深入阅读理解课文，完成阅读检测

题。教师巡视，发现完成第一题摘取要点有困难的同学，集中进行指导。

2. 第 26 分钟，调查阅读检测题完成情况。完成了第一题的、完成了两题的、完成了三题的分别到教室后面、中间、前面三个区域，四五人随机分组交流，教师指导完成一道题的同学。交流完的回座位继续完成阅读检测。

三、集体指导（10 分钟）

我们集体交流，汇报一下你们刚才动态小组交流的收获。教师注意引导学生谈采用的阅读方法。

第一个问题：

第二个问题：

四、个性化阅读（5 分钟）

1. 没有完成第三问题的完成第三题。

2. 阅读检测题全部完成的完成发展学习题目。

五、脑图策略教学

1. 交流第三个问题（关于第二段表达特点）。学生板书，老师构建脑图。

2. 学生发现脑图的用处。（梳理思路，便于记诵，利于仿写）

3. 学生借助脑图背诵。

4. 学生选择完成：构建其他段落的脑图；仿制脑图，写自己感兴趣的一个动物。

5. 交流。

六、总结

三、达成单元开发理念

在个性化教学实践中，根据教学的实际需要，教师形成了单元开发的教学理念。以 F 小学语文学科为例，语文“科学家眼中的动物”单元由《天鹅》《蜘蛛》《大孔雀蛾的晚会》组成一个单元，进行单元设计。再比如“劳动”单元由《父亲的菜园》《乡村四月》《清平乐·村居》组成，并教学进行了单元的开发与设计。

语文学科个性化教学“劳动”单元开发与教学设计

［教学内容］长春版本国标小学语文教材三年级下册第三单元《劳动》

［研究团队］F 小学语文学科组

［实施模式］集体指导补充模式

［研究构想］

1. 继承以往研究成果，巩固图像化阅读策略

本次单元开发是对以往研究基础的拓展与延伸。前两轮的研究，我们对图像化阅读策略进行了有效的探索，积累了宝贵的经验。三年级儿童的认知特点正处于从形象化思维向抽象化思维过渡的阶段，培养想象力，借助图像化阅读策略来理解文本内容，有利于学生品悟诗词意境，想象词中的画面与生活中的场面。

本次教研将继续深化对图像化阅读策略的探索。学生透过文字，想象诗词的画面，回顾场面，用段落描写的形式再现生活中劳动的情景。教学中应尊重学生差异，制订发展性学习目标。学生可根据学习能力与学习进度，自愿选择以诗词的形式描写场面，使学生在迁移、运用、欣赏、评价中体悟诗中有画、画中有诗的阅读策略。

2. 深化主题单元实施过程，采用集体指导补充模式

本单元开发与实施，采用集体指导补充模式，通过集体学习、小组学习、个别学习的方式，进行个性化学习。

3. 优化教材的呈现方式，构建综合化单元案例

本单元有三篇课文，体裁分别是唐诗、宋词和现代文。因为学生第一次接触宋词，所以借助已有的学习经验，先学习唐诗与现代文，再学习宋词，调整原有的学习顺序，弹性化处理教材。此外，根据学生以“劳动”为主题的社会体验活动，开发了与本单元相关联的两节语文综合性学习，将原来的5课时增加到7课时，优化了单元结构，关注了语文与自然和生活的联系，重组了单元教材。

《2011 版语文课程标准》提到：善于通过专题学习等方式，沟通课堂内外，沟通听说读写，增加学生语文实践的机会。充分利用学校、家庭和社区等教育资源，开展综合性学习活动，拓宽学生的学习空间。

根据“劳动”主题，本单元开发了相关联的综合性学习。我们立足学校特色的教育活动，通过校内的“文明清扫”活动、校外的家务劳动与亲子种植活动，激发学生劳动体验的兴趣，能联系生活学科的种植知识进行综合性学习，不局限于学科内容的框架，整合不同学科的知识，为学生提供广阔的学习空间。教学将语文学习的三大领域，即阅读、口语交际、习作，灵活统整，突破语文各学习领域相对独立的教学模式，使学生的习作有话可说，有感而发。

4. 调整前后的单元结构（如表3－2所示）

表3－2　小学三年级语文单元结构

调整前		调整后	
教学内容	课时数（5）	教学内容	课时数（7）
《乡村四月》	1	《父亲的菜园》	2
《清平乐·村居》	2	《乡村四月》	1
《父亲的菜园》	2	《清平乐·村居》	1
		综合性学习	2
		单元总结	1

［单元教学目标］

一、知识与能力

1. 会认10个生字，会写16个生字。

2. 有感情地朗读诗、词、课文，能背诵诗、词。

3. 培养想象力与创造力。

二、过程与方法

1. 通过图像化阅读策略感悟诗词大意，想象古诗描述的场面。

2. 在综合性学习的过程中，增强体验，进行劳动场面的口语交际及习作表达。

三、情感、态度与价值观

1. 感受诗词的魅力，产生阅读与积累的兴趣。

2. 热爱祖国的语言文字。

3. 乐于表达，在讨论与交流中学会合作与分享。

［单元教学计划］

表3－3　小学三年级语文单元计划

课时分配	具体教学内容	课时教学目标	教学资源
1/7	·学习本单元生字 ·《父亲的菜园》初读感受	·了解大单元全貌 ·学习本单元生字 ·梳理文章的脉络，理清思路，重点理解父亲两次话语	学习卡片 学习指南 资料卡片 本课所涉及农作物

续 表

课时分配	具体教学内容	课时教学目标	教学资源
2/7	·《父亲的菜园》理解赏析	·运用图像化阅读策略学习课文 ·归纳、总结现代文描写劳动场面的写作方法	学习指南 学习卡片
3/7	·学习古诗《乡村四月》	·运用图像化阅读策略学习古诗 ·朗读、背诵课文	学习指南 学习卡片
4/7	·学习宋词《清平乐·村居》	·初步了解宋词 ·运用图像化阅读策略学习宋词 ·朗读、背诵课文	学习卡片 学习指南 学习资料 古筝音乐
5/7	·综合性学习	·回顾以往的劳动体验，指导学生进行口语交际、阅读、习作的综合性学习	学习卡片 学习指南

再比如，我们以F小学体育学科为例，通过对小学三年级校本课程的单元开发与教学设计，形成了个性化教学的理念，改变传统的教学内容上的分割和知识上的断裂，以“整体规划、分步实施、量力而行、重在实效”① 为原则进行了课程内容的重新设计和调整，凸显知识的整体性和系统性，更加适合学生的个性化和差异。

体育学科个性化教学《正摇编花跳短绳》单元开发与教学设计

[教学内容] 小学三年级，校本课程《正摇编花跳短绳》

[研究团队] 邓宏　李木春　祝秀艳　宣立新　赵鑫　白钢　王希娣　李妍

[实施模式] 学习进度模式

[研究构想]

1. 基于青少年体质现状，凸显跳绳课程的整体性与系统性

国家体质健康监测表明，青少年的体质近几年来呈下降趋势，主要体现

① 熊梅，王艳玲．在比较研究中寻求学校课程的系统变革［J］．中小学管理，2013（5）：7－9.

在耐力、力量、速度等体能指标持续下降，城市超重和肥胖青少年的比例明显增加，针对这一现象，选择承载提高学生体质的教学内容、科学的训练方法是十分重要的。学校将跳绳作为学校体育课程重点内容，在国家课程基础上，对跳绳单元进行了整体性、系统性的开发。我校结合学生体质监测的结果以及学生跳绳技能发展的水平，认为学校原有的跳绳单元构建仍然比较笼统，并未体现出跳绳运动的精细化、梯度性等特点。为此，结合跳绳运动的特点，在三年级开发了编花跳短绳单元。本单元共6课时，遵循循序渐进，由简入繁的原则，设置连续做几次正摇并脚跳，接一次编花跳—正摇编花跳—连续正摇编花跳—连续做几次反摇并脚跳接一次编花跳—反摇编花跳—连续反摇编花跳的学习内容。同时，把跳跳球加入到跳绳的过程中，跳跳球不仅仅能够激发学生运动兴趣，还是对基本技能的延伸与拓展，更多时候还发挥了辅助学生发展跳绳基本技能的作用。

2. 继承个性化教学研究成果，深化学习进度模式的研究

体育学科此轮研究是在继承以往研究成果基础上的一次拓展和延伸。在前两轮研究过程中，体育学科重点研究的是构建了基于体育学科品性而设计的学习进度模式。本次研究除了继续在学习进度模式进行探索的基础上，重点在TT合作协同教学以及课堂教学评价两个方面有所突破。教师之间的TT合作主要是根据不同学习进度进行有针对性的、系统性的指导。课堂教学评价重点突出学生的自我评价。学生的评价卡和教师的记录卡在课堂的某个环节中呈现，使学生能够及时了解自己的学习情况，明确与达到目标之间的差距。教师通过学生学习情况记录卡，了解学生阶段性学习情况，并给予针对性的指导，掌握整节课目标达成情况，并作为下一阶段学习和指导的依据。

3. 根据跳绳技能形成规律，整合课堂内外教学时间

把课堂教学拓展到课外体育活动中是本次单元开发的一个特点。根据每天锻炼1小时的大课间体制，把课堂教学与大课间活动有机结合，以学促练，以练促学，提高了教学的实效性。调整前的教学是在课堂中，总课时是8节320分钟，调整后的教学拓展到课外体育活动中，总课时6节共600分钟，其中课堂教学240分钟，大课间活动360分钟，既减少了课堂教学的时数，又增加了练习的时间，体现了教学与活动相结合的优势。

[单元教学目标]

情感、态度与价值观。善于发现同伴的优点；能够正确评价自己的能力；

遵守活动的次序与规则，并与同伴团结互助。

知识与技能。学习正、反编花跳绳的动作方法，80%以上的学生动作连贯并能够达标。

过程与方法。通过多种组织形式和练习手段，发展耐力、速度、力量等素质，提高学生跳绳能力。

［单元教学计划］

表3－4 单元教学计划

课时	具体教学内容	课时教学目标	教学资源
1/6	连续做几次正摇并脚跳接一次编花跳	1. 善于发现同伴的优点，遵守活动的次序与规则，并与同伴团结互助 2. 学习几次并脚跳接一次正摇编花跳方法，80%以上学生能够完成动作 3. 发展力量、耐力、速度、协调等素质，提高跳跃能力	成绩记录卡 学习指南 学习卡片
2/6	正摇编花跳短绳	1. 能够发现同伴的优点并融入自己的运动中；正确评价自己的能力 2. 70%的学生掌握动作方法，60%以上学生30秒钟达到15次以上，20%以上的学生达到25次以上 3. 提高腰、腹部及腿部肌肉力量，发展力量、耐力、速度等素质，提高跳跃能力	成绩记录卡 学习指南 学习卡片
3/6	正摇编花跳短绳	1. 能够发现同伴的优点并融入自己的运动中；正确评价自己的能力 2. 80%的学生掌握动作方法，70%以上学生30秒钟达到15次以上。30%以上的学生达到25次以上 3. 提高跳绳能力，发展体能	成绩记录卡 学习指南 学习卡片
4/6	连续做几次反摇并脚跳，接一次编花跳	1. 能够发现同伴的优点，并与同伴团结互助 2. 学习几次并脚跳接一次正摇编花跳方法，80%以上学生能够完成动作 3. 提高腰、腹部及腿部肌肉力量，发展力量、耐力、速度等素质，提高跳绳能力	成绩记录卡 学习指南 学习卡片

续 表

课时	具体教学内容	课时教学目标	教学资源
5/6	反摇编花 跳短绳	1. 能够发现同伴的优点并融入自己的运动中；正确评价自己的能力 2. 70% 的学生掌握动作方法，60% 以上学生 30 秒钟达到 10 次以上，20% 以上的学生达到 20 次以上 3. 提高腰、腹部及腿部肌肉力量，发展力量、耐力、速度等素质，提高跳跃能力	成绩记录卡 学习卡片
6/6	反摇编花 跳短绳	1. 能够发现同伴的优点并融入自己的运动中；正确评价自己的能力 2. 80% 的学生掌握动作方法，70% 以上学生 30 秒钟达到 10 次以上。30% 以上的学生达到 20 次以上 3. 提高跳绳能力，发展体能	成绩记录卡 学习卡片

四、形成尊重差异观念

在个性化教学过程中，尊重学生的个性和差异，尊重学生的学习兴趣、学习经验、学习能力、学习方法、学习风格等方面的差异和不同，重视学生的学习选择，这是个性化教学的客观需要。F 小学教师在这方面，也具有了这方面的差异性的观念，在教学过程中，往往能尊重学生的多种选择，如下面的案例。

在小学数学《比的化简》课堂教学中，计算：“$\frac{2}{5}:\frac{1}{4}=?$”教师逐渐认识到问题解决的方式不一样，让学生去探究更多的解答方法。第一种方法：将“:”看作是除号得到$\frac{2}{5}:\frac{1}{4}=\frac{2}{5}\div\frac{1}{4}$，再将所得进行化简，可得到：$\frac{2}{5}:\frac{1}{4}=\frac{8}{5}$，再进行化简得到$\frac{2}{5}:\frac{1}{4}=8:5$。第二种方法：将分数化为小数的方法，将分数化成小数得到：$\frac{2}{5}=0.4$，$\frac{1}{4}=0.25$，两边都乘以 100 得到：$0.4\times100=40$，$0.25\times100=25$，那么，$\frac{2}{5}:\frac{1}{4}=40:25$，两边再除以 5 得到$\frac{2}{5}:\frac{1}{4}=8:5$。第三种方法：采用分母乘以最小公倍数 20 的方法，$\frac{2}{5}:\frac{1}{4}=\frac{8}{20}:\frac{5}{20}=8:5$。

同时，通过对F小学教师的访谈中，我们也可以看出教师们基本形成了个性化教学下的尊重学生差异和学生选择的权利的观念，如从对数学学科LXL教师和语文学科LYH老师的访谈中，可以看出来。

问：“您觉得在个性化教学背景下怎么样尊重学生的差异和学生的选择权利?”

数学学科LXL老师认为：“尊重学生的差异是相对的尊重，尊重一个学生意味着对另一个学生不尊重。就教学过程而言，一般分为三类学生：第一类，聪明的学生，课前已经学习好多内容，可能掌握的知识比课堂上的知识要多；第二类，一教就会的学生；第三类，教了未必会的学生。尊重意味着最大可能满足学生的学习需要。因此，在学习任务、目标设计、方式选择、问题设计等方面有不同的层次，使学生从基础到发展进行学习。尊重学生的选择，意味着有的课可以选择，分为3个档次，根据任务的难易程度，但是在个性化教学过程中，有的学习保守不进行挑战自我，选中等程度的学习难度，有的学习中等的学生选择上等难度的学习任务，这些都是相对的，让学生进行最大化的选择，有的则不能选择。”

语文学科LYH老师：“在个性化教学的课堂上，我们要关注每一个孩子的学习。根据他们不同的特点和学习能力，我们会设计不同层次的问题，让他们都找到适合自己学力水平的内容进行愉快的学习，从而都有所收获。尤其是我们要关注学生的创新思维的培养，给他们创设足够的教学想象空间，尊重他们的个性阅读和表达，想方设法让他们主动学习，活跃思维，创造发展，让每一个孩子都成为课堂学习的小主人。”

第三节 个性化教学背景下教师观念文化的问题

一、自由学习进度与规定学习时间的矛盾

在个性化教学过程中，往往强调教师尊重学生自主学习，倡导学生根据自己的学习兴趣和学习水平与学习经验以及学习能力特征等多方面的差异，进行自主学习，强调学生自由进度的学习。但是，在教学实践过程中则往往出现规定的教学时间与学生自由学习的矛盾，如在F小学五年级“社会”学科的教学中《关于互联网在生活中给我们带来的便利》这个学习单元，见下

面的“学习卡片”。

学习卡片

五年________班　姓名________学号________

我的研究问题是：（填写研究主题）

在哪些地方让我们生活更便利？____________________

学习流程

1. 我选择的体验项目是：（1）____________（2）____________。

2. 初步计划一下：

（1）你准备登录哪个网站呢？

（2）具体是哪个做一件什么事？例如去淘宝网站，要买什么东西？

（3）可能遇到的困难有哪些？想怎么样解决？

3. 上机体验：上机操作（大约20分钟）。

4. 总结梳理：结合以前利用互联网的经验和刚才的学习体验梳理你的想法。

在生活中，利用________（填写研究的主题，如网上交易），与过去相比，在哪些地方让我们的生活更便利？

（1）____

（2）____

（3）____

（4）____

（5）____

（6）____

在教师讲解好教学流程以后，让学生自己去上网操作尽管建议大约20分钟，但是，不能不说是一种硬性的学习时间规定。由于学生对网络的掌握程度不一样，有一组学生在网上注册淘宝账号的时候花费了一定的时间，正当这些学生兴致勃勃地准备去购物时，突然，任课教师宣布时间到了，这样一来，学生没有真正体验到网络购物，没有达到教学的效果。可见，教师对于学生的自由学习进度与学习规定时间之间形成了矛盾。有些学者指出：自由学习的本质就是学习者的积极自由作为一种积极的“学习权利被实现的程度”，一方面取决于社会要求与学习者内在需求构成的学习动力的推动，另一方面受制于学习主体在学习发生过程中被限制的边界条件的约束。① 由于教师没有正确认识到个性化教学和个性化学习的真正内涵，没有给予学生更好的学习选择，缺少学习自由的观念，所以，在个性化教学实践中，教师对于学习自由和个性化学习之间的观念问题还是存在的。

二、不能恰当对待个性化回答

在个性化教学过程中，对于个性化的回答，教师没有正确地对待。如在F小学数学“九九乘法表”的课堂教学过程中，一个数学试题：请同学们运用今天所学的“九九乘法表”来计算“12 ×9 =?”，结果有下面几种答案：有些同学的答案是（10 +2） ×9 =10 ×9 +2 ×9 =90 +18 =108，有些同学的答案是“（9 +3） ×9 =9 ×9 +3 ×9 =81 +27 =108”，有些同学的答案是“（8 +4） ×9 =8 ×9 +4 ×9 =72 +36 =108”，有些同学的答案是“（7 +5） ×9 =7 ×9 +5 ×9 =63 +45 =108”，还有些同学的答案是“（6 +6） ×9 =6 ×9 +6 ×9 =54 +54 =108”，还有些同学的答案是“（11 +1） ×9 =11 ×9 +1 ×9 =99 +9 =108”。面对这么的答案，按照理论的说法这些都是个性化的，都是可行的，都是正确答案。但是，在今天所学习的条件下，是否这些答案都是对的呢？面对如此情景，F小学的教师没有做出自己的判断，其实，在将“12”等于“几加几”的时候，教师没有让学生去判断“1 +11 =12”“2 +10 =12”以及“0 +12 =12”这些数与九的乘积是不符合九九乘法表的，没有充分运用到“九九乘法表”。教师在这些个性化回答面前，没有了自己的“个性化”。② 所以，笔者认为，在面对学生的个性化的时候，教师忘记了自己的个性化，忘记对学生的正确引导是当前个性化教学实践中的突出问题。

三、预设性与生成性的矛盾

在课程与教学理论之中就一直存在着“教学预设”与“教学生成”之间

---

① 岳刚德．论自由学习和学习自由［J］．全球教育展望，2011（6）：16 –22.

② 王中华，熊梅．教学对话的异化与回归——基于个性化教学的审视［J］．河北师范大学学报：教育科学版，2013（10）：27 –29.

的矛盾，同样，在个性化教学实践中也客观存在这样的矛盾问题。个性化教学过程中，到底是教学生成比较重要，还是教学预设比较重要，这些都是一个教师在个性化课堂教学过程中所必须面对的问题。然而，在个性化教学过程中，教师经常去想去实现教学的生成，让学生在教学过程中去体验知识的“生成”，去探究，去自主发现，但是由于教学过程设计中的教学预设，又往往导致教学的预设与教学的生成之间形成强烈的矛盾。

如F小学教师在科学学科中学习“电气的作用”时，如图3－3所示的“学习指南”，教师向学生提出了如下的探究问题：利用两节电池怎样使小车跑得更快？于是，教师就让学生去进行试验和探究，让学生用两节电池去做“串联”与“并联”的实验，观察小车到底是串联时跑得更快，还是并联时跑得更快。结果，学生做得挺不错，大部分学生能进行串联和并联并进行“试车”，于是，学生观察和体验到两节电池放在小车上是串联还是并联更快。但是，在日本专家加藤幸次和中泽米子等看来，他们觉得：“为什么只是规定让学生用两节电池却不是3节电池或其他数量的电池，比如10节电池呢?”他们认为：“假如我来教这节课，我就会让学生自己去思考到底需要几节电池？并让学生自己去体会到底是串联还是并联效果更好。”虽然从在这节课教学的效果来说，可圈可点。然而，在课堂教学过程中，教师过分强调对教学过程的设计或者说是教学预设，从而导致教学过程中学生学习生成的东西相对来说就减少了，这种学习是一种验证，缺少更多的创造空间，也就是教师说整个课堂都是教师预先对教学的整个过程包括“该发生什么”“不该发生什么”“会怎么样发生”“结论是什么”等都在教师的“掌控”之中，从而使得

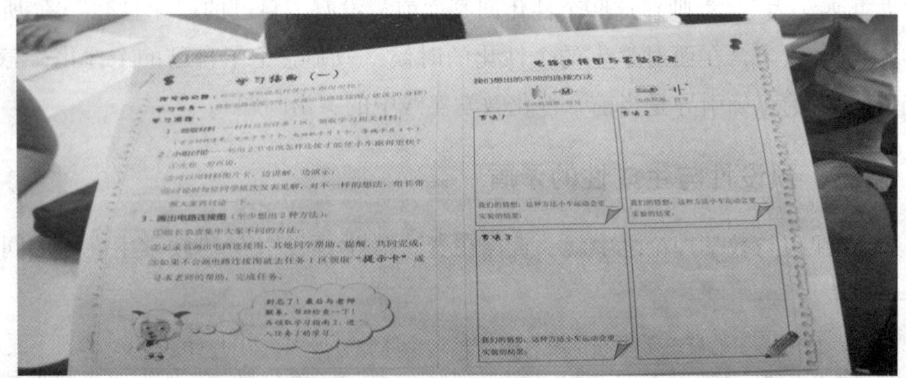

图3－3 学生“学习指南”展示

学生缺少对该问题的思考和探究，也没有实现让学生自己对“电气的作用”知识的生成，学生也只是“做实验”罢了。

四、“越俎代庖”

新课改主张和倡导新的教学理念，并明确指出：“行为主体应是学生，而不是教师。”① 毫无疑问，在个性化教学过程中，教师需要明白：学生是课堂学习的主体，教师则是学生学习的组织者、合作者、指导者与评价者，而再也不是过去的学生学习成绩的“裁判者”与“法官”，也不是课堂教学的“主宰”。所以，在个性化教学过程中，教师需提供更多的可以选择的知识内容给学生。同时，给予学生更多的学习选择机会，而不是让学生成为课堂教学的“配合者”或“观众”。但是由于教师没有转变好自己的文化观念，往往出现一些问题，如F小学教师在二年级的《数学》学科中“乘法的分配律”的教学过程中，教师提问学生：请用文字来表述下面的式子：“$(a+b)\times c=a\times c+b\times c$”。有些学生本来就回答：“$a$ 加 b 乘以 c 等于 a 乘以 c 加上 b 乘以 c”，这个回答本来就没有错，但是没有符合教师心目中的答案，于是该数学教师还没有等学生说完，就马上阻止学生的回答。笔者认为，从表面看起来主要是教师于两个方面的考虑：一方面，害怕耽误时间；另一方面，是担心学生“说错”。于是乎，教师立刻就匆匆忙忙地打断学生的个性化回答，并“正确的”替学生说出了的乘法的分配律应该是“两个数的和同一个数相乘，可以把两个分别同这个数相乘，再把所得的积相加，结果不变”。在此，笔者进一步认为，第一，该数学教师没有尊重学生的话语权和个性化回答的权利，也没有体现出对学生的尊重，实际上剥夺了学生的个性化回答的权利。第二，该数学教师没有转变自己的教师文化观念，没有真正理解个性化教学内涵，也没有真正转变自己的教师角色观念，仍然以“课堂教学中心”自居，缺乏从学生视角去思考问题，从而出现教师“越俎代庖”现象，最终剥夺学生的学习选择权。

五、划一性与选择性的悖论

开放式个性化教学强调由教师的“教”走向学生的“学”，教师的教案

---

① 钟启泉，崔允漷，张华．《基础教育课程改革纲要（试行）》解读［M］．上海：华东师范大学出版社，2001：177.

走向学生的“学案”，由教师的教材到教师“用教材教”，将学生转变为学习的主体，教师成为学生学习的指导者和合作者。教师需要改变教案的划一性，关注学生的学案的可选择性，让学生掌握学习的节奏，让学生具有主动学习的意识和能力。下面是F小学《社会》的单元设计中《改变生活的互联网络》的一部分，① 如表3-5所示。从表中，我们看到了开放式个性化教学对学生学习的主体性关注，重视学生的体验和探究，但是在教师如何将学案的可选择性充分发挥出来的过程中又往往会出现教师教案的划一性的弊端，如规定学生探究的问题和范围，不能有效体现学生的可选择性。

表3-5　《改变生活的互联网络》中第三、四节课的学案

学习环节及时间	教师指导要点	学生学习活动	评价要点
一、导入 （约8分钟）	1. 出示百度网页面 2. 提出问题 ·你会用互联网做什么呢 ·你的家人又常用互联网做什么呢 3. 出示课题。改变生活的互联网络	归纳总结生活中使用互联网的情况	积极思考，与同学分享观点
二、选择课题进行体验研究 （约25分钟）	1. 选择研究课题 （1）师生共同确定体验主题。（预设以下方面） ·网络聊天　·网上购物 ·网络视频　·查阅资讯 （2）出示选题指南，明确学习要求 （3）按不同选题分成体验研究小组 2. 明确研究中的问题和体验任务 （1）发小组学习卡 （2）小组成员默读学习卡片，明确研究中需要思考的问题 （3）自主学习	1. 根据研究兴趣选择研究主题 2. 和同学组成研究小组 3. 默读学习指南，明确体验任务和要思考的问题	认真阅读学习卡片，熟悉学习要求

① 王中华，熊梅．开放式个性化教学中的悖论及其超越［J］．当代教育科学，2012（23）：10-13.

续 表

学习环节及时间	教师指导要点	学生学习活动	评价要点
三、小组体验（约20分钟）	1. 出示体验时的注意事项 2. 指导填写学习卡片	1. 明确体验时的注事项 2. 小组成员合作完成体验任务 3. 结合体验感受，填写学习卡片。	1. 积极动脑思考，为小组贡献有价值的观点 2. 认真填写卡片
四、总结发表（约25分钟）	1. 小组交流体验后的发现和感受出示交流指南 2. 小组汇报 3. 简写几句全班交流后的感想	1. 小组成员一起梳理体验后的感受并总结，准备发表 2. 将小组观点与全班同学进行发表 3. 总结学后感想	认真倾听，与同学分享观点

资料来源：F 小学教研室。

六、教师问题意识的缺失

（一）教师提问缺乏个性化

教师在课堂提问过程中，往往是根据教材和参考书进行提出问题，没有更多地去考虑设计个性化的问题。例如，在小学数学的教学过程中，对于“商不变的规律”，书本上的案例是“1 ÷ 1 = 1”，但是，教师可以让学生去做“1 ÷ 1 = 1”，还可以让学生去做“100 ÷ 100 = 1”，更需要允许去进行“1000 ÷ 1000 = 1”等。然而，在我们的教学过程中，教师往往只是一味强调“1 ÷ 1 = 1”这样的商不变规律，忽视提出问题的个性化。可见，教师缺乏个性化的问题设计是教师问题意识缺失的表现之一。

（二）教师提出的问题缺乏学生的个性化

在课堂教学过程中，教师提出的问题和解决方法往往是缺乏学生的个性化，没有考虑到学生的思维发展水平和思维具体特性以及学习经验等方面的差异和个性，而是趋向于要求全班学生整齐划一地进行问题解决。例如，一位数学教师给学生布置了一个关于“一元一次方程”的问题：“$(2x-1)/3-(3x-4)/4=1$。”教师要求学生严格按照下面的解题步骤去解答教师所提出的数学问题，即将等式两边都乘以3和4的最小公倍数12，从而得到等式$4(2x-1)-3(3x-4)=12$，通过简化得“$-x=4$”，最后化解得“$x=-4$”。其实，该问题具有多种解决方法，而不是只有一种方法。可是，在教师提出问题和解决问题的过程中，缺乏学生的针对性和适合性，忽视了学生的个性化。

（三）教师不能有效地发现学生的个性化提问

在教师对传统教学的依恋下，教师往往是醉心于自己的“讲解”，专注于自己设计好的“问题”与“答案”，而不顾及学生的个性化提问，忽视学生的个性化的问题见解。如教师在叫学生来回答问题过程中，当学生回答的答案与教师的答案不一致时，或者学生提出个性化的提问时，教师往往会忽略提问，不是针对学生的个性化回答或个性化的提问进行有效的引导。

第四节　个性化教学背景下教师观念文化的障碍因素

一、传统教育观念的阻碍

在强大的教育思想体制面前，教师显得“微不足道”。同样，在强大的教学行政权威面前，教师的话语显得“很脆弱”。那么，在过于保守的去个性化教学文化权威面前，教师的个性抗争甚至显得“不堪一击”。我们知道，“一”是我们传统文化中非常重要的概念和思想，我国古代的老子主张以“一为本”，并认为：“道生一，一生二，二生三，三生万物。”而且，唐朝的颜师古也主张：“一统者，万物之统皆归于一也。”自从我国汉朝以来，“罢黜百家，独尊儒术”的大一统思想一直在左右着人们认识事物与对待问题方面的认知方式和思维方式，以至于在更多的时候“强调统一”“强调一致”，关注统一化和同一化，绝对不允许有其他的异端文化和分歧观念的存在，不允许有个性和差异，以至于在课堂教学过程中，往往强调书本上答案的一致性，学生解答问题的方法统一性，甚至连学生回答问题的口吻都强调“一致”和“同一”。

在教育学理论中，“一”被彻底地内化为教师教育教学活动中的“精神”和“灵魂”，所以，在学校上课时，学生坐座位要表现整齐和一体化，总是让学生把手放在背后，回答问题必须举手才可以，教师提问的答案也是统一化和标准化的，坚决不允许有其他的见解和回答，否则就是错误的，就是“大逆不道”。在长期的“去个性化”“同一的”“标准化的”教育情境下，教师的教学差异被丢弃了，教师的个性缺席了，学生的差异被泯灭了。所以，在传统去个性化教学的教育文化熏陶与感染之下的教师，当面对个性化教学时，要尊重学生的差异和个性，就常常显得“不由自主”，“情不自禁”地充当教学权威，“越俎代庖”。同时，将课堂变成自己的地盘，并认为“我的地盘听我的”，于是显得“很霸道”或成为课堂教学过程中的“一言堂”，又或者成为学生学习的“庇护者”，即在学生学习面前会有什么样的苦难或者问题，教师过早地给予预设和暗示，对于学生的回答，教师往往具有一种掌控的欲望，希望学生能按照自己的意愿去回答，而不容许“出错”，因此，形成过多的教学预设，出现“放不开”的局面。根据对 F 小学教师进行“您觉得传统文化对您的教学影响大吗”的调查发现，对“无影响”和“影响非常大”的教师选择都为 3.33%，而对“影响较大”的则为 53.34%，具体如图 3－4 所示。

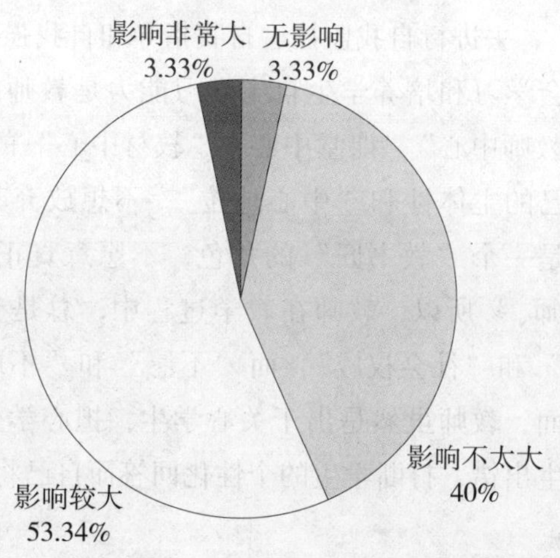

图 3－4 传统文化对教师个性化教学的影响

同时，在传统的教育观念下，导致开放式教育文化理念的缺失。开放式教育理念是开展个性化教学的前提，“将开放式看作是自变量，将个性化视为因变量。"① 那么，在个性化教学过程中，教师就需要具有开放式的教育理念，具有进行开放式教学的文化行为，具有开放式的教学思想以及开放式教学意识，否则，教师就不能有效地进行个性化教学。F 小学个性化教学实践过程中，我们不难发现，教师在个性化教学过程中，具有了一定的开放式的教学思想和教学观念，但是，由于教师对开放式个性化教学理念的精神实质并没有清楚地理解和内化为个体行为，所以，出现个性化教学视域下的集体化教学方式和教学行为，甚至出现违反个性化教学主旨的教学行为。

二、教学思维的固化

（一）"教师中心"的教学思维方式

"教师中心"的教学思维方式，忽视学生主体和学生自主学习，以至于学生的自主学习能力缺失。联合国教科文组织报告早就指出过，学习是当前重要的一种生存能力，正如终身学习的"四大支柱"：学会做事（learn to do）、学会认知（learn to know）、学会生存（learn to be）、学会共同生活（learn to live together）。倡导性的学习对学生有着重要的价值与意义。因此，《基础教育课程改革纲要（试行）》明确提出教师在教学过程中应该改变"接受学习"和"死记硬背"的现状，倡导学生去"参与"和"探究"以及"动手"，从而倡导"自主学习"，去进行自我监控、自我指导和自我强化。在个性化教学过程中，让学生学会学习和培养学生自主学习能力是教师的责任和义务。然而，由于教师在"教师中心""课堂中心""教材中心"的影响下，一方面，教师不愿意放弃自己的主体性和"中心地位"，不想放弃其权威和尊严的地位，不想放弃教师是一个"教书匠"的角色，不愿意真正去做一个"传道、授业、解惑"的教师。② 所以，教师在教学过程中，总是千方百计地在施展自己的"知识权威"和"社会权威"，而"不愿"和"不敢"去放手让学生自主学习。另一方面，教师虽然是出于关心学生，担心学生出错，正如 F 小学数学教师担心学生出错，打断学生的个性化回答而自己将"乘法的交换律"

---

① 王中华，熊梅．开放式个性化教学中的悖论及其超越［J］．当代教育科学，2012（23）：10－13.

② 王中华，熊梅．个性化教学视域下的教师文化建构［J］．中国教育学刊，2013（2）：35－38.

告诉学生。但是，教师这样做恰恰是剥夺了学生个性化学习和自主学习的权利，代替了学生承担错误的责任，正如社会上一些父母为保护自己的孩子和让他们生活得更好而宁愿自己"吃苦"和"受罪"一样。同时，教师将学生的自主学习剥夺也忽视了学生的"探究的需要""获得新的学习体验的需要"以及"获得认可和欣赏的需要"。

（二）重视教师对学生的评价，而忽视学生自己评价的思维

一直以来，教师就是学生考试成绩的"法官"和"裁判者"。因此，在家长和教师面前，学生特别是小学生往往是"最听教师的话"，而且教师也是最喜欢"听话的学生"。因此，长期以来的教育影响，导致教师对学生的评价在左右学生的学习与生活，影响着学生的心理与行为以及学生的思想发展。这样一来，教师就忽视了学生自己的评价，忽视了学生的同伴评价，造成学生的自我评价意识的缺失，形成"学生们常问自己：为什么老师要我们做那些作业？为什么上课要认真听讲？为什么爸爸妈妈和老师总要求我们要考那么些分数?"① 的局面，从而形成教师与父母的一种矛盾状态，也导致形成一种学生自我评价意识缺失的状态。

（三）教师关注共性的思维方式，忽视学生的个性和个别指导

集体化教学更加重视的是教师将统一的教学材料给学生，并要求学生在"同一时间挑战同一学习课题"，没有让学生根据自己的不同个性和差异进行选择，不能照顾到学生的学习差异性，当然也不能做到"因材施教"。但是，个性化教学则强调关注个性化，重视学生的个性差异和学习选择性。由于教师在集体化教学思维的影响下，更加愿意关注共性的内容，关注学生的共同学习和基础性学习，将更多的时间放在学生的共同学习上，而对学生的发展性学习或者拓展性学习以及学生的差异性学习方面，教师常常是疏于指导和引领。如 F 小学的个性化教学实践中，大部分教师往往会重视学生的小组学习，关注学生的集体化学习，而对学生个性化学习情况，教师往往"不去过问"，不管学生的"对"与"错"，就像数学学科中学生

① 郑大明．学生自我评价意识缺乏的原因分析及其培养［J］．教师之友，2005（4）：20－22.

出现“那些简单的错误”问题。笔者认为，其原因主要在于教师固有的共性思维，不愿意花更多的时间和精力去关注学生的个性化学习。因此，教师不能关注到哪些学生真正掌握了学习指南上的内容，哪些学生还没有掌握学习指南上的学习课题。

（四）集体化教学思维，关注固化的教学组织形式

一直以来，学校的学生座位都是“秧田式”排列的。因此，教师对于这种教学组织形式显得“得心应手”“驾轻就熟”，但是面对小组合作学习，面对灵活的教学组织形式，教师往往显得“手脚无措”“无所适从”。一方面，面对学生的小组合作学习，教师“不知道该干什么”，也不能有效地去指导学生去进行学习。另一方面，面对学生小组之间的交流与合作，教师往往也不能做到恰当的指导和引领。所以，笔者认为，由于传统的教学思维的影响，小组合作学习的形式，对于个性化教学实践中的教师来说还是需要进一步去突破的一个重大难题。

三、考试文化的强势存在

自从公元605年隋朝开始科举考试以来，考试逐渐成为我国教育的一大特色，为了“一举成名天下知”，许多学校放弃了更多的人才培养目标，将教育转变成为考试的一种工具，从而忽视了教育的其他目标，以至于在考试的发展过程中逐渐形成了一种考试文化。后来，考试文化备受诟病，有的学者认为：“延续了千余年的考试文化是课程评价改革的深层桎梏。”① 当前，考试文化是一种教育文化的客观存在，面对考试，学校和教师被迫以考试考什么就教学生学什么，对于不考的内容往往就不会去让学生学习。因此，在教学内容上的取舍、在学生的学习内容的选择上都以考试作为指挥棒和准绳，从而往往忽视学生的选择，不愿意让学生去选择。在个性化教学过程中，教师同样需要面对考试文化，需要对学生的考试负责，需要关注学生的学习成绩，需要培养学生的应试能力，正如对F小学一个从事27年的语文学科LYH老师进行访谈时，就可以看出来。

---

① 王中男．考试文化：课程评价改革的深层桎梏［J］．全球教育展望，2013（3）：33－38.

问："您认为哪些因素在影响您的个性化教学?"

语文学科 LYH 老师："我认为中高考的指挥棒片面地追求高分对个性化教学会有一定程度的影响，在个性化教学当中，我们会全面地关注学生的身心素质的培养，在这一过程当中，我们尊重差异，重视能力。过于关注知识传授和考试分数，往往会干扰学生能力的培养，尤其是创新能力的培养。"

所以，强势存在的考试文化在不断的考验和影响着教师的教学判断力，影响着教师的教学个性的发挥，以至于在这样的考试文化的背景下，学习的选择权也就无关紧要了，"因为考试已经帮教师和学生选择好了"。① 因此，个性化教学过程中往往出现教师代替学生的选择。正如 F 小学教师在进行数学公式的学习过程中，主动替学生说出正确的答案，而不愿意让学生有自己个性化的回答和差异性的答案。

四、办学理念的"趋同"

不可否认，教师文化是学校文化的一部分，那么，学校文化也会深刻影响教师文化。在当前，我国学校教育特色就是一种"千校一面""千人一面"的局面，以至于被认为是没有特色就是中国教育的特色。从学校布局一样到学校岗位设置一样，从学校教室布置一样到学校课程一样再到学校教学方式一样，从学校文化一样到学校培养方式和目标一样等，都表现出"同一化"和"标准化"的教育模式，从而使学校特色丢失。同时，也相对来说，就限制了教师个性的发挥和导致产生学生的去个性化。在主流文化"趋同化"的学校文化的背景下，导致教师与学生都绝对不允许有差异和个性化出现的文化。那么，差异往往被看作"大逆不道""洪水猛兽"，差异还被认为"离经叛道""异端邪说"，这样一来，差异就无形中消失了。在趋同化的学校文化背景下，教师就很难实现个性化的表达，个性化的教学设计，个性化的教学过程。因此，学校文化对教师的影响也是影响教师个性化教学的重要原因之一。

---

① 王中华，熊梅. 论把学习选择权还给学生［J］. 课程教学研究，2013（4）：10－14.

第五节　个性化教学背景下教师观念文化的构建策略

一、深化开放式的学校教育文化理念

前文提到了个性化教学与开放式的教育理念的关系，开放式是前提，是个性化教学的充分条件，也是必要条件，个性化教学是重要的因变量。因此，构建适应个性化教学的教师文化与形成开放式的教育理念密不可分。笔者认为，开放式教育理念主要针对封闭式的学校教育理念而言的，主张打破一直以来的传统学校课堂教学所倡导的“以教师为中心”“以教材为中心”“教师讲授为中心”的封闭式教学理念，期望改变过去传统课堂教学忽视学生的自主学习，忽视教师与学生之间的合作关系以及不重视学生与学生之间合作学习的现状，倡导教师尊重学生的差异与个性，关注学生学习的选择与学习的开放性，鼓励学生主动参与到学习过程中来，并以学生为学习主体的教育理念和教育形态。因此，开放式教育理念与个性化教学具有较好的“契合点”，而且形成开放式教育理念是实施个性化教学的重要前提。

（一）形成开放式的学校理念

形成学校开放式的教育理念，是开展个性化教学，形成开放式的教师群体文化的重要方面，一个学校的发展不是教师个体的个性化教学理念的形成，而是全体教师的个性化生成。通过对 F 小学教师“您觉得开放式理念与个性化教学具有多大的关系”的调查，发现没有教师选择“不太大”和“没有关系”，而选择“很大”的比例达到“93.33%”，而选择一般的则为“6.67%”。可见，开放式教育理念与个性化教学的关系十分密切，因此，个性化教学过程中，学校需要进一步去“打开班级的墙壁”“打开年级的墙壁”“打开教师的墙壁”“打开部门的墙壁”“促进学生之间、教师之间、部门人员之间的合作”。①

（二）形成开放的课堂教学理念

在形成适应个性化教学的教师文化过程中，教师需要形成开放式的课堂

① 熊梅，王廷波．开放式学校组织特征与建构［J］．中国教育学刊，2011（8）：17－20.

教学理念，只有从作为上层意识层面和观念层面上去进行变革，才能从行为上去形成适应个性化教学的教师文化。因此，我们教师需要“从根本上根除一本教材、一个大纲、一间教室、一位教师、一个教条、一块黑板、一支粉笔的单一教学模式”①。并逐步形成开放的教学环境，促进学生主动参与到课堂教学活动中来，形成开放教学空间，激发学生学习兴趣，从而促进个性化教学的生成。

（三）构筑敞亮的师生关系

德国教育家雅斯贝尔斯在《什么是教育》中曾经指出，“教育是人对人的主体间灵肉交流活动（尤其是老一代对年轻一代），包括知识内容的传授、生命内涵的领悟、意志行为的规范，并通过文化传递功能，将文化遗产交给年轻一代，使他们自由的生成，并启迪其自由天性。”② 在开放的教育理念中和个性化教学过程中，教师与学生之间的关系是一种敞亮的“我—你”的关系，而不是“我—他”关系，是一种开放的心灵对话和学习合作，是一种“学习共同体”的构建，在此过程中，教师不仅展示自身的个性，而且，教师也对学生的个性差异和多元是尊重的，并倡导学生的个性丰满和人格完善。

（四）开放的教学资源观

在第八次基础教育课程改革的背景下，教学资源作为一种重要的教育理念被提到了非常突出的位置。教师在进行课堂教学过程中，需要改变传统的教学资源观，即不仅仅将教科书、教学参考书作为教学资源，而需要注重更加宽泛的教学资源，将教师自身也纳入教学资源，特别是在当前信息技术日新月异的条件下，“云教育”的产生，开放的学习时间和空间彻底摆脱了传统教育的诸多限制，创造了一种全新的学习环境和有效地整合跨区域的教育教学资源。③ 通过开放的教育资源观的形成，改变现有的教师文化观念，教师能更加个性化地“教”和学生个性化地“学”，从而促进个性化教学。

---

① 张云鹰．开放式教育［M］．北京：教育科学出版社，2011：52.

② ［德］雅斯贝尔斯．什么是教育［M］．邹进，译．北京：生活·读书·新知三联书店，1991：3.

③ 李莉，言雅娟，曾锃．基于云教育模式的英语教学研究［J］．职业教育研究，2012（1）：170－171.

二、理解个性化教学背景下的教师文化特征

（一）教师文化的共享性

一般而言，文化具备了较强的渗透性、扩散性、传递性、继承性、习得性等特征，正因为文化具有这些特性，文化才能为他人或者后人所共享。作为文化一部分的教师文化同样也具有这样的特征。教师文化的共享性主要是指教师文化具有为一个教研组、一个年级、一个学校、一个国家乃至全人类所共享的特性。

第一，教师文化的共享性首先体现在教师之间的互惠。教师文化的共享性体现在互惠互利，一方面，教师之间的成功经验的共享，如面对“如何解决学生学习困难”的问题，某教师在教育教学过程中通过自己的不同思索与实践获得了解决该问题的经验，而这些经验与方法能与其他教师进行分享，从而促进其他教师也获得相似的问题解决方法。另一方面，教师遇到困境或者问题能进行相互之间的分享与分担。教师在遇到什么问题与困境之时，可以求助于其他教师，与其他教师分享其所遭遇的困境与问题，可以将其所存在的问题进行共同承担。

第二，教师文化的共享性还体现在教师之间的相互发展。教师之间能通过“同伴”关系来促进相互之间的发展。特别是在当前网络等信息手段比较发达的时期，教师可以通过 QQ、微信、微博、E－mail 以及云平台等信息工具来进行对话与交流，分享其教育教学中的点点滴滴，从而改变过去那种缺乏交流与封闭的状态，“个人英雄主义”的时代一去不复返了，教师在交流与分享过程中获得专业发展。

第三，教师文化的共享性还体现在教师的反思。教师的反思不仅来自“吾日三省吾身”，来自教师自我对教育教学过程的反思与总结，也体现在通过学科组的教师、年级组的教师、学校其他教师对自己的教育教学中的“问题”进行讨论和“分享”而得到的一种“反思”。①

（二）教师文化的创新性

创新是一个民族的动力和源泉，创新也是教师的教育与教学的重要体征。

① 王中华，熊梅．个性化教学视域下的教师文化建构［J］．中国教育学刊，2013（2）：35－38.

与过去那种保守型的教师文化相比，新型的教师文化凸显出一种创新，不管是在教学理念上还是在教学方法上，不管是教学组织形式上还是在教学媒体上，都体现出一种革新。正如陶行知所指出的“处处都是创造之地，时时都是创造之时”。总之，教师文化的创新性主要体现在：

第一，教师文化的创新性首先表现在教育教学观念的创新。一方面，教师勇于接受新的教育教学观念，能积极地面对新的教学理念，如新课程改革所倡导的新的学习观、教师观、学生观、学习资源观、知识观、课程观、评价观、师生观等新的教学理念，教师能主动去适应与接受。另一方面，教师在教育教学过程中能主动形成与创新自己的教学观念，使自己的教育教学理念符合或者超越当前教育教学所需要的观念。

第二，教师文化的创新性也体现在教师角色的转变与更新。新课程改革时代，新课程需要教师由课程计划的执行者转变成为课程的建构者、由教学的管理者变为学生发展的指导者与合作者、由裁判学生成绩的“法官”转变为学生成长的促进者等角色的转变。① 那么，教师需要积极转变自己的角色，实现教育教学过程中教师角色的转变与更新，从而体现教师文化的创新。

第三，教师文化的创新性还体现在教师能使用新的教学方法、教学媒体等教学方式。在新的教学环境下，如表 3－6 所示，教师需要改变传统的教学环境的影响，实现新的教学方法、教学媒体来进行教学。

表 3－6　传统教学环境与新课程背景下的教学环境之间的区别②

所表现的方式	传统的教学环境	新课程背景的教学环境
师生的位置	教师为中心	学生为中心
学生发展的应关注范围	单方面的发展	多方面的发展
学生的学习方式	独立地学习	合作地学习
学生的学习状态	接受式学习	探究式学习
学生的学习反应	被动学习	有计划的行动
学习活动的内容	基本事实知识的学习	批判思维和基于选择、决策的学习
教学的背景	孤立的人工背景	仿真的、现实生活的背景

① 郭东岐．教师的适应与发展［M］．北京：首都师范大学出版社，2001：36－62.
② 同上。

续 表

所表现的方式	传统的教学环境	新课程背景的教学环境
教学媒体	单一的教学媒体	多媒体
信息的传递	单向传递	（双向）多向交换

（三）教师文化的合作性

合作是当前社会与经济发展的必然结果。同样，在新的教育时代下，课程的综合化、知识的精细化与综合化、教师专业化等多方面的客观要求强调教师摆脱传统的孤立状态，实现教师与教师之间的合作，教师与学生家长之间的合作，教师与学校管理者之间的合作，通过合作让教师获得心理支持、新想法、师范合作、力量、减少工作负担、动机、支持变革等好处。因此，在个性化教学的环境下，教师需要积极改变过去那种缺乏合作的状态，即哈格里夫斯所指出的那种“个人主义的教师文化”与“巴尔干状态的教师文化”，从而走向合作性的教师文化。具体体现在：

第一，教师与教师之间的同伴合作，即实现“TT 合作”。一方面，教师之间的“形式上的合作”。在学校中教师往往是属于某个学科小组，某个年级组等某个小团体，这些团体之间是一种合作关系。另一方面，教师之间的“内容上的合作”，主要是指教师与教师之间的教学过程中的合作，包括教师的集体备课、上课过程中的分工合作，教学评价中的合作，学习过程中的伙伴学习等合作。

第二，大学教师与中小学教师的合作。大学具有专业的知识、专业技能和专业培训等特点，能给中小学教师更多的专业指导，但是中小学具有更多的教师实习环境和研究场所，通过对中小学的研究，大学教师能更加适合对中小学教师进行指导。因此，两者充分的合作能给教师带来更多的益处。

第三，教师与学生家长的合作。学校、家庭都是教育的重要场所。特别是在五天的学校教育与两天的休息时间，那么，在这个时间段里，学生在家的时间比较多，因此，为了改变“5 + 2 = 0”的现象，即五天的在校学习和两天的在家休息结果出现学生的学习效果为零，教师需要与家长合作共同来教育学生，从而实现学校教育与家庭教育的一致性和连续性。

第四，教师与教育管理者的合作。教学与教学管理都是学校的工作，两者相辅相成的，通过教学管理能进一步促进教师的教育教学工作。因此，在教学过程中，教师需要积极与教学管理者一道进行合作，更加深刻地了解学生的学习状态以及学生的生活样态和心理思想变化的动态等学生的真实情况，从而更好地去开展教学工作。

（四）教师文化的专业自主性

教师文化的专业性，主要是指教师职业所具有的专业理念、知识结构、能力结构等教师专业结构。① 自从1966年联合国教科文组织认为教师是一种专业以来，教师作为一种专业，被广泛认同，教师需要像医生与律师一样具有专业性。

首先，教师所从事的工作本身就属于某种专业，如语文教师属于语言学科的专业，物理教师属于物理学科的专业，特别是大学教师更加突出其比较强的专业性。

其次，教师一生的大部分时间在从事某一种学科的教学和研究，在工作上也表现出较强的专业性。正因为教师文化的专业性，所以教师文化也凸显出其自主性，面对教师的工作，教师具有自己的独到的专业判断，具有自主的教学行为。

但是，“时至今日，各种干预、扰乱、冲击教师专业化的势力盘根错节，教师专业自主的声音非常薄弱，造成了当今口号横行、专业弃守，乃至教师文化衰微的尴尬局面”。② 因此，当前的教学行政权力需要进一步“淡化”，教师的专业自主权力需要进一步加强，在专业自主权与教育行政权之间，需要进一步划清权力的边界，从而实现教师的专业自主权，做到“上帝的归上帝，凯撒的归凯撒”。

（五）教师文化的开放性

当前，教师文化是具有时代信息特征的多元性开放文化，它要求教师在专业发展中不断与外界交换信息，以适应变化发展的社会主导文化和教育发

---

① 叶澜．新世纪教师专业素养初探［J］．教育研究与实验，1998（1）：41-47.

② 姚静．论教师专业自主权的缺失与回归［J］．课程教材教法，2005（6）：70-74.

展的亚主导文化，从而形成追求胜任与卓越的教育品质。可见，个性化教学视域下的教师文化呈现出开放性的特点。

在个性化教学背景下，教师需要改变过去那种保守、封闭的现状，积极实现从教学思想、教学方法到教学模式等方面的转变，积极形成开放的、多元的教学，正如帕默尔所指出的："我一定把课程设计成这样：让学生全神贯注于互动中而非填鸭，克服总想把信息灌给学生的倾向，让他们直接面对主体、彼此和自己。我一定给学生阅读一些他们需要知道的东西，但要留出学生可自己思考的空间，又因基本教材往往有个优点，我一定熟读所教领域的文献；我一定要创设一些让他们去探究未知领域的练习，以及证明他们已经学会了多少内容的作业；我一定要建立一个容许意想不到的事情发生的时间表，同时也有时间掌握计划中必须学会的事实。"①

三、深刻理解教师文化变迁的规律

文化变迁是指文化在发展过程中，由于文化特质、文化因素的量的渐变以及进而形成的文化结构、文化模式的变化。② 文化变迁的一般规律：从量变到质变、从自发到自觉、从外部到内部等这样发生的一个过程，那么教师文化的发展也是需要一个过程，需要文化继承、文化选择、文化冲突、文化整合等过程。可见，我们需要在构建适应个性化教学的教师文化过程中，一方面需要看到集体化教学视域下的教师文化与个性化教学视域下的教师文化之间是存在一定的区别的。同时，也需要认识到个性化教学视域下的教师文化与之前的教师文化具有继承性和发展性。但是，我们不能片面地去构建适应个性化教学的教师文化，而是需要在扬弃前面的教师文化前提下进行构建，既需要对传统的教师文化进行反思和审视，又要对个性化教学视域下的教师文化特点进行理解。另外，我们不能将优秀的教师文化传统全部抛弃，成为"虚无主义"也是不可取的。因此，在构建适应个性化教学的教师文化过程中，我们需要认识到教师文化发展的规律，理解教师文化变迁的原因，也理解教师文化变迁的发展过程，从而做到有序地进行教师构建。

---

① ［英］帕默尔．教学勇气——漫步教师心灵［M］．上海：华东师范大学出版社，2005：133.

② 陈建宪．文化学教程［M］.2 版．武汉：华中师范大学出版社，2011：178.

四、扬弃教育文化传统

一直以来，中国传统教育的理念是："比较侧重的是群体性（共性）的发展，在一定程度上忽视人的个性发展。"① 这就是中国传统教育文化中所存在的不足之处的真实写照。在基础教育课程改革继续推进的宏观场域中，在开展个性化教学的过程中，急切需要积极推进教育文化传统的现代转型。尽管，在我国教育历史上也曾经出现过孔子的"因材施教"和"有教无类"的教师文化理念，倡导教师应该根据学生的个性和差异开展个性化教学。可见，这就是我国教育文化传统中一些比较优秀的部分，是值得我们去发扬光大的。但是，在当前的教育文化转型过程之中，我们需要积极学习和借鉴西方流传过来的后现代教师文化，对我国传统教师文化进行重新"解构"。比如对"教师是园丁"和"教师是蜡烛"以及"教师是人类灵魂工程师"等教师隐喻文化进行重新界定和诠释，对当前个性化教学过程之中出现的教师文化进行"建构"和"重塑"。

五、个性化教学对话的回归

（一）前提是正确理解个性化教学对话

1. 理解个性化教学对话的价值

第一，实现师生之间的情感交流，维护师生关系。德国教育家雅斯贝尔斯在《什么是教育》指出："教育不过是人对人的主体间灵肉交流活动，包括知识内容的传授、生命内涵的领悟、意志行为的规范、并通过文化传递功能，将文化遗产交给年轻一代，使他们自由地生成，并启迪其自由天性。"② 从中我们能发现，教育使一种交流，一种精神上的"视界融合"，一种心灵的对话。在个性化课堂教学中，通过师生之间的"对话"，实现师生之间的情感交流。

第二，通过个性化教学对话完成教与学的任务。个性化教学是一种双边或者说多边的活动，借助教学对话，教师与学生实现教学互动，从而达到完

---

① 鲁洁．教育社会学［M］．北京：人民教育出版社，1990：136.

② ［德］雅斯贝尔斯．什么是教育［M］．邹进，译．北京：生活·读书·新知三联书店，1991：3.

成教学目标和教学任务。

第三，培养学生的社会化。尽管当前强调个性化教学，张扬学生的个性，形成学生的独特人格。但是，个性需要社会性作支撑，没有社会性就无所谓个性，因此，通过个性化教学对话让学生实现社会化。当然，个性化教学对话还能实现其他目的。

2. 理解个性化教学对话的本质

个性化教学对话到底是什么东西？我们需要对其进行抽丝剥茧的认识。当前，很多学者认为，教学对话是一种教学方法，从而将其演变为“对话教学”。也有学者认为教学对话有三种理解：第一种是教学关系；第二种是教学方法；第三种是教学认知方式。[①] 笔者在这里更加强调其作为一种个性化教学方法和教学关系。

3. 理解个性化教学对话的层次性

个性化教学对话包括师生对话、小组内对话、小组对话。在当前的教学背景下，特别是在个性化教学视域下，教师与学生之间的对话，强调小组合作学习的价值，重视学生在小组内的学习。那么，教学对话就需要加强小组内的学生之间的对话，以及组际之间的对话，从而推进全班学生的教学对话。

（二）关键是教师角色转变

第一，教师需要成为个性化教学对话的设计者、组织者。在个性化教学设计过程中，教师需要对学生进行研究，了解学生的心理特征，认知到学生的差异性，根据学生的个性差异进行教学对话的设计，而在个性化教学过程开展中，教师需要积极组织教学对话。一方面，加强与学生的对话与沟通，让学生积极参与到教学对话中来；另一方面，组织学生之间的教学对话，在学生之间进行差异之间的分享，共同点的寻求，实现差异共享和谐共生，从而实现学生学习效率的提高和学习效果的提升。

第二，教师需要成为个性化教学对话的倾听者、合作者、引导者。前面提到了教师的权威存在是影响个性化教学对话开展的重要障碍。因此，教师需要成为“平等中的首席”，积极转变那种高高在上的权威角色，正如“当我

① 李小红．教学对话：内涵、特征与表现形态［J］．湖南师范大学教育科学学报，2006（1）：11－15.

抑制权威的冲动时，就容易多了”。① 教师需要走到学生学习中去，成为学生“学习共同体”的一员，不断进行对话与交流，倾听学生的个性化表达，积极引导学生的自主学习，也引导学生之间的对话，从而达到在相互个性化教学对话中实现“教学相长”。

（三）重点是形成个性化教学对话智慧

“机智在孩子们心灵上留下痕迹。”② 因此，教学机智在个性化教学对话中起到重要的作用和价值。

第一，教师形成个性化教学对话的理念，在个性化课堂教学中充分利用教学对话来促进教学活动，促进学生参与课堂教学，提高学生的积极性和学习的主动性，提高教学的有效性。

第二，尊重学生个性和平等对待学生。在个性化教学过程中，教师不是强制性地进行教学对话活动，不是“命令式”的而是顺其自然地进行教学对话，尊重学生的个性和差异，重视学生的话语权利，公平地对待每一个学生。

第三，培养个性化教学对话的习惯。个性化教学对话不是一种形式，不是一种摆设，而是一种“道”“器”结合体，既关注教师的对话理念，也重视教师的对话行为。所以，教师在教学过程中，需要不断改变传统的教师“独白”和“独角戏”，让学生积极参与其中，从而形成教学对话。

第四，教师需要充分利用教学契机来进行教学对话。在个性化教学过程中，教师需要利用教学时机来开展教学对话，而不是盲目地或者生搬硬套地进行个性化教学对话。

（四）保障是构建对话平台

在个性化教学对话过程中，需要创造个性化对话平台。首先，教师可以通过情景创设，积极促进全班学生之间的对话，加强集体性学习与对话，培养一种对话的习惯。其次，将学生分成小组，形成小组合作学习，因为小组

---

① ［英］帕克．帕尔默．教学勇气——漫步教师心灵［M］．吴国珍，余巍，译．上海：华东师范大学出版社，2005：135.

② ［加］马克斯．范梅南．教学机智——教学智慧的意蕴［M］．李树英，译．北京：教育科学出版社，2001：248.

合作学习“在课堂教学和教师培训中都被认为是一种十分有效的学习方式”，[①] 通过让学生在小组内几个人一起进行对话与交流，合作与分享学习经验以及体验学习的快乐，从而促成教学对话。最后，教师需要借助小组之间的交流与学习成果汇报的机会，打造教学对话的平台。例如学生在汇报时，汇报完自已的学习和探究后，问：“同学们还有疑问吗？”学生回答：“我能不能提一个问题？”汇报的学生回答：“可以。”这样开展个性化教学对话程序，让学生能在个性化教学对话中产生反思，能在对话中明辨真理。[②]

六、形成八大观念

（一）合作的观念

哈格里夫斯早就指出，合作的文化是教师文化的一种表现形式。在个性化教学中，是否需要教师合作文化呢？答案是肯定的。尽管个性化教学所需要的教师文化需要彰显教师的个性，凸显教师的个人风格和教学特色，重视学生的个性化学习。但是，在个性化教学过程中，需要教师加强合作。

1. 合作的必要性

第一，合作能实现有效的教学沟通。在传统的教学理念下，教师更多的是“孤军奋战”，重视的也是“英雄主义”，即为了完成“教书育人”的任务而表现出英勇、坚强和自我牺牲的精神与行为，重视教师的个别教学和个别研究，忽视教师之间的沟通与交流，即既不与相同专业的教师合作，也不与不同专业的教师合作。但是，一方面，教学沟通的技术手段得到了前所未有的发展，包括QQ、E－mail、微信、微博、电话、手机等交流手段的信息化为交流与沟通带来了很大的帮助。另一方面，当前的学生与以往的学生是不一样，今天的学生变得比以往学生在知识面上显得更加丰富和充裕，甚至出现“弟子不必如师”的局面。因此，合作必然成为当今教育的选择。同样，在个性化教学视域下，尽管重视教师的个性化彰显，重视个性化课程与教学设计，但是教师仍然需要进一步合作，通过合作才能进一步进行教学思想的交流和教学情感的沟通以及学生信息的交流，从而更好地了解学生的学习差

---

① 陈向明．小组合作学习的条件［J］．清华大学教育研究，2003（4）：11－16.

② 王中华，熊梅．教学对话的异化与回归：基于个性化教学的审视［J］．河北师范大学学报：教育科学版，2013（10）：27－29.

异和个性差异，以便进行个性化教学。

第二，合作能进一步达成教学目标。尽管个性化教学是教师在展现自己的个性，但是，在进行个性化的课程与教学设计过程中需要加强教师之间的合作，而不是一部分人所认为的个性化教学就是“一对一”的教学，就是一位教师对一位学生所进行的教学或是针对某一个学生的实际情况开展教学，这是一种非常错误的认识。① 个性化教学更需要重视教师之间的合作与互动，教师之间通过合作与沟通，才能更好地掌握学生在性格、学习风格、学习能力、学习方法、学习经验等方面的学习差异性，才能更好地完成知识与技能、过程与方法，情感态度价值观等教学目标。同时，通过学生与教师之间的合作，让教师更加了解学生的个性和差异，才可以制订更加明确的教学设计和教学目标，才更加具有针对性地做到“因人而异”“因时而异”“因地制宜”。

第三，合作能实现良好的师生关系。《学记》中就指出了“教学相长”的道理。从教学规律来看，教与学是教学矛盾中的一对主要矛盾，而教师和学生是这对矛盾的主要方面。通过教师与学生的合作，通过学生与学生之间的合作以及教师与教师之间的合作，能实现良好的教师与学生关系以及学生之间的关系。个性化教学视域下，同样需要教师加强与学生的合作，加强心灵的沟通和情感的交流合作，形成教师与学生在心理上的相互依赖关系和形成合作心理。可见，通过合作，教师与学生之间能在展示自己的个性过程中，形成共性，而又在共性中形成不同的个性，从而实现“和而不同”的师生关系。

第四，合作能促进教师专业成长。合作是“在教学过程中促进教师专业成长的一种现实选择”②。个性化教学视域下，教师与学生的合作，教师与教师之间的合作，能进一步促进教师自我反思、自我觉醒，在合作的基础之上看到自己的优势与不足，特别是反思自己教学方面的问题，正所谓：“以铜为镜，可以正衣冠。以史为镜，可以知兴衰。以人为镜，可以明得失。”因此，在个性化教学过程中，通过教师与教师的合作，能进一步促成教师专业成长。

第五，构建专业学习共同体。21 世纪是一个学习的时代，当代文盲不是

---

① 王中华，熊梅．个性化教育的价值诉求、障碍因素与推进策略［J］．现代教育管理，2012（12）：12－16.

② 傅建明．基于“教学合作”的教师专业成长［J］．教育科学研究，2009（3）：72－75.

不识字的人，而是指那些不愿意学习和不会学习的人。作为教师更加需要学习，终身学习不仅是这个时代赋予的使命，更是教师的社会责任和历史使命，终身学习是成为教师的必需。那么，“‘学习共同体’是彰显‘21世纪型学校’愿景的概念”。① 可见，教师学习不仅需要个体自身的学习，更加需要教师与教师之间的合作学习，教师与学生之间的合作学习。共同学习体的构建成为合作的重要表征。

第六，实现教学上的和谐。《学记》中指出，“学然后知不足”“教然后知困”，在学习以后才知道自己的学问不够，教学以后才发现自己的知识面与技能的不足，可见，教与学是和谐的。要实现“教学相长”，突出“以教促学”“以学促教”，就需要实现教育学的互动，教与学的合作。

2. 合作的类型

第一，从合作关系中的角色层面进行划分。在个性化教学视域下，合作的教师文化类型表现在TT合作、TS合作、TST合作，即教师—教师的合作、教师—学生的合作、教师—学生—教师的合作。

第二，从合作的表现形式上来划分，合作可以划分为形式上的合作与内容上的合作。形式的合作是指教师合作表现在形式上的共同合作，内容上的合作则指实质性的合作。

第三，从合作的生成角度上分，合作分为自然的合作和人为的合作。哈格里夫斯将文化分为自然合作和认为合作的文化，自然合作是组织内部人员的一种自主性的合作，人为合作则是一种领导性、强迫性的合作。

第四，从合作的规范性层面来划分，合作可以划分为制度上的合作和契约式的合作。制度上的合作更是一种硬性规定的合作，如学校规定教师之间想互配合，互相合作，而契约式的合作，更是一种积极的合作和心领神会式的合作。

第五，从合作的内容上分为学科内合作、学科间合作与课题合作。合作的形式，可以是学科内和专业内的教师之间的合作，也可以是不同学科之间或者相近专业之间的教师合作，或者通过一个课题让一个年级的教师之间加强合作。

---

① 佐藤学，钟启泉．学校再生的哲学——学习共同体与活动系统［J］．全球教育展望，2011（3）：3－10.

3. **合作的条件**

第一，教师具有合作的愿景。毋庸置疑的是，合作的前提和先决条件就是只有当教师需要具有一种合作的愿望，才会出现合作，否则合作就不会出现，即使学校采取强硬的制度和措施进行行政命令，也不会出现有效的教师合作。因此，在个性化教学视域下，教师需要具有较强的合作意愿和合作态度，才能更好地达到个性化教学目标。

第二，教师需要转变那种孤立条件下的态度。传统的“灌输式”教学背景下，教师更多的是“孤军作战”，更多地体现出“个人英雄主义”的色彩，即教师在讲台上讲得“头头是道”，学生在下面成为“看客”和“观众”。在个性化教学条件下，一方面，教师需要形成个性化的“教”，具有丰满的个性，能展示自己的教学魅力，培养和形成学生的个性，让学生进行个性化的学习；另一方面，教师需要改变一直以来不合作的“封闭状态”，加强开放式的教育，形成一种合作的姿态，与其他教师进行合作与交流。

第三，学校给教师提供合作的条件。学校领导需要鼓励教师去参与合作，并为教师合作提供方便的条件。

（二）开放的观念

1. **开放的理解**

从字典上来看，开放包括了几种含义。第一，（花）展开：百花开放。第二，解除封锁、禁令、限制等。第三，机场、港口允许飞机、船只出入；道路允许通行。第四，公园、展览会、图书馆等公共场所接待游人、参观者、读者等。在本书中，笔者认为，开放主要是指在教学过程中，教师具有一种包容、悦纳、沟通与交流等心态来对待学生的成长。

2. **开放的必要性**

第一，个性化教学的要求。开放式观念与个性化教学是对立统一的一对矛盾。开放是前提和重要的自变量，而个性化教学则是因变量，要进行个性化教学就需要教师具有开放的教学观念，具有开放的学生观念，具有开放的教学评价观念，具有开放的师生观念，具有开放的教材观念，开放的教学交流和教学沟通的观念。

第二，开放是对封闭教学的一种超越。传统教学更多的是一种封闭式教学，从教师的教学理念到教师的教学态度，从教学的设计到教学的模式，从教学的过程到教学的评价等教学活动都体现出一种封闭式教学的观念。在个性化教学视域下，开放成为一种新的教学观念，开放成为教师的教学灵魂，只有具有开放的教学观念，关注学生的个性化回答，重视学生的个性化学习，强调对学生的个性化教学评价，重视自己对教学的个性化解读，重视教师的个性化教学反思，才能进一步突破传统的教学思想的束缚，超越现有的教学模式和教学的“条条框框”。

第三，学校组织系统的自组织性。根据耗散结构理论集大成者普利高津指出，系统是非平衡和平衡的两种状态，是在开放的条件下能进行自组织性的发展，只有在开放的条件下，组织的发展才能更加趋向于平衡状态。学校作为一个组织，也具有组织性和非线性，也需要在开放的条件下，才能取得更好的发展，在封闭的条件下，学校的发展处于平衡状态，这样学校就得不到发展。因此，学校的自组织性也客观要求教师具有开放的观念。

3. 开放的内容

第一，形成时间的开放理念。个性化教学需要时间上的开放，即学校需要改变传统的时间观念，采取弹性制的学校时间，让教师能尽可能根据自己的教学目标和教学任务来进行时间上的操作和利用，从而顺利完成其教学任务。

第二，形成空间的开放理念。个性化教学视域下，需要打破传统的封闭式空间，需要构建开放的学校空间。正如日本专家所指出的：一类是“作业空间型的开放空间”，在原有基础上扩大面积，然后开展各种学习和体验活动，这是开放空间最基本的形式；一类是“学习中心型的开放空间”，两三间的教室合并成为大教室，没有实体内墙，可以容纳几个班级的学生一起上课；一类是“特别教室型的开放空间”，独立的教室，有的设置在走廊，与大厅和图书馆等教室不相连。①

（三）自由的观念

1. 自由的理解

对于自由，有的学者认为，自由是一种不受强制的状态，它存在于师生

① 佐野亮子．日本开放学校基本原理及特点［C］．东亚学校教育创新高端学术论坛暨东北师大附小教育集团开放式教育十年研究发表会纪要．长春：东北师范大学附属小学教育集团，2011.

关系中，是在教师与学生的交往活动中实现的，也是在政治权利许可的范围内进行活动的权力。① 有的学者认为，教学自由是指“教师拥有的在教学过程中进行自主教学的行为空间”。② 罗尔斯在《正义论》中指出，自由需要围绕三个假设而进行，即一个是自由的行动者，一个是自由行动所摆脱的种种限制和束缚，一个是自由行动者决定去做或者不做的事情。③ 笔者认为，自由是教师和学生处于心理舒适与和谐的一种心理状态，没有恐惧，没有被奴役，也没有伤害以及个体自身欲望得到满足和自我价值得到实现的一种动态教学过程。

2. 自由的必要性

第一，教师自由是教师教学个性展示的重要前提。我们常常感叹，教师往往是在“戴着镣铐跳舞”，这就反映出教师往往是受到了太多的规约和束缚，不能进行自己的教学个性，不能展示自己的教学意志和教学情感，从而压抑着教师教学水平的发挥。通过教师形成自由的观念，能展示教师自己的个性，只有教师具有一定的个性，才会培养出学生的丰盈个性。

第二，学生自由是学生张扬个性的重要一环。蔡元培早就指出，教育需要展示学生的个性，形成学生的完全人格。那么，在学生被奴役的状态下，学生如何能展示自己的个性呢？个性化教学就需要学生具有自己选择学习目标的个性，回答问题的个性，与教师和同学交往过程中的个性以及创造性思维。

第三，教学自由也是改变师生关系的砝码。自由的教学条件，教师能自由表达自己的个性化理解，学生能自由发表自己的个性化回答，那么，教师与学生就能产生共同的交流和对话，才能形成一种心灵的沟通和交流，从而形成平等的师生关系。

3. 自由的内容

第一，教师教学设计的自由。在传统的集体教学理念下，教师更多的是

---

① 陈杜鹃．哈耶克自由主义理论对教学自由的启示［J］．海南师范大学学报：社会科学版，2010（2）：168－172.

② 李丽，罗祖兵．教学自由的意蕴及其实现［J］．当代教育论坛，2012（4）：91－96.

③ 约翰．罗尔斯．正义论［M］．何怀宏，和包钢，廖申白，译．北京：中国社会科学出版社，1988：200.

依据教学大纲和教学参考书，往往是“以本为本”“以纲为纲”，即教师的教学设计常常局限于教科书、教学大纲、教学参考书三个方面，很少进行自己的设计和思考，也不会考虑到教学设计的创新。一方面，教师缺少创新教学的自由；另一方面，备课方式和教学设计很简单。但是在个性化教学背景下，教师需要进行课程与教学设计，需要针对不同个性和差异的学生设计出合适的教学指导方案和学生学习方案。如果没有教学设计自由，教师就不能进行有效的设计，就不能给学生提供“适合的教育”。

第二，学生座位选择的自由。在以小组形式为座位排列方式的背景下，教师可以让学生进行自由组合，能根据自己的学习兴趣和学习能力，根据自己的学习风格和学习特点进行小组之间的自由组合，让学生能实现交流与沟通的自由。

第三，学生学习的自由。学生学习的自由体现在学生能自己根据学习的能力、学习的方式选择自己的学习目标，选择自己学习的方法。因此，“理想的学校教育，就是为学生创造自由学习的环境，让学生能够在这样的环境中自由地学习”。①

（四）平等的观念

1. 平等的理解

平等，主要具有三个方面的意思：第一，指政治、社会或者经济地位处于同一水平；第二，指在程度、性质、质量、价值、能力或者状况上同他人或者他物相同的或者相等；第三，指在享受待遇或特权方面与他人等同。笔者认为，教学中的平等，更强调教师在对待学生时，能尊重学生的差异和个性，对待学生一视同仁，而不偏袒某些或者某个学生。

2. 平等的必要性

第一，平等是个性化教学的重要前提。个性化教学是在平等的基础之上所构建起来的，正因为教师尊重学生的差异，平等对待每一个有不同差异和个性的学生，在此条件下，学生才能更好地展示自己的个性和差异，否则就会出现压抑自己的个性和差异，而是片面地追求课堂教学过程中的一致性和统一性。因此，没有平等就无所谓个性化教学。

---

① 黄行福．《自由学习》——真实的乌托邦［N］．中国教育报，2008-07-10（8）．

第二，平等是师生关系构建的重要基础。学生与学生之间的平等，能进一步促进不同差异和个性的学生之间的交往和沟通，对话与交流，教师与学生之间的平等，能有效促进教师与学生之间的关系和谐，从而改变传统的不平等的师生关系。

第三，平等是个性化教学取得有效性的保障。个性化教学视域下，教师能平等地对待学生，能平等地进行教学公平，从而提高学生学习的主动性和积极性，促进学生的课堂参与，然后再进一步提高教学的成效。

3. 平等的类型

第一，权利的平等（起点的平等）。个性化教学过程中，教师需要平等地尊重学生在课堂教学中的权利，特别是学生学习的选择权利，做到“以学生为本，给学生选择的空间，使学生个性特长得到充分发展”①。

第二，机会的平等（过程的平等）。教师在教学过程中，需要重视每一个学生的发展，尽量做到给每一个学生合适的教学，能让每一个学生都尽可能得到最大的发展。因此，教师在尊重学生的差异和个性基础之上，需要给予每一个学生学习的机会，给予学生讨论的机会，给予学生“犯错误”的机会，平等地对待每一个学生，从而促进所有学生的发展。

第三，效果的平等（结果的平等）。通过起点的平等，加上过程的平等，从而使得学生在常规性学习上达到基本一致的水准。当然，在发展性学习上可能具有差异性和个体性，但是能做到“使不同社会出身的学生在起点上的差别得以消除，实现实质上的平等”。②

4. 平等的内容

第一，教师与学生之间的平等。教师与学生是教学过程中的重要组成部分，教学平等首先是体现在教师与学生之间的平等。一方面，教师给学生进行提问，让学生能自由地回答问题；另一方面，学生也可以向教师提问，教师能自由地回答。因此，在个性化教学视域下，教师需要改变过去那种“师尊生卑”的局面，转变教师是课堂中心、学生只是被教师“填鸭”的现象，形成教师与学生平等的教学关系。

---

① 顾明远．把学习的选择权还给学生［J］．河北师范大学学报：教育科学版，2012（1）：5－7.

② 彭玉琨，张捷，贾大光．教育平等理论内涵分析与促进教育平等进程策略研究［J］．东北师大学报：哲学社会科学版，1998（6）：82－87.

第二，小组与小组学生之间的平等。个性化教学视域下，学生自由选择小组，在学习过程中，小组与小组之间的学生是平等的，不管是学习成绩优秀还是学习成绩暂时落后的学生都需要得到教师和小组之间的尊重和重视，在进行学习对话与交流过程中，教师需要持有一种平等的视角去对待这些学生。

第三，小组内学生之间的平等。在小组之内，学生之间也是一种平等的关系，没有更加复杂的其他关系，而是学习共同体中的一员，都是需要为构建学习共同体，为小组内学生的学习服务。

（五）对话的观念

1. 对话的理解

对话的基本理解是：第一是指两个或者更多的人用语言进行交谈；第二是指两方或者几方之间的接触或谈判；第三是指文学作品中人物语言的表现方式之一。目前，许多学者认为教学对话是一种教学方法，甚至将它认定为“对话教学”。也有学者认为，教学对话有三种解释：一种为教学关系，一种为教学方法，一种为教学认知方式。[①] 笔者认为，对话是教师在教学过程中所采取的一种教学关系和教学方法。

2. 对话的必要性

第一，对话凸显教学的本质。德国教育家雅斯贝尔斯指出过，教育的本质是教师和学生的一种心灵交流和对话，那么，教学作为教育的重要工作和核心内容，也是对话的重要表现。个性化教学条件下，教师需要改变过去那种忽视学生对话，忽略学生对话的教学，导致学生的问话权利被剥夺出现教师的“问话”与学生的“回话”，教师“权威”的存在，出现教师的“说话”与学生的“听话”以及教师没有认真倾听学生，出现教师的“插话”与学生的“接话”。为此，在个性化教学视域下，教师需要形成对话的观念，进一步了解对话的本质，才能更好地进行教学对话。

第二，对话凸显教学的公平。在传统的教学系统下，教师与学生不是一种公平的对话，而是一种“问话”与“答话”或者“搭话”，教师是“尊”

---

① 李小红．教学对话：内涵、特征与表现形态［J］．湖南师范大学教育科学学报，2006（1）：11－15.

的地位，学生是“卑”的地位，而只有教师与学生站在对等的位置，教师与学生的对话才能进一步形成，因此，在个性化教学视域下，通过教学对话能展现教学公平。

第三，形成有效教学。教学不是一种被动的、冷冰冰的回答，而是一种激情四射的教学对话。通过问答能诱发学生参与教学、提供练习和反馈的机会、启发学生的思维、促进学生的学习迁移等教学功能。通过讨论能检测学生的学习效果，培养学生的交际能力，发展学生的批判性思维以及改变学生的态度。① 可见，通过教学对话能促进教师的教学有效性。

3. 对话的内容

第一，集体对话。集体对话往往是教师针对全班学生的问答或者讨论。在个性化教学视域下，在对学生进行常规性学习或者说基础性学习的时候，教师需要对全班学生进行学习的安排和课前指导，同时需要对学生的学习进行总结，对大部分学生不能明白的问题需要进行全班的指导和解释，因此，需要进行集体对话。

第二，小组内的对话。小组内的对话，主要是在个性化教学条件下，教师将学生进行小组学习，在学习小组内进行的交流与沟通、问答与讨论等都是一种小组的对话。

第三，小组间的对话。小组间的对话，主要是指学习小组之间的学生进行交流与沟通，这是学生在尊重差异和追求共同的真理进行对话，实现“求同存异”，这也是个性化学习的重要表现。

（六）指导的观念

1. 指导的含义

指导主要是指指示教导、指点引导，如指导员、指导思想、教师正在指导学生做实验等。笔者认为，指导在教育学上的理解主要是指教师对学生的学习在认知思维、问题解决方法等方面的点拨与导引。

2. 指导的必要性

第一，指导是改变教学方式的重要表征。教师形成指导的观念，是教师改变过去那种只是一味地对学生进行讲解，缺少与学生的沟通与交流的情况

---

① 崔允漷．有效教学［M］．上海：华东师范大学出版社，2009：155.

下对学生的学习开展指导。指导，更加是教师改变传统的教学方式，形成学生主动学习的一种重要表现，是由重视教师的“教”向重视学生的“学”转变的一个重要步骤。

第二，指导是形成学生主体地位的重要步骤。指导是建立在一定的平等关系上的，是尊重学习主体的表现。学习犹如生活，不能让他人替代，这也是一个浅显的道理。通过指导，强调教师对学生学习的尊重，强调教师将学生看作平等的交流与沟通的主体，因此，指导是展示学生主体地位的重要教学过程。

第三，指导是形成平等师生关系的路径。当代教育理念认为，师生关系要民主，要平等，就需要构建以学生为学习主体，以教师为教学主体，在教师与学生之间形成一种主体间性关系。那么，在进行平等师生关系构建过程中，教师需要尊重学生的学习主动权，让学生自己进行学习选择，自己进行学会学习，而不是被动地去等待教师的“给予”和“填鸭”。因此，在个性化教学视域下，教师更多的是一种对学生学习进行指引和指导，而不是牵引学生去学习。

3. 指导的类型

第一，从空间分，指导分为集体指导、个别指导、小组指导。集体指导，主要是教师针对全班学生的点拨与指引，个别指导，主要是针对个别学生在学习与问题上的困境进行指导，小组指导，则是指教师在学生进行小组讨论过程中所产生的疑问进行指导。

第二，从时间分，指导分为上课指导和课后指导。上课指导，主要是指教师在上课过程中，针对学生的问题与疑惑进行“解惑”或者讲解的一个过程。下课后教师对学生进行指导则是课后指导。

第三，从主体分，指导分为个别教师指导和联合指导。个别教师指导是指个别教师在某个时间段对学生进行单独的指导，联合指导则是几个教师联合起来对学生展开的指导。

（七）差异的观念

1. 差异的理解

从字典上来理解，差异是有两种理解：第一种指个体之间的差别、不相同，比如两地风俗，差异甚大；第二种指统一体内在的差异，即事物内部包含着没有激化的矛盾。可见，差异既指个体内部的不同之处和差别的地方，也指个体与个体之间的区别之处。

2. 差异的必要性

第一，形成差异观念是认识学生的前提。基础课程改革倡导教师是教育中的教学研究者，并认为“教学即研究”，那么，在教学过程中要进行学生的研究，首先需要对学生的不同特点进行相关的研究，否则，就不能做到更好地认识学生，也不能进行个性化教学。

第二，形成差异观念是备课的关键。我们知道，备课主要是指备学生、备教材、备教法，那么，在教师备课过程中，备课的前提是对学生的差异进行认知，需要对学生的年级、心理状态、学习水平、学习能力、性格、学习兴趣、学习风格等各个方面进行区别，我们才能更加有针对性地进行课程与教学设计，否则，就不能具体问题具体分析，不能做到因人而异，也不同做到“因材施教”。

第三，形成差异观念是教师进行指导学生学习的基础。在传统教学理念和教学模式下，教师对学生进行集中指导，缺少对学生的个性化和个别化的指导。但是，在个性化教学视域下，教师不仅需要集体指导学生，更关注教师的个别指导，如果教师不能有效地区别学生，不能认识到学生的个性和差异，就很难做到对学生进行正确的和恰如其分的指导。

第四，形成差异观念是评价学生的重要步骤。评价，也是判断一个学生的学习与生活状态。那么，我们需要对学生的优势与不足，对学生的差异进行了解才能更有发言权，否则就是“没有调查就没有发言权”。因此，教师需要对每一个学生的差异和不同个性需要加强分析和了解。

第五，通过差异，实现和谐。正如费孝通先生所倡导的文化发展趋势是：“各美其美，美人之美，美美与共，天下大同。”通过“同而不和”，达到“和而不同”的境界。在个性化教学过程中，也是要尊重和重视学生的差异和不同个性的彰显，通过不同个性的学生，实现教学的和谐。

3. 差异的类型

第一，个体间的差异。个体间的差异，是指不同个体之间的差异，具体包括不同学龄段和不同年级学生的差异、同一年级内不同班级之间的差异或者说同一班级内学生不同个体之间的差异。

第二，个体内的差异。个体内的差异，主要是指同一个体学生在不同时间段的差异。

（八）选择的观念

1. 选择的理解

选择，主要是指挑选。在教育学上来理解，选择是指在教学过程中，教师提供多元化的学习方案，让学生能从其中挑选自己感兴趣的学习内容和学习主题进行学习，学生根据自己的学习兴趣和学习水平进行筛选。

2. 选择的必要性

第一，满足不同学生的学习需求。例如，学校和教师根据学习内容的难度，将学习内容分为 A、B、C、D 四个梯度，由难度系数从高到低进行，C、D 是全班学生都要学习的，而 A 与 B 则根据学生的选择来进行学习，学生根据自己的能力和喜好进行选择，学习能力强的学生可以选择 A 与 B 进行挑战，通过这种学习选择来实现满足更多学生不同的学习需求。

第二，有针对性地进行教学。根据学生的学习选择和学习能力，能更加针对性进行教学，实现多层次的、全方位的教学，达到有效教学。

第三，尊重学生差异的表现。通过选择，改变那种单一的教学方式和教学模式，尊重学生的主体地位，尊重学生的多元化智能和不同的学习需要，让教师根据学生的差异进行教学，让学生做到“各尽所能”，“提供最适合的教育”。①

3. 选择的分类

第一，学习内容的选择。在对全班学生进行基础性学习的基础之上，让学生根据自己的学习兴趣进行选择，所以，教师需要设计更多的符合学生学习特点的学习内容。例如，在学生学习了九九乘法表中“$1\times9=9$”到“$9\times9=81$”，就可以让学生运用这个口诀进行运算，如“$13\times9=(\ )$”，也可以让学生进行背诵九九乘法表，甚至可以让学生进行下一节知识方面的预习。

第二，学习方法的选择。在学习方法上，让学生根据自己的优点和特点以及个人的习惯与爱好进行自己的选择，例如在解答数学试题 $2-(3x-$

① 教育部．国家中长期教育改革和发展规划纲要（2010—2020）［N］．中国教育报，2010-07-30（1）．

7）/4 = -（x +17）/5 时，学生可以选择：

方法一：先移项，将（$3x$ - 7）/4 移到方程右边，得到（$3x$ - 7）/4 -（x +17）/5 =2，方程两边进行通分得到 5（$3x$ - 7） - 4（x + 17） =40，再化解得到 $11x = 75 + 68$，进一步化解得到 $x = 13$。

方法二：先通分得到 40 - 5（$3x$ - 7） = -4（x +17），再进行移项得到 $11x = 143$，再计算得到 $x = 13$。

第三，学习评价的选择。可以通过理论方面的考试与考查，也可以根据学生的学习特色和课程的个性化，通过实践方式来考核学生。因此，学习评价的多元化，凸显学生的选择性，彰显教学评价的个性化，是学习选择的重要表现。

第四章　个性化教学背景下的教师行为文化

毋庸置疑，“理念是行动的先导”，有什么样的思想和观念以及理念才会产生什么样的行为和实践。在个性化教学过程中，教师树立了个性化教学的文化理念，并将其内化为自己的信念和理念，就会在教学过程中展示出相应的文化行为。否则，如果教师没有形成个性化教学理念，不能将个性化教学理念内化为自己的教学价值观，那么，就很难在教学过程中呈现出相应的行为来。同时，在个性化教学过程中，教师所展示出来的行为又是其思想和理念等观念文化的表现。因此，对个性化教学背景下教师行为文化的研究，显得非常重要。本书将在构建个性化教学背景下的教师行为文化应然基础之上，进行以F小学为个案的教师行为文化现状研究，同时，对该校教师的行为文化所存在的问题进行揭示，对理想与现实之间的差距进行分析，从而形成尊重学生的差异和个性、尊重学生的学习需要和学习兴趣、重视学生的学习选择等个性化教学背景下的教师行为文化，以便促进教师在个性化教学中形成更适合个性化教学的教学行为。

第一节　教师行为文化的应然

一、课程建构行为：从“课程计划的执行”到“课程的建构”

新课程改革指出，教师需要从课程计划的执行者到课程的建构者的转变，改变过去教师被动地执行教学大纲和教科书那种“以纲为纲”“以本为本”的“照本宣科”的教学理念，实现能依据课程标准进行构建适合实际教学情境的课程。因此，教师需要做到：

第一，开发和利用教学资源。个性化教学视域下，教师能充分利用教学资源，才能顺利完成教学任务。正如专家所指出的，“不懂教育资源开发的教师就不是一个合格的教师”。[①] 因此，教师需要根据学生的个性和课程的差异性，广泛开发校内外的教学资源，包括网络教学资源以及在教学过程中产生的情境、问题等生成性教学资源。

第二，调整课程与教材，进行系统性和个性化课程设计。根据教师的个性化、学生的差异性、地方差异性以及课堂教学的特殊性进行课程进程和课程结构的调整，从而更加适合个性化教学的需要。

第三，教师需要注重教学设计活动，重视教学活动的开放性，应该允许教师出错误，容许教师超出课程标准的范围，超出教材的内容，超出固定时间的限制，对于具有生成因素的“三超”应该鼓励。可见，在个性化教学视域下，教师需要对课程与教学具有自己的个性化教学理解，并对课程进行个性化的设计。

二、个性指导行为：从“单一指导”到“个别集体结合指导”

传统教学背景下，教师往往是对学生进行整体化指导或者说是集体指导，对同一个学习主题，让全班学生在同一个学习时间内完成，采取统一进度的学习方式，甚至教学生用同一种方法进行“问题解决”，这种整齐划一的教学集体指导行为，不能凸显出学生的独特思考，也没有让学生进行主动的体验和探究，没有让学生感知知识的“生成”。

而在个性化教学视域下，教师更加关注学生的个性化学习，重视学生的差异性体验和探究。那么，教师就需要对学生进行个性化的指导。一方面，对学习小组进行指导，并让学习小组内的成员进行相互学习，相互指导；另一方面，对于个别学生不能进行有效的“问题解决”情况，需要加强个别化指导和个性化指导，从而让全班每个学生都能获得最大化的学习效果。

三、教师合作行为：从“个人英雄主义”到教师“合作”

在以往的集体化教学过程中，教师之间的合作往往是被迫的或者是处于组织上的考虑，因为他们之间所教的班级或者同属一个年级，或者同属一个班级，或者同属一个科目，在此情况下教师之间才会出现合作，而在其他的条件下则没有教师之间的合作。

---

① 郭东岐．教师适应与发展［M］．北京：首都师范大学出版社，2001：37.

但是，在个性化教学视域下，为了进一步了解学生的差异和个性，教师往往会进行合作，包括同学科教师之间的合作、不同学科教师之间的合作、不同班级的教师合作，还有不同年级的教师之间的合作。因此，教师改变了传统意义上的个人英雄主义的孤立的教学状态，最终形成一种合作的教学行为。

四、教学对话行为：从师生“问答”到师生“对话”

个性化教学视域下，教师需要改变过去那种“权威”的角色，成为学生的“平等中的首席”，与学生构成为“学习共同体”。在个性化教学视域下，教师更加深刻认识到教师权威角色的变化，诚如日本教育家佐藤学在《课程与教师》中所指出的，教师应该从“专制化”走向“民主化”，如图 4－1 所示。① 教师不应只是高高在上的那种法定权威，教师更加需要成为一种“后喻文化”时代的教师。美国社会学家玛格丽特·米德在《文化与承诺》一书中，将时代划分为前喻文化时代、并喻文化时代、后喻文化时代三种文化时代。所谓的“前喻文化时代”，主要是指后辈向前辈学习知识与技能。而并喻文化时代，则是指晚辈与长辈相互学习。所谓的“后喻文化时代”，就是年轻人因为对新观念、新科技的接受和吸收能力较强，在某些方面后辈可能比前辈还强，因此，长辈需要向晚辈学习。

在今天的“后喻文化时代”，教师需要改变传统的一味“教”而忽视“学”的状态，改变那种只是灌输学生以知识的现象，走向学生，与学生成为“朋友”，并积极成为学生学习共同体中的组成成员，从而实现“教学相长”的教学最佳状态。因此，个性化教学视域下，教师需要加强与学生的合作行为，成为学生学习的指导者和组织者，成为学生学习的合作者，加强对话与交流，从而构建学习共同体。

五、学习促进行为：从“裁判学生”到“促进学习”

个性化教学评价，需要改变过去以考试分数作为唯一的评价学生的标准，需要构建多元的教师教学评价体系。那么，在个性化教学下，教师需要做到：

---

① ［日］佐藤学．课程与教师［M］．钟启泉，译．北京：教育科学出版社，2001：102.

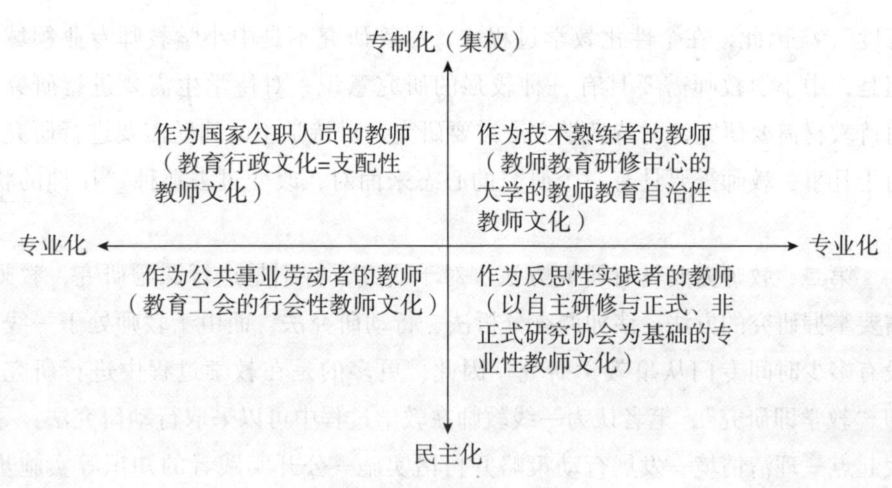

图4－1 教师文化身份

第一，采用质性、激励性的评价方法，少用甄别性与量性的评价方法。在对学生进行评价时，教师需要尊重学生的差异和个性，采取积极正向的评价方法，多用激励的评价，少用一些负面的评价方法，注重学生的发展性，使评价让每位学生都能做到尽可能大的发展。

第二，注重个性化教学过程中的评价。当教师在个性化教学过程中，对于学生的基础性学习和发展性学习，教师需要对学生进行恰当的评价，促进学生通过评价得到更大的鼓励，而不是通过看考试分数来判定学生的优秀与否，注重学生的能力差异和个性化发展。

第三，针对不同的学生采取不同的评价方法和评价工具。“教师需要树立促进发展的新的评价观”。① 针对差异和个性不同的学生，教师不能以统一的规格和标准来评判学生，而是需要根据学生的学习兴趣、学习风格、学习能力和学习需求来进行判定学生的发展状态。

六、教学研究行为：从“无研究意识”到“教学即研究”

新课程改革强调“教学即研究”，同样，个性化教学也重视教师的教学过程中的研究行为，重视教师对教学的反思和研究，即个性化教学不仅是教师在进行教学，更需要教师进行教学过程中的研究。

第一，教师具备强烈的教学研究意识。“研究是我们对待未知事物的一种

① 郭东岐．教师的适应与发展［M］．北京：首都师范大学出版社，2001：61.

态度”。[①] 因此，在个性化教学过程中，尽管研究不是中小学教师专业领域。但是，中小学教师需要具有一种较强的研究意识，对待学生需要进行研究，对待教材需要研究，对待教学方法需要研究，对待学生的问题需要进行研究，对于凡事，教师需要具有一个研究的心态来面对，改变过去那种“压抑的状态”。

第二，教师需要具有研究方法。对于研究，特别是进行课题研究，教师需要掌握研究的方法，诸如调查分析法、行动研究法，而由于教师处于一线，没有多少时间专门从事教学研究。因此，更多的是在教学过程中进行研究，即“教学即研究”，笔者认为一线教师在教学过程中可以采取行动研究法：寻找起点—理清情境—发展行动策略并付诸实施—公开实践者的知识等实施步骤。[②] 通过研究方法的掌握和运用从而更好地去实现教学研究。

第三，教师需要具备教学研究能力。教师需要掌握教学研究的能力，能进行课题研究，教师可以以课题组为研究团队，围绕所研究的问题进行学习。同时，编制课题研究的指南，规范教师的研究行为，从而提高教师教学研究的能力。

第四，创设教师研究的平台。以网络学习为平台，营造教师平等交流的氛围，让教师在课题组、年级组、学科组等研究范围内开展研究合作，通过团队研究，实现“头脑风暴”，从而使教师从被动的教学者转变为教学研究者。新课程改革早就指出过，“教学即研究”，即教师需要在教学过程中，加强对教育与教学方面的研究，使教学活动成为教师的一种研究过程。

在个性化教学视域下，教师同样需要成为教学研究者，因此，为个性化教学背景下的需要，学校需要构建教师教学研究的制度。

第一，让教学研究成为教师工作必不可少的一部分。教师在个性化教学过程中，需要根据教学的需要，加强对教师自己、对学生、对教材、对个性化教学理念等方面的研究，让教师具有一定的教学研究意识，使教师的教学过程成为教学研究工作的内容。

第二，树立对教师教学研究工作的奖惩制度。在个性化教学过程中，对

---

① 宁虹．“教师成为研究者”的理解与可行途径［J］．比较教育研究，2002（1）：48－52.

② 陈向明．什么是“行动研究”［J］．教育研究与实验，1999（2）：60－68.

教师的教学研究，加以倡导和组织实施，但是在个性化教学研究过程中，对教师是否取得研究效果，需要采取一定的奖惩制度，尽可能地对教师个性化教学研究成果进行奖励，但是，以正面的鼓励和激励为主，而不是硬性规定的惩罚，尽可能地减少惩罚。

第三，形成教师教学研究的制度规范，让教师真正成为教学研究者，而不是一种走过场。在个性化教学研究过程中，需要规范教师的研究行为，让其能掌握教学研究方法，形成研究能力。但是，教师的教学研究目的、侧重点、所要解决的问题等方面不同于教育科研。① 因此，在制定教师教学研究制度过程中，需要重视个性化教学研究的特殊性和差异，形成更加有教学研究特色的教研行为。

第二节 个性化教学背景下教师行为文化的现状

在个性化教学背景下，以 F 小学为个案，我们能观察到该学校教师在个性化教学过程中所形成的教师文化现状，具体而言，主要形成了以下的一系列教师文化行为。

一、校长成为个性化教学领导

（一）校长具有个性化教学的理念和领导能力

在推进个性化教学实践过程中，首当其冲的应该是校长，校长需要具有个性化教学理念。不可否认，理论是行动的先导，有想法才会有做法。

第一，不断学习先进的个性化教学理论和借鉴个性化教学实践。校长不断向日本等发达国家小学学习个性化教学理论和学校开展的个性化教学理论与实践。

第二，建设开放式学校组织结构，为个性化教学创设学校组织环境。从 2001 年开始就着手进行个性化教学探索，开展学校的个性化教学的物质环境和文化环境建设，如将通过个性化教学开展，校长领导全校教师进行个性化

---

① 谢泽源．当前中小学教师教学研究实效性不高的归因分析［EB/OL］. http://www.jxteacher.com/xzy/column6067/36de8ba9-dff6-4787-b604-9a5863805f5a.html.

教学理论研究和个性化教学实践。

第三，领导全校教师进修个性化教学实践。在课堂教学中，让教师根据学生的个性特点进行个性化教学。

（二）校长引领教师具备了个性化教学的理念

在个性化教学实践中，学校教师基本上具有了对个性化的认识和具备了个性化教学理念，这些都与校长的引领分不开的。学校主要采取以下措施进行：

第一，让教师们听取个性化教学理论的报告和讲座，从而学习个性化教学理论。

第二，采取自主学习、个性发展的教学文化年活动。如在2011年9月，F小学开展了个性化教学文化年活动，让教师进行个性化课堂教学，通过个性化课堂教学竞赛等活动，让教师逐渐认识到个性化教学的价值与意义，推进教师的专业化发展与学生的个性化发展。

第三，让教师进行个性化教学反思，进行个性化教学讨论与座谈会，通过教研组，让教师们相互学习，实现教师们对个性化更加深入的了解。

（三）校长领导教师逐渐探索个性化教学方式

个性化教学开展过程中，校长领导该校教师逐渐探讨个性化教学方式，如在《天鹅》这篇语文课堂上的第一节中，教师给予学生“一、学习难懂的词句”时间是15分钟，其中“读课文标记难读的语句”时间是7分钟，“小组内的交流”时间是3分钟，“集体学习”时间是5分钟。“二、本课会写的字”时间是8分钟，其中“六个生字，选出难写的字写两遍。”时间是3分钟，“小组内交流谁写的字更美观”时间是2分钟，“集体学习”时间是3分钟。“三、写初读感受并交流”时间是15分钟，其中“写初读感受”时间是7分钟，“交流初读感受”时间8分钟。从上面的时间分配来看，我们不难发现整个语文课堂都是一种开放性的时间，而且以学生的学习与交流为主，教师的指导为补充。

（四）校长进行了开放式学校组织设计

2001年以来，F小学开展了开放式学校组织结构，为开展个性化教学提供开放式组织环境，其具体做法是：第一，打开班级的墙壁以便促进各班级学生间合作；第二，打开年级的墙壁以便促进各年级学生间合作；第三，打开学科组、学年组的墙壁来促进教师间的协同教学；第四，打开部门的墙壁，以促进部门人员间的合作等。这样一来，开放式学校合作性组织的构建，促进了学生间、教师间、部门间的合作，提升了学校组织的效能，增强了组织成员的归属感、认同感与沟通能力，使开放式教育理念融入学校的各项工作中，根植于学校每位成员的心中，促进了学校教育教学质量和管理水平的提高。

（五）校长带领学校教师进行了个性化教学研究

首先，以校长为首的学校领导率先进行个性化教学研究。F 小学校长发表了一系列关于个性化教学、开放式学校等方面的研究论文以及著作，获得了社会上理论界和社会人士的认同与支持。

其次，校长鼓励教师认真研究个性化教育与个性化教学，并将课堂教学实践总结成论文发表，也将理论研究运用到个性化教学实践中去，实现理论与实践的结合。F 小学教师在校长的鼓励和鞭策下，一边进行个性化教学实践，一边从事个性化教学研究工作。该校老师还申报了多项国家级课题和校级课题，对个性化教学进行了理论研究和实践探索，部分教师的研究成果还在《教育研究》《课程 · 教材 · 教法》《中国教育学刊》《中小学教师培训》等国家级别或者全国核心期刊上发表。同时，在理论反思的基础之上，又将理论运用到实践中去。

二、“教案”变成“学案”

在个性化教学视域下，教师需要改变过去那种课程计划的执行者的观念和行为，转变到课程的建构者。因此，在课程设计过程中，需要加强课程与教学设计的转换。在个性化教学实践中，教师也做到了这些方面，诸如 F 小学在个性化教学实践中，进行了有力的尝试，即进行个性化的教学设计，教师能转变自己的课程与教学设计的观念。

（一）教师能将“教案”变成“学案”

教师在教学设计过程中，改变传统的教学设计方式，将教案设计成学案，如在进行数学科“比的化简”的学习中，教师能将过去的教案①变成学案，如下：

常规教案：《比的应用》

教学目标

知识目标：结合生活的实例，使学生进一步掌握按比例分配应用题的结构特点和解题思路，能运用这个知识来解决一些日常工作、生活中的实际问题。

能力目标：培养学生运用知识进行分析、推理等思维能力，以及探求解决问题途径的能力。

情感目标：渗透数学的对应思想及函数思想，培养学生认真审题、独立思考、自觉检验的好习惯，增强学好数学的信心。

教学重点：进一步掌握按比例分配应用题的结构特点和解题思路。

教学难点：正确分析解答比例分配应用题。

教学过程

一、复习

1. 我们在教学中学过平均分，平均分的结果有什么特点？（每份都相等）

学生请两位钟点工为我们送午餐。一位钟点工负责六年级4个班的送饭任务，另一位负责五年级2个班的送饭任务。如果学校一天支付30元，用平均分的方式一人分得15元钱合理吗？

老师：在日常生活中，为了分配的合理，往往需要把一个数量分成不等的几部分，即把一个数量按照一定的比来进行分配。这种方法通常叫按比例分配。

2. 联想大比拼。六年级女生和男生人数的比是2∶3。由这个比，你能联想到哪些数学信息？

二、新授

1. 教学例2。

（1）出示例2。

（2）引导学生弄清题意后，问1∶4是谁和谁的比？

---

① 《比的应用》教学设计［EB/OL］.（2012-06-21）［2014-03-20］. http：//res.hersp.com/content/1763126.

(3) 问："浓缩液和水的体积1∶4"，是什么意思？(就是说在500ml 的稀释液，浓缩液占1份，水的体积占1份，一共是5份，浓缩液占稀释液的4/5，水的体积占稀释液的1/5。)

(4) 你能求出两种各多少 ml 吗？怎样求？(引导学生进行解题)

方法一：归一方法

1 +4 =5

每份是：500 ÷5 =100（ml）

浓缩液有：100 ×1 =100（ml）

水有：100 ×4 =400（ml）

方法二：分数方法

①稀释液平均分成的份数：1 +4 =5

②浓缩液的体积：500 ×1/5 =100（ml）

③水的体积：500 ×4/5 =400（ml）

答：稀释液100ml，水400ml。

(5) 如何检验解答是否正确呢？(说明：检验的方法有两种：一是把求得的浓缩液和水的体积相加，看是不是等于稀释液的总体积；二是把求得的浓缩液和水的体积写成比的形式，看化简后是不是等于1∶4。

(6) 学生试做：练习：做一做第1题。(订正时说说解题时先求什么？再求什么？)

2. 补充练习。

(1) 出示：学校把栽280棵树的任务，按照六年级三个班的人数分配给各班。一班有47人，二班有45人，三班有48人。三个班各应栽树多少棵？

(2) 引导学生弄清题意后，问：这题中有比吗？是按什么比来分配的呢？(使学生明确要按照一班、二班、三班的人数的比来分配，即按47∶45∶48来分配。)

(3) 根据一班、二班、三班的人数怎样算出各班栽的棵数占总棵数的几分之几？(使学生明确：要先算三个班总共有多少人（即总份数），然后才能算出各班栽的棵数占总棵数的几分之几。)

(4) 怎样分别算出各班应种的棵数？引导学生解答：

①三个班的总人数：47 +45 +48 =140（人）

②一班应栽的棵数：$280 \times \frac{47}{140} = 94$（棵）

③二班应栽的棵数：$280\times\frac{45}{140}=90$（棵）

④三班应栽的棵数：$280\times\frac{48}{140}=96$（棵）

答：一班栽树94棵，二班栽树90棵，三班栽树96棵。

(5) 学生进行检验。

(6) 学生试做“做一做”中的第2题。

三、巩固练习

练习十二的第1、3题。

四、布置作业

练习十二第2、4题。

个性化教学教案：《比的应用》学案

刘立生

教学目标

1. 进一步理解比的意义，能够解决按照比进行分配的简单实际问题，了解多种解题策略。

2. 经历动手操作和合作探究，探索解决问题的多种策略，培养学生的分析、比较、推理等思维能力。

3. 获得良好的数学学习体验，促进学生社会性的发展。

教学重点：按照一定的比进行分配的策略。

教学难点：建立按比分与整数除法、分数除法之间的联系，理解多种解题策略。

学习流程：完成学习任务一（确定分配标准）—完成学习任务二（确定分配方法—小组交流—全班交流—完成检测。

《比的应用》学习任务卡

六年×××班　　姓名×××

学习指南

1. 合作分配水果（建议时间5分钟）。

同组中两人为一小组进行合作，按照3∶2动手分一分；把每次分的个数记录在表格里。

2. 小组交流（建议时间5分钟）。

轮流说一说你们是怎么样分配的？相互倾听，提出疑问或帮助同学支出错误，有错误的要及时纠正；把你们的分配方法写在白板上，等待全部交流。

3. 全班分享（建议时间8分钟）。

理清思路，组织好语言，全班交流。

食堂阿姨要把一些苹果按两个班的人数比3∶2分配给1班和2班的同学，分到不能再分为止。应该怎么分？

表4-1 水果分配表

次数	1	2	3	
1班				
2班				

《比的应用》检测卡

六年×××班　　姓名×××

学习指南

1. 独立完成检测卡，把自己的具体做法写在下面。

2. 核对答案。

3. 与小组讨论，交流。

4. 订正错误，等待老师检查。

（1）小青要调制2200克巧克力奶，巧克力与奶的质量比为2∶9。需要巧克力和奶各多少克？

（2）妈妈去商店买了一件上衣和一条裤子，上衣的价钱是500元，上衣和裤子的价钱比是5∶4，裤子的价钱是多少元？

（二）教师将“教学流程”变成“学习流程”

在教学设计过程中，改变传统的以教师为课堂教学中心教师硬性规定学生“该做什么，不该做什么”“该写什么，不该写什么”的做法，而是做到让学生成为探究和学习的中心，即让学生成为主动学习者，学生根据教师的指导进行自主性学习，从而将教学流程改变为学习流程，如图4－2所示。

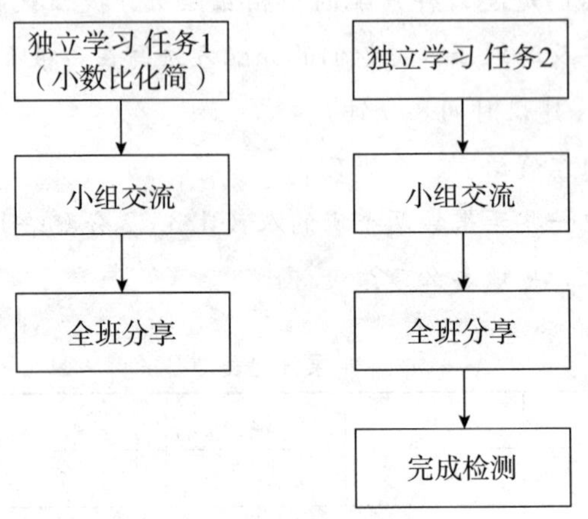

图4－2 学习流程

（三）教师还能将“教学任务”变为“学习指南”

以前写作教案总是认为教的任务有哪些，包括备课过程中，教师每一句话该怎么样去说，教学目标和教学任务都相当明确，然而在个性化教学视域下，教师则改变那种教师怎么样去做的教学方式，实现让学生自己去学习，在教师的指导下，教师选择自己的学习任务，从而形成“学习指南”，如下面是F小学某教师在课堂教学过程中所展示的“学习指南”。

学习指南（学习任务一）

要解决的问题：小树比怎样化成最简单的整数比。

1. 独立学习（建议时间2分钟）。

自助探索小数比的化简方法。

2. 小组交流（建议时间6分钟）。

轮流说一说你是怎么样化简的？互相倾听，提出疑问或帮助同学指出错误，有错误的要及时改正。

看一看你们小组有几种不同的方法？推荐一种你们最喜欢的方法写在白

板上，并说明这种化解方法先做什么？再做什么？

3. 全班分享（预计时间8分钟）。

理清思路，组织好语言，准备全班交流。

学习指南（学习任务二）

要解决的问题：分数比怎么样化简成最简单的整数比。

1. 独立学习（建议时间2分钟）。

自主探索分数比化简的方法。

2. 小组交流（建议时间6分钟）。

轮流说一说你是怎么化简的？相互倾听，提出提问或者帮助同学指出错误，有错误的要及时改正。

看一看你们小组有几种不同的方法？推荐一种你们最喜欢的方法写在白板上，并说明这种化简方法先做什么？再做什么？

3. 全班分享（预计时间8分钟）。

理清思路，组织好语言，准备全班交流。

三、教学研究行为的形成

个性化教学实践不仅需要在教学中进行，更要在教学中反思，在教学中进行研究，在教学过程中进行个性化教学研究。“教学即研究”，就体现在研究过程中。以F小学为例，该校进行了中央教育科学研究所教育实验研究中心项目6项，吉林省教育科学“十一五”规划课题4项，大学青年基金项目共12项，F小学项目12项。以该校第三批个人基金项目为例，就围绕“个性化教学”进行了相关的研究。科学科目的研究课题：《科学学科“物质世界”“物质的变化”“水和空气”单元模块的开发与实施》；体育研究课题：《跳绳教学与发展学生身体素质的研究》；社会研究课题：社会学科基于专业教室环境的个性化教学研究；英语研究课题：《对个性化教学中情景表演促进学生语言综合运用能力提高的实践研究》；德育研究课题：学生社团建设与学生自主能力培养的研究；语文研究课题：《小学语文朗读能力的实践研究》和《小学语文阅读策略教学的实践研究》；数学研究课题：《小学数学合作学习研究》

和《小学数学课堂提问的实践研究》以及《小学数学第一阶段“数的运算”个性化教学单元案例开发研究》。可见，通过教学研究，加深了教师对个性化教学的理解，通过个性化教学促进教学研究。同时，教师将个性化教学理念具体变成为教师的教学实践，在此过程中，需要教师进一步去实践、去参与、去研究。因此，F小学采取能根据教学需要而进行行动研究。

（一）采取借鉴和学习国外教材的方法进行教学行动研究

自2012年以来，语文、数学、科学等学科不断地借鉴日本教材和改变过去的教学方式，以课程与教材改革为基础，渗透教学方式的变革，例如小学语文教学，以日本教材中的《狐狸阿权》为代表，进行了三轮行动研究。

（二）改变现有教材的不足，加强教材的校本化行动研究

以《品德与社会》为例，在该学科课程标准中，关于通信内容的学习提到“感受通信与人们生活的关系”“体会报刊、广播、电视、网络等现代传媒与人们生活的关系”，在价值判断上提出“懂得并遵守通信的基本礼貌和有关法律法规”“遵守网络道德规范，努力增强对各种信息的辨别能力”，为达成本单元目标提供了依据。原单元主题为“穿越时空的生活”，内容由《不断变化的通信家族》《路在脚下延伸》等二级主题构成，内容的建构较多体现知识的系统性，特别是道路交通与通信两个内容相差甚远，缺少内在的关联，有内容拼凑之感。

对于学生社会性的培养浅尝辄止，把通信作为日常生活中的社会现象，人们交流的工具仅限于了解与认识的层面。没有将学生对通信的了解与认识上升为“国家产业”的高度，较难体现对学生社会性的培养。调整后的单元内容更注重“学生在现实生活中的发现与调查，从中发现问题、确立学习课题”。立足对国家产业的调查与参观的高度，让学生充分认识信息产业对推动国家进步、社会发展起到的巨大作用。并从与人们生活密切的报纸、网络等媒体入手，感知媒体与国民生活的关联性。在潜移默化中建构对信息社会的系统学习，让学生学会利用信息、让信息化方便生活、服务于生活。调适后的单元整体内容围绕信息产业和信息化社会展开学习，内容为《信息产业与我们的生活》《改变社会的信息》《合理运用信息的我们》，课时由12课时增加为16课时。

原教材内容呈现体系如图 4 - 3 所示。

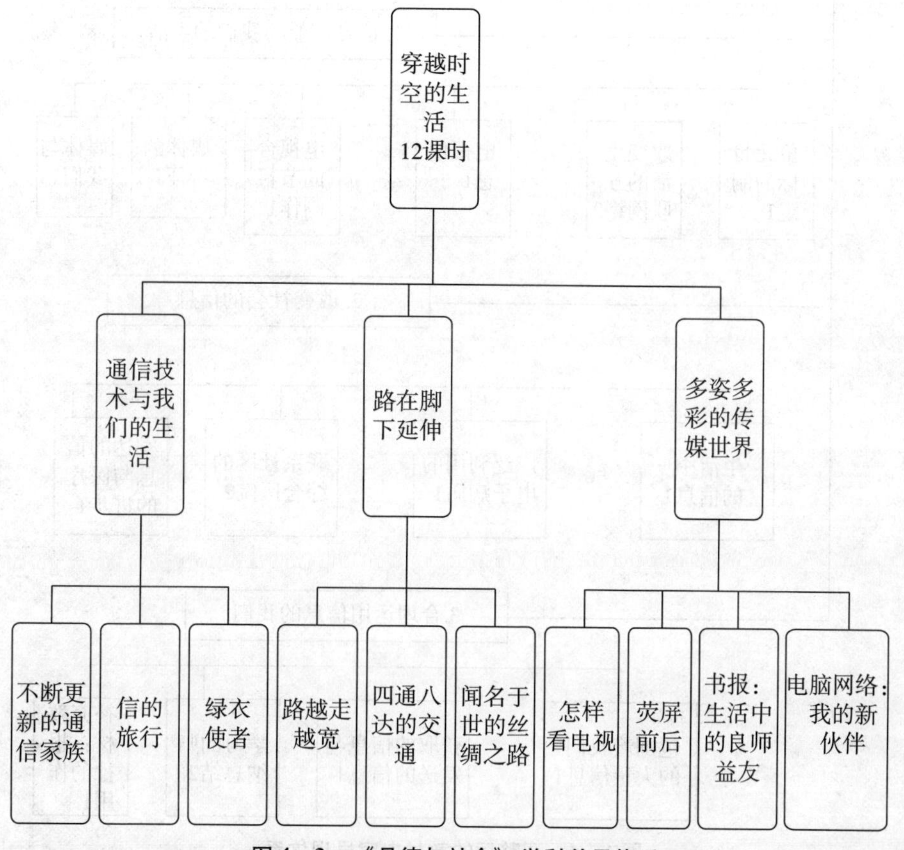

图 4 - 3 《品德与社会》学科单元体系

调整后的教材内容呈现体系如图 4 - 4 所示。

四、“学习卡片”的设计行为

个性化教学需要个性化的课程与教学设计，为进一步促进教师的教学和学生的学习差异，满足不同个性的学习需要，F 小学教师形成了学习卡片的意识和行为，从而为学生提供了学习指导、材料、习题等学习内容所用卡片的形式的“教学资源”，包括了“个人研究计划卡”和“小组研究计划卡”“实验指导卡”“资料卡”“检测卡”“小组意见整理与汇报卡”“提问卡”“学习任务卡”等学习卡片。

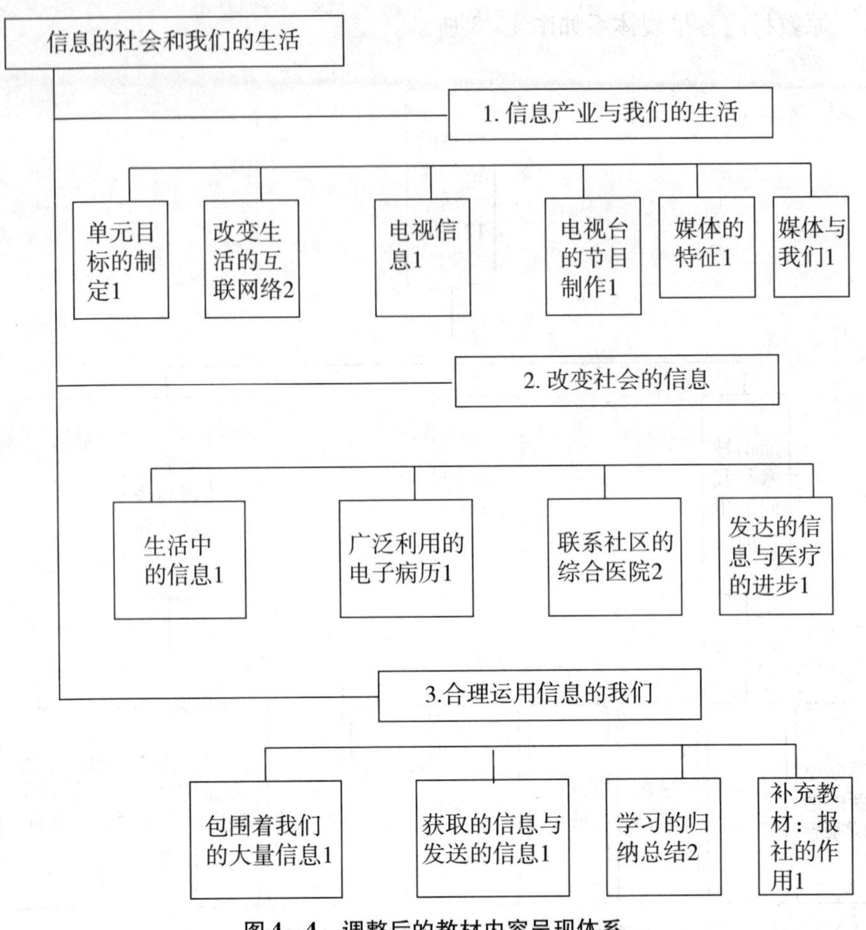

图 4－4　调整后的教材内容呈现体系

五、形成专家指导行为

随着个性化教学实践的逐步开展，教师也逐渐了解和形成了个性化教学的观念、行为。但是，为进一步促进教师的理论和实践的结合，深刻理解个性化教学的精神实质以及操作模式，F 小学形成了一系列的专家指导行为，邀请专家深入课堂观察教师的个性化教学行为，并在课后给上课教师进行点评。如图 4－5 所示，就是 2012 年 10 月，日本专家加藤幸次针对教师上课的问题和个性化教学学习中的一些理论问题，比如对“体验学习”的问题进行讲解。总之，通过专家的指导进一步提升了教师的理论素养，为教师以后进行个性化教学指明了正确的方向。

图 4－5　日本专家加藤幸次在给 F 小学教师评课

六、个性化教学实践模式建构

通过个性化教学的开展与实践，逐渐形成了个性化教学的模式。① F 小学个性化教学实践过程中，主要的个性化教学实践模式被归纳为五个模式：

（一）集体指导补充模式

根据学生学习差异，在全体学生达成基本目标前提下，根据个体差异进行补充学习或发展学习。这一模式较适用于知识体系较强的学科，如语文、数学、外语等。主要程序为：学生自己个体进行学习并明确学习任务；小组学习和同伴互助；集体指导和交流；检测和反馈；补充指导和发展学习等流程，具体如图 4－6 所示。

（二）学习进度模式

这个模式主要程序为：学生阅读学习指南以便明确学习流程；学生独立学习和个别指导；检测诊断和调控流程；分层学习和逐步达成学习目标，具体如图 4－7 所示。

---

① 王庭波，刘艳平．个性化教学模式的实践探索［J］．课程·教材·教法，2011（8）：24－29.

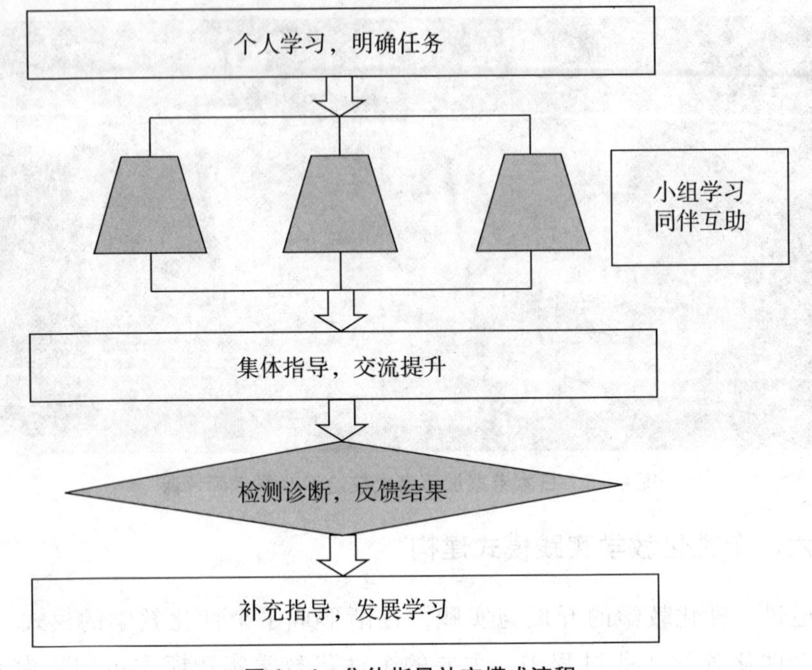

图 4-6　集体指导补充模式流程

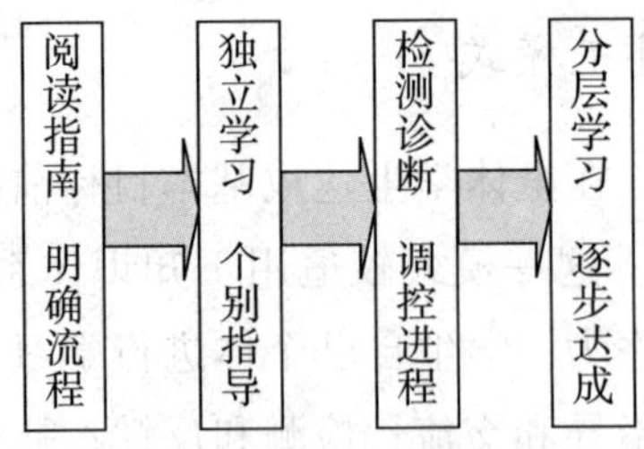

图 4-7　学习进度模式流程

（三）学习起点模式

这个模式主要的程序为：先对学生进行学习诊断和检测以便确定起点；划分层次和制订学习任务；评价反馈和集体指导；达成目标和开展发展性学习，具体如图 4-8 所示。

（四）学习顺序模式

这个模式的主要程序为：让学生阅读学习指南进行集体导学；确定学习

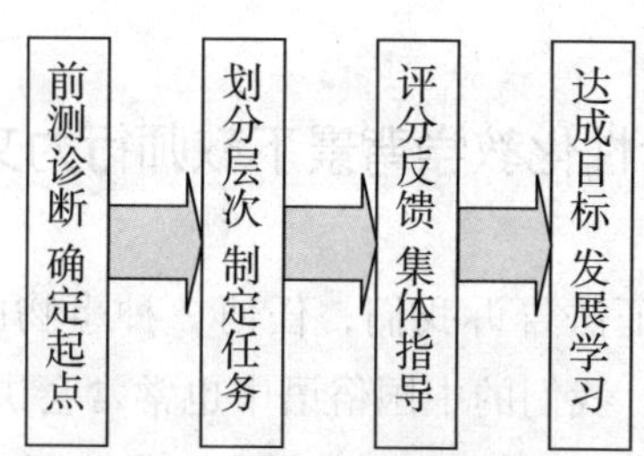

图4－8 学习起点模式流程

任务让学生自主学习；进行阶段检测和更换学习任务；进行学习汇报和集体交流，具体如图4－9所示。

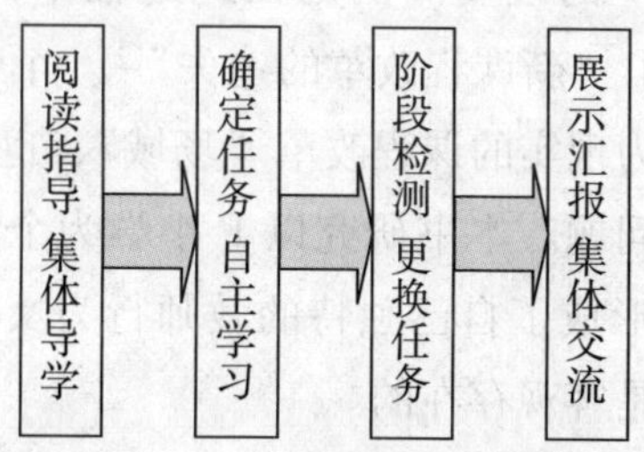

图4－9 学习顺序模式流程

（五）课题选择模式

这个模式的主要程序为：根据学生的学习兴趣进行学习的课题；依据学习计划进行自主学习；进行交流反思和阶段性的反馈；总结梳理和成果发表，同时，课题选择模式分为两种，即部分学习和整体选择学习，具体如图4－10所示。

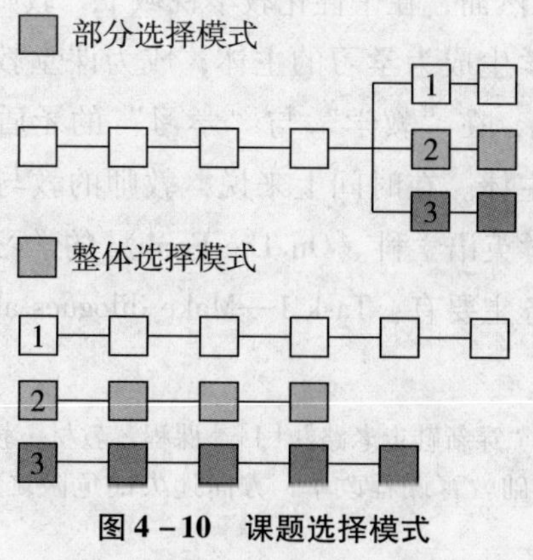

图4－10 课题选择模式

第三节　个性化教学背景下教师行为文化的问题

马克思主义唯物辩证法告诉我们，任何一种事物的发展都需要经历一个运动变化和发展的过程，我们的中国俗语中也常常会讲到“好事多磨”。在个性化教学理念下，强调“开放”和“个性”，客观需要教师从观念到行为的变革，特别是强调改变过去过于重视知识传授的教学，忽视学生学习的主动性和创造性，忽略学生的创新精神和实践能力的培养的做法，教师需要进行“形而上”和“形而下”的改变。但是在此过程中，出现了“穿新鞋走老路”① 的问题，也出现了“新课程改革的迷失”②。个性化教学作为新课程改革的具体课堂行为，作为现实的课程改革“场域”，也出现了教师的抗拒、教师的文化冲突等方面的问题。本书研究以F小学为个案，该小学在十余年的个性化教学实践中逐渐形成了自己独特的教师行为文化，同时，在该小学的教师行为文化中问题也是客观存在的。

一、“教”和“学”时间掌控问题

（一）如何对待教师教学的时间和学生学习的时间问题

我们知道，在集体化学习或者说非个性化教学的背景下，往往是“课堂中心”“教师中心”“教材中心”即所谓的“旧三中心”。所以，课堂教学的时间几乎都是教师在进行“表演”或“独白”，但是，学生却没有发言权，没有表达的权利，学生只是不折不扣的“观众”和“听众”，并在“配合着”教师的教学“演出”。然而，在个性化教学视域下，教师则需要改变过去那种教师中心的情况，让学生成为学习的主体，成为课堂教学的主人，而不是被动的“压迫者”。因此，在“教学”与“学习”的矛盾过程中，学习将成为更加受到关注的矛盾主体。在时间上来说，教师的教与学生的学的时间需要正确的把握。如在小学英语学科《On The Farm》的学习过程中，“学习指南”中提到学生的学习任务主要有：Task 1—Make dilogues about one’s diet in pairs;

① 郭华．新课改与“穿新鞋走老路”［J］．课程·教材·教法，2010（1）：1－9.

② 邢红军．中国基础教育课程改革：方向迷失的危险之旅［J］．教育科学研究，2011（9）：5－21.

Task 2—Fill in the blank, then ask and answer; Task 3—Read the passage and finish writing。在教学过程中，该学科老师通过幻灯片和多媒体在白板前一方面给学生展示很多的图片，另一方面提问十多个学生。当时，笔者就认为，教师或许让学生去表演或者通过教育戏剧进行，能达到更好的效果，只是让学生在展示和演示《A Big Dinner》，并提问学生没有多大的效果，更多的是一种传统意义上的重复式的英语教学，而在后面的教学过程中，恰恰又是缺乏更多的教学指导，一味地将学习时间让给学生进行重复的英语操练。可见，在个性化教学过程中，教师应该需要在教学时间和学习时间上进行恰当的分配，然而，教师往往还没有处理好该问题。

（二）如何对待学生学习的“时间差”问题

在教学过程中，要给予学生多少时间进行学习才恰当呢？在教师制定“学习指南”的过程中，教师需要考虑到学生的学习兴趣、学习能力、学习经验、学习方法、学习风格等多方面的差异，需要形成学习的“时间差”。如F小学学生在进行小学科学学科“物体的体积与温度”学习过程中，教师给予的学习指南时间为“分析实验现象20分钟”“进行实验验证20分钟”。对于这样的学习，一些学生已经完成好第二部分的学习内容，但是有些学生还没有完成好第一部分的学习内容，而是被教师直接命令去做第二部分学习内容，因为“时间不允许”。那么，如何去对待这些问题呢？这是需要亟待解决的问题。

二、个体指导和集体指导分配问题

在个性化教学过程中，主张学生的学习为主，教师成为学生的学习指导者，所以教师需要改变传统的单向集体指导的做法，做到既对学生进行个别指导，也需要对学生进行集体指导。特别是在基础性学习阶段需要进一步集体指导，在发展性学习阶段和补充性学习阶段需要更多的集体指导。在对F小学语文教师LYH老师的访谈中，尽管LYH老师具有了个体指导和集体指导的意识和行为，但是我们可以看到个体指导和集体指导分配的问题。

问：“您认为在个性化教学过程中如何开展个体指导和集体指导？”

语文教师LYH老师：“在教学过程中，对于小组学习的培养，我们是非常重视的。我们把全班同学分成几个小组，小组人员的组成可以根据不同学生的特点，如性格特点，学习能力的差异等，进行合适的分工：有组长，有记录员，有汇报人等，每个人都有不同的分工。小组内的学习既有分工又有合作，时间久了他们就养成了一定的学习习惯，通过小组之间的互动学习，每个小组成员的学习能力都会很快提高和发展。在个性化学习过程中，如果出现共性的问题，如书写上出现了多数性的错误，对某一个问题出现了多数的理解性的偏差时，等等，作为教师我们就要给予较为细致的集体指导教学。”

所以，在个性化教学过程中，教师往往不能恰到好处地进行指导学生，常常出现以下问题。第一，什么时候教师应该去指导学生？第二，教师指导学生的时间多久？第三，到底是集体指导还是个别指导？对于这些问题，笔者认为这些都是个性化教学过程中教师知道问题中的一些比较集中的问题。

三、学生引导性评价问题

在个性化教学过程中，教师让学生更多地表达，更多地说出自己的想法和看法，让学生成为课堂的主人，这是肯定的，教师这样做是没有问题的。但是，教师对于学生的回答，对于学生的思考，对于学生的个性化的想法，以至于哪些学习方法更科学，哪些问题解决方式更好等，教师需要正确地引导，给予学生有效的指导性评价，引领学生去形成正确的思维方式和问题解决的意识。但是，在个性化教学过程中，教师却没有做到这些，只是一味地让学生去“忙”：忙于回答教师的提问，忙于做自己学习卡片上的内容，而教师却没有对学生进行“教学领导”。如在F小学的一次数学课堂中，一个教师首先让学生回答了“6÷3=2”“60÷30=2”“600÷300=2”等学习内容以及让学生按照学习指南进行个性化的学习。但是，在个性化学习检测过程中，笔者发现，有些学生写的答案是“五花八门”，如学习卡片上的内容为“（　）÷（　）=3，（　）÷（　）=（　）”结果学生写的答案是“18÷6=3，（18×3）÷（6×2）=24”。面对这些错误，教师没有及时发现，也没有让学生及时改正错误，更没有指导其他学生去指正该学生的错误。那么，在个性化教学过程中，教师没有正确地引导学生进行学习评价，这是教师教学行为中比较重要的问题。

四、个性与共性的把握问题

在个性化教学过程中，教师既需要照顾到学生的个体差异性，关注到每一个学生的个性。实际上，教师尊重学生的差异就是教师承认每个学生的个性差异与不同特点，并将其当作学生进行个性化学习的依据，倡导彰显教师的个性化教和学生的个性化学，就是需要承认教师的不同个性，并将其作为个性化“教”的依据，因此，在个性化教学过程中，教师需要做到：“既照顾学生的个性发展，又促进学生的共性发展。”① 但是，在个性化教学过程中，对于既要照顾到学生的个性发展，又要关注学生的共性发展，在个性和共性之间往往形成一种矛盾的状态，所以常常出现两种极端的情况。

第一，教师放大了学生的个性化学习和个性化发展，以至于在课堂教学过程中，教师放任自流，让学生自己去探究，自己去发展，教师不去引导学生的学习。正如F小学教师在课堂教学过程中，对学生的回答正确与否不去关注，既不引导学生自己对其作出判断和评价，也不让其他学生对其进行判断和评价，以至于形成一种“放任自流”，让学生在课堂教学过程中“自生自灭”。

第二，教师忽视学生的共性学习，即教师过于关注个性化的学习，重视学生的主体性发展，重视学生的学习差异，重视学生的“各显其能”，以至于让学生走向“特长发展”，没有对学生的基础性学习进行指导与引领，教学目标和课程标准中所规定的一般性学习内容和学习方法等共性的东西被教师给忽视了。因此，笔者认为个性化教学过程中的个性和共性的问题，也是教师在个性化教学实践中所必须面对和解决的课题之一。

五、小组合作学习的问题

随着学生的自主学习成为现代教育的主流，“小组合作学习开始备受青睐”。② 个性化教学强调教学组织形式的变革，课堂教学组织形式的变化带来了教师与学生的关系、学生与学生之间的关系的变化，即教与学的关系、学

---

① 王中华，熊梅．个性化教学的经验、问题与对策［J］．天津师范大学学报：基础教育版，2013（1）：43－48.

② 王笃勤．小组合作学习行动研究［J］．国外外语教学，2004（1）：14－19.

与学的关系的变化，并重视学生的小组合作学习。那么，在个性化教学过程中，教师该如何去进行小组的形成？

第一，学习小组人数上的问题。到底是3个学生一个小组，还是4个学生一个小组，还是5个学生一个小组，究竟是哪些数量的学生形成一个学习合作小组更合适。

第二，学习小组形成和分配的标准。在形成学习小组的过程中，到底采取什么样的标准进行学习小组的分配更合理。是采取“自由组合式”，即学生之间在经过一段时间的相互了解和磨合之后，学生根据自己的秉性爱好与学生个性上的雷同等方面自然而然的形成了一个“小团体”；还是采取“分层自由组合式”，即按照学习能力、学习成绩、学习兴趣等分批次进行小组组合。

在学生学习小组分配和形成的过程中，教师还可以采取随机性的标准进行分配学生小组，教师根据学号、性别或者高矮等标准随机性的进行组合等，个性化教学过程中小组学习的一些分组问题都需要进一步去解决。同时，个性化教学实践中，教师如何去指导小组合作学习，如何让学生在小组学习过程中获得更多的合作和集体精神以及探究和体验学习等都是现实的问题。而且，对于学生在小组合作学习与学生个性化学习之间的矛盾如何处理等一系列的问题都期待解决。

六、学生个性化评价的问题

在个性化教学过程中，如何进行个性化教学评价也是个性化教学实践中比较普遍存在的问题。在个性化教学过程中，教师究竟是否坚持了个性化的“教”，学生是进行了个性化的“学”。又是什么样的“教”才是个性化的“教”？什么样的“学”才是个性化的“学”？在个性化教学过程中，教师往往不能进行恰当的教学评价，导致出现以下问题。

（一）教师不能恰当地评价学生

在个性化教师实践过程中，教师尽管给了学生“学习指南”和“学习流程”，但是在小组讨论和交流中，教师不能有效地把握评价学生的标准和尺度，即教师不能有效评价学生的个性化学习。如F小学教师在数学学科教学中，学生在回答问题“4/7 ÷3 =？”时，第一组代表的学生回答“4/7 ÷3 =4/7 ×1/3 =4/21”；第二组学生回答为“将4/7变成21份，从21份中选出来得到4/21”；

第三组学生回答为“4/7 和 3 的最小公倍数，得到 4/21”；第四组学生回答“分数变成除法得到 4 ÷ 7 ÷ 3 =4/21”；第五组学生的回答是“4/7 ÷ 3 =4/7 × 1/3 = 4/21”；第六组学生的回答是“4/7 ÷ 3 =4/7 × 1 ÷ 3 =4/21”。六个小组的学生进行不同的回答，但是，还有另外一种“（4/7） ÷ （3/1） =4/7 × 1/3 =4/21”计算方法，学生没有想到。当然，这些事无关紧要，重要的是在这些问题的计算方法过程中，教师没有让学生进行评价，也没有有意识地引导学生去评价哪种问题的解决方法是最有效的。尽管强调个性化教学，重视学生的个性化学习，表面上看起来，学生的学习方式和问题解决的方法很多，而且学生回答问题比较踊跃，课堂看起来“气氛活跃”，但是，在个性化教学学习过程中，教师没有给予学生适当的评价指引，从而没有让学生树立追求真理的欲望和学习愿景。再比如 F 小学的音乐老师在音乐课程《茉莉花》教学中以“国际理解教育”为课题进行主题学习，给学生展示了《茉莉花》的张也演唱版本、宋祖英在奥地利维也纳金色大厅演唱版本等，希望学生通过视、听、欣赏、学唱，感受作品风格，掌握音乐演唱技巧，从而感受民族音乐的发展变化，让学生去领悟国际理解教育，去感受音乐课程中的国际理解教育。但是，该音乐教师在个性化教学过程中，不知道怎么去评价学生，怎么样才算达到目标。现实的个性化教学过程中，这样的案例不一而足。可见，教师不知道采用什么样的标准来评价学生的学习仍然是一个“存在”的问题。

（二）学生不能恰当地评价自己

面对个性化学习，学生做出了自己的体验，做到了自己的探究，做到了交流与沟通，也进行了表达。但是，在个性化教学实践过程中，教师往往不能让学生自己去评价自己的探究成果，学生显得很忙碌、很充实，但是，学生的探究效果怎么样，学生往往不能自己对自己的个性化学习做出恰当和必要的判断和评定。

（三）学生不能恰当地评价其他学生

在研究成果表达过程中，更多的学生不能做到学习倾听，不能正确地评价学生的研究成果，学生更多的是从自己个性化的学习方法和学习结果出发，而没有从全面和整体上对其他学生研究成果做出恰当的评价。笔者认为：一方面，教师过于赶学习时间和学习进度，在这个学习环节上几乎没有时间去做；另一方面，教师缺少对学生评价他人的训练和引导。

第四节 个性化教学背景下教师行为文化的障碍因素

通过前面的研究，我们发现了F小学在个性化教学实践过程中教师文化建设方面取得了一定的成效，但是也面临着许多的问题。那么，我们需要进一步去思考，究竟是什么原因导致了个性化教学实践中教师文化现实与理想之间出现了差距以至于出现问题？这些需要我们进一步去研究和分析。通过研究，笔者认为，观念方面的障碍因素主要在影响着个性化教学背景下的教师文化形成。

一、教师个性的被遮蔽

笔者认为教师个性被遮蔽的主要原因有：第一，教师个性压抑的传统影响。尽管改革开放以来，特别是近些年来，个性被倡导、被重视，但是在几千年的历史长河中，教师往往被看作是地位卑微的，教师个性往往受到来自各方面的压力。第二，教师个性压抑受到其受教育时代教师的影响。在课堂教学过程中，教师需要“听话的学生”。由于教师从受教育时代就接受到其教师的“耳濡目染”，认为教师不能张扬自己的个性，认定一个好学生的标准是“听话的学生”，不是那些成天“闹事”的学生。因此，个性压抑内化为教师的一种行为。实际上，“太听话”的学生往往源于缺乏自己的主见，而缺乏主见的人往往就会表现得“唯唯诺诺”，这恰恰就是缺乏个性的一种表现。① 但是，在教师的内心之中，在教师的灵魂深处，却认为“教师的话永远是真理”，以至于教师的话是不容置疑的，教师的语言和行为是不容否定的，教师的出发点都是基于教师的“良心”和职业操守。第三，教师个性压抑因为“方便”。为什么这样说？在教师的教学过程中，教师认为需要个性，不需要差异，也不需要自己的个性化表达，因为教师只要按照书本上的说就行，按照“课程标准”去教学就行。那么，在教师教学过程中，教师只要按章办事，只需要做一个“传声器”或者做一个“教书匠”就行，而不需要更多的研究和思索，因此，教师在教学过程中不表现自己的个性，不对教学和教材以及

---

① 章立早．寻找失落的个性［J］．教师之友，2005（3）：31.

教育领域中有任何的"差异和个性表达"，这样更"方便"，直接告诉学生答案就行。

在我国教育文化传统中，一直以来形成了重视群体，忽视个体的思想，也就是关注个体是群体中的一部分，而没有看到个体的发展才会推进群体的进步，个体是社会的基础，正是因为丰富多彩的个体存在，才有了社会。但是由于大一统的思想，个体服从群体，个性被群体性所淹没。因此，教师在课堂教学中更加是关注学生群体，采取划一的教学模式，进行格式化的教学，从而忽视对学生的个性和差异性的关注，而且"由于科层制的宰割、权利的渗透与规训、群体意识的僭越、教学规则的泛化、日常生活的销蚀、教学生的创造性受到阻碍，教师的教学个性受到遮蔽"。① 在没有个性的教学中，教师的个性丢失了，学生的个性也被压制了，去个性化的教学就形成了，因此，在这样的去个性化教学熏陶下的教师，要实现其个性化教学确实存在困难。

二、教师文化适应的过程性

（一）教师文化适应是一个长期的过程

文化适应主要是指对环境的适应。雷德菲尔德和赫斯科维茨（1936）对文化适应是这样定义的，即当不同文化群体的人们进行持续不断地直接接触时，一方或双方的原文化类型所产生的变化称为文化适应。文化适应分为四个阶段：同化、分离、融合、微小化阶段。可见，教师的文化适应就是教师对新的教学文化和新的课堂教学环境进行适应的一个过程。个性化教学环境下，教师需要尊重学生的差异，重视学生的个性化学习，重视学生在开放空间中进行交流和学习，在开放的教学时间中进行指导学生的学习，教师需要对教学环境进行适应，因此对这种文化适应需要一个长期的过程。所以，尽管F小学教师已经基本能进行个性化教学环境的适应和改变，但是其教学行为和文化适应更多的是在一种被学校领导和那些"先知先觉"的教师们的引导和被组织所指引下进行的。所以，教师们的文化适应也需要经历过文化同化、文化分离、文化融合、文化微小化等文化适应的必经阶段。然而，下面

① 李德林，徐继存．教学个性的遮蔽与澄明［J］．教育研究与实验，2010（1）：59－63.

这些因素在影响教师文化适应。

1. 文化差异交织过程所致

个性化教学视域下的教师文化与传统的教师文化具有较大差别，个性化的教师文化，更加重视教师文化是一种合作文化，教师文化也是一种开放交流的文化，还是一种民主平等的文化，更是一种倡导差异和学生选择的文化。但是，传统的教师文化则是一种封闭的文化，是一种尊卑文化，是一种个人英雄主义和单打独斗的文化，是一种追求统一和步调一致的文化。在两种文化的交织过程中，教师往往显得“情不自禁的”和“不由自主的”倾向于传统的教师文化。所以，才会出现个性化教学过程中，教师潜意识的忽视学生的个性化表达，轻视学生的学习主体性发挥，就会出现数学教师那样去阻止学生的回答，并直接将“标准答案”告知学生的现象。

2. 传统“灌输式”教学理念的影响

一直以来，教师的教学往往关注在“教师如何教”的问题上，以至于形成一种“没有教不会学生，只有不会教的教师”的思想意识。重视教师的灌输，重视教师的“教”，往往忽视学生的“学”，从而将学生看作是被动的学习者，以至于重视教师的讲授，形成教师“讲”和学生“听”的局面，教师与学生是基于一种主动与被动的地位。所以，在此过程中，教师和学生不需要更多的对话与交流，不需要学生发挥主动性，不需要学生“插嘴”，而是听教师“教”，就 OK。实际上，个性化教学过程中，教师忽视学生的主动性，不愿意让学生去表达，不乐意让学生去对话，其原因就在于教师是“课堂教学中心”的观念文化没有发生改变，教师心中还是坚持那种传统“灌输式”教学理念。

3. 教师角色文化观念的影响

在传统的教育文化理念影响下，教师是“教书匠”的角色。教师总是习惯于按照“教学大纲”为“纲”，以教科书为“本”的“讲课”和“教书”，学生则是“听课”和“听讲”。同时，教师面对全班学生进行集体指导，不愿意进行单独的学生指导或进行小组指导。在传统的教师角色文化理念下，教师与学生一样都没有选择的自由，教师只能“按部就班”的教书，学生也只能是亦步亦趋的学习，所以就出现了：“我国的教育就像计划经济一样，全国一套教学计划。一套教学大纲、一套教科书，学校、教师、学生都没有选择的余地。"① 在这样的教师角色文化理念下，教师是被动的执行者，教师个性不能进行发挥，学生的个性更加不能得到彰显。这样的教师角色文化观念影响下，教师在个性化教学过程中，往往难以适应，难以从传统的教师角色文化观念中摆脱出来。

4. 改变个性化教学教师观念需要一个过程

长期以来，在教师固有的教学思维中，教师是"教"的主体，教师是"主演"，学生只是"观众"，学生是被动学习的接受者，同时教师应然认为自己是知识的权威，学生是卑微的，于是，教师说什么就是什么，而忽视学生作为学习主体的存在，没有认识到学生是学习的主动者和积极体验者而不是被灌输的"容器"，也不是"被压迫者"。但受到这样的教师思维的影响和制约，教师往往在接受开放式个性化教学，重视学生的个性彰显和差异尊重，关注学生的学习兴趣和学习进度差异，改变教学思维过程中存在一定的困难，于是产生既想打破已有的教学思维的束缚，又想形成新的开放性思维，于是在"破"与"立"的过程中，产生了矛盾，到底是先破后立，还是先立后破，因此，在开放式个性化教学过程中，出现那种徘徊和矛盾的境遇。辩证地来看，教师的教学习性，可能会促进教师的教学经验的丰富，促进教师教学技能的提升，促进教师教学的智慧，能使教师更好地从事教学工作。但是从另一方面来说，教师的惯性思维，教师的惯性行为，会影响到教师对新的教学理念的形成，教师方式的改变，这也是开放式个性化教学的阻力所在。客观地说，有时候，教师的确是主观上很想去进行开放式个性化教学，但是由于教学习性，让教师又返回到原点，所谓"江山易改，秉性难移"。教师在多年教学工作中累计的教学阅历和教学经验很难一下子从脑海中剔除掉，这也是新课程改革过程中遭遇到的教师对新课程改革"冷漠"，新课程改革"走样"，新课程改革目标"偏离"的原因之一。因此，改变教师的教学观念，形成开放式个性化教学不是一蹴而就，而是需要一个渐进过程和阶段的。

---

① 顾明远．把学习的选择权还给学生［J］．河北师范大学学报：教育科学版，2012（1）：5－7.

（二）教师文化适应遭遇教师的文化抗拒

对于抗拒，我们从词典上来进行理解，发现其是“抵抗和拒绝”。[①] 教师文化抗拒就是指教师对于新的文化观念和文化行为模式所进行的抵制和拒绝。教师文化抗一般表现为心理上的抗拒、行为上的抗拒，而抗拒的状态就包括了积极的抗拒、消极懈怠、中间状态。个性化教学过程中，教师为何产生文化抗拒？

1. 教师文化的“二律背反”

不可否认，个人的社会化和个性化之间具有矛盾，主要体现在：一方面，一个人在掌握社会规范的同时，也不可避免地被社会化；另一方面，一个人也力求保持自己的个性化，正如学者所指出的，“文化规范性和文化提供给人的自由之间的矛盾；文化传统习惯和在文化机体中华发生的创新、自我运动之间的矛盾”。[②] 那么，在个性化教学实践过程中，教师需要不断地学习个性化教学理念，尊重学生个性和差异，彰显自己的个性，进行个性化的“教”；同时，教师需要不断学习个性化教学的规范和个性化教学的原则，需要按照个性化教学的模式进行操作和实施。这样，就形成教师文化的“二律背反”：一方面，要重视和关注学生的“学”，那么教师的“教”就会消减；另一方面，教师要尊重学生的主体地位和学生的自主学习，那么教师的中心地位和教学时间就会减少，而且教师需要尊重个性化原则，同时也要进行个性化彰显。在这种“二律背反”的情况下，个性化教学实践中的教师显得很抗拒。

2. 封闭与开放之间的冲突

心理学家弗洛姆曾经说过，当一个人不再生活在一个以人为中心的封闭社会里，世界成为没有边界的，同时也是危险的。由于人失去了他在一个封闭社会中的固定地位，他也失去他生活的意义，其结果是他对自己和对生活的目的感到怀疑。[③] 作为个性化教学中的教师，也是非常明显地意识到，教师需要从“封闭”走向“开放”，教师需要改变其“教学中心”的地位，从“神坛”下来走向学生中间去，成为学生自主学习的组织者、倡导者、引领

---

① 现代汉语辞海编委会．现代汉语辞海［Z］．北京：北京广播学院音像教材出版社，2002：646.

② 吴克礼．文化学教程［M］．上海：上海外语教育出版社，2002：53.

③ ［美］弗洛姆．逃避自由［M］．陈学明，译．北京：工人出版社，1987：45.

者、倾听者、交流者、合作者、评价者，从封闭的座位排列走向更加灵活的开放空间。但是，教师已有的封闭心态和封闭行为在支配着，于是，封闭与开放的交织过程中，教师对开放产生抗拒，正如清皇朝面对英国的“坚船利炮”，面对洋人要开放的过程中，清朝官员强调闭关锁国进行文化抗拒一样。

3. 强制与自由之间的博弈

文化本身是限制个人行为变异的一个主要因素。我们并不总是感到文化强制的力量，这是因为我们通常总是与文化所要求的行为和思维模式保持一致。然而，当我们真的试图反抗文化强制时，它的力量就会明显地体现出来。① 可见，文化对人来说是一种强制。但是，“摆脱束缚”和“追求自由”是人的天性，于是，在强制和自由之间形成了一种博弈。在个性化教学过程中，教师规范性的教学和强制性的命令与学生自主学习之间形成一种博弈，学习自由进度与教师规定时间之间形成一种博弈，个性化教学要求教师树立开放的理念和个性化教学设计等个性化教学规范与教师封闭式教学理念和集体化教学方式等之间的博弈等。个性化教学过程中的强制与自由的博弈是教师文化抗拒产生的重要因素。

（三）教师文化适应遭遇教师文化的冲突

个性化教学实践过程中，教师面对集体化教学视域下的教师文化和个性化教学视域下的教师文化，面临传统教师文化与教育改革过程中的教师文化之间的差异和矛盾，形成冲突。

1. 权威与平等之间的冲突

在传统的教师文化理念下，教师是课堂中心，是课堂教学过程中的权威，重视教师的尊严，并将考试和考试分数作为判断学生的重要砝码和唯一标准，关注全班学生的共性，重视教师的“教”而忽视学生的“学”。然而，个性化教学强调教师要“超越考试，在知识重构中彰显教学的创造性”②，并倡导尊重学生的学习差异和个性以及学生学习的选择性，重视学生的个性化学习和教师的指导，主张让学生去探究和体验，让学生进行小组合作学习。那么，

---

① ［美］M. 恩伯，C. 恩伯. 文化的变异［M］. 杜杉杉，译. 沈阳：辽宁人民出版社，1988：37.

② 李伟. 个性化教学的教师之维与建构［J］. 教育研究，2013（5）：134－138.

在这种权威与平等的文化差异下，教师显得很不适应，以至于出现F小学数学教师打断学生的个性化回答，而主动说出“标准答案”的现象。

2. **开放与封闭的冲突**

传统的教学组织形式和教学模式都是封闭的，都是教师“说了算”和“单一地传递教科书上呈现的现成知识”①，都是教师在“主宰”课堂，学生是知识学习的“受压迫者”，即“无知”的受教育者。因此，教师传统教学价值观中心在于教师。但是，个性化教学的价值观则是强调“开放与自由”，倡导教育思想上的解放，一种以开放的心态去悦纳新的教育理念、新的教育模式、新的教学方法以及新的师生关系等，不仅需要在心态上具有开放性，更需要在教学时间和教学空间上进行开放以及在教学过程中进行开放，打破传统教育上的封闭状态。自由也是个性化所倡导的重要价值观，重视教学自由，彰显教师教学个性，实现从身体到精神上全方位的“自由”，促成一种“解放”教育，远离被“规训”，让学校不再是“监狱”，让学生成为愉快的学习者，将“学习的选择权还给学生”。同时，个性化教学重视“自主与合作”，关注的是学生的个体学习主动性和创造性，培养学生的终身学习的兴趣和能力，发挥学生的主人翁态度，改变过去那种传统的以教师为主、以课堂为主、以书本为主的“灌输”式教育和压迫式教育以及学生的被动学习状态，形成学生主动学习和创造性学习的氛围，并强调在关注学生的自主学习的同时，还重视学生之间、教师与学生之间的学习合作，重视“学习共同体”的形成。个性化教学还重视“做中学”，尊重学生的“四种本能”，即社交本能、制作本能、探究本能、艺术本能，重视学生的体验与探究，重视培养学生的实践能力和创新能力，并通过“做中学”，实现“知行统一”，达到将知识与技能的学习转换为学习能力的形成，改变传统认为学习是静态的，认为智慧和知识只是“理论性”的，不是“实践性”的学习理念。个性化教学更加重视“差异与和谐”，旨在转变过去那种整齐划一的教学和忽视学生的个性和差异的做法，强调学生的多元智能，即学生是有差异的多元，而不是固化的，教学不是消除差异，而是将差异视为教育资源，尊重学生在兴趣、动机、意志、情感、能力等方面的不同个性和差异，去进行“因材施教”，尊重学生的差异与多元，发展学生的独特个性。同时，在发展学生的个性过程中，又

---

① 叶澜．重建课堂教学价值观［J］．教育研究，2002（5）：3－8.

需要形成学生的“和谐”，即在培养学生的多元能力中形成德、智、体等全面发展与和谐发展，促进学生在知识与技能、过程与方法、情感态度价值观等方面的和谐发展。在这种“开放”与“封闭”的教师文化之间的差异下，教师往往显得很矛盾和冲突。

3.“教”与“学”的差异与冲突

在以往的教学过程中，主要是重视教师的“教”，即教学关键在于教师如何去“教”，教学的主动权完全被控制在教师那里，学生只是配合教师的教学就行，学生只是观众而已。因此，课堂教学内容和教学方法往往由教师确定，往往是被教学设计好的，也就是说教师既是导演，也是主演，更是监制和出品人，所有的教学活动都被一手操办，并且很少变更。但是，在个性化教学视域下，教师的角色被转变，成为导演，成为配合学生的主演，而不是唯一的主演，教师需要与学生进行合作，教师为学生打好唱戏的平台，教师有时候也需要做观众和听众。所以，在个性化教学视域下，教师退出中心位置，让学生成为学习的主体，让学生成为课堂的主人，让学生“唱好戏”，即让学生去体验和探究，去个性化的学习，并形成个性。在教学内容和教学方法方面，教师与学生需要共同商量，教师与学生能进行选择，正如韩国专家所指出的，如表 4－2 所示①。

表 4－2　　教师规定与学生选择之间的博弈

		教学的方法	
		教师（共同）	孩子（选择）
教学的内容	教师共同	教师决定的学习内容和学习方法	教师提供的学习活动，学生可以选择学习方法
	孩子选择	教师提供的学习活动，学生可以选择学习内容	学生可以选择的学习方法和学习内容，即个人自由活动

从表 4－1 中可以发现，在个性化教学视域下，学生可以根据自己的学习差异、学习兴趣与学习性向等不同的差异和个性自主选择学习方法和学习内

① 许铭钦．空间开放与学习自主的实践［C］．东亚学校教育创新学术论坛暨东北师大附小教育集团开放式教育十年研究发表会研究纪要．长春：东北师范大学附属小学教育集团，2011.

容。个性化教学过程中，教师需要从“教”向“学”进行转换，在此过程中，教师表现出冲突和矛盾，表现出不适应，从而导致教师在教学行为上的冲突。①

（四）教师的文化适应需要教师文化整合

教师文化整合主要是指教师对不同的教师文化进行相互吸收和相互融化以及相互调和而趋于一体化的过程。在个性化教学视域下，教师既需要继承传统的那些优秀的教师文化，又需要吸取其精华和改造旧有的传统课堂教学文化，并将新的个性化教学背景下的教师文化进行融合和调和，从而去创新和实现两种文化之间的整合。但是，教师文化整合是需要一个过程的，不是一蹴而就的。因此，个性化教学给教师带来一定的压力和动力，正如在F小学教师进行“个性化教学给您带来了压力吗”调查过程中，可以发现，个性化教学给教师带来的压力，如图4－11所示。可见，在个性化教学过程中，教师具有一定的压力，从数据中，可以看到有大约60%的教师认为压力“一般大”，有13.33%的教师认为压力“很大”，也有13.33%的教师认为压力“不太大”，还有13.33%的教师认为“没有影响”，但是从教师的综合比例来看，有73.33%的教师认为个性化教学给自己带来了压力。同样，在教师的文化整合过程中，教师面对来自个性化教学的压力，显得不能有效地进行文化整合，不能将个性化教学视域下的教师文化和集体化教学视域下的教师文化进行有效的融合和吸收，实现文化之间的整合。

三、教师习性使然

习性主要是指一种持续的并可转换的倾向系统，它是把个人过去的经验综合起来，时时刻刻都作为知觉、行为、欣赏的母体来发挥作用，依靠对各种行为框架做类比性的转换，习性使千差万别的任务的完成成为可能。② 教师的教学习性，主要是指教师在入职前接受到的教育训练以及入职后形成的教学惯性的行为倾向系统，其特点是具有稳定性、依赖性、长期性、内隐性等。

① 田印红，王中华，邬小学．个性化教学视域下的教师文化冲突与化解［J］．中小学教师培训，2013（9）：58－61.

② 唐华英．布迪厄习性概念浅析［J］．法制与社会，2011（1）：275－276.

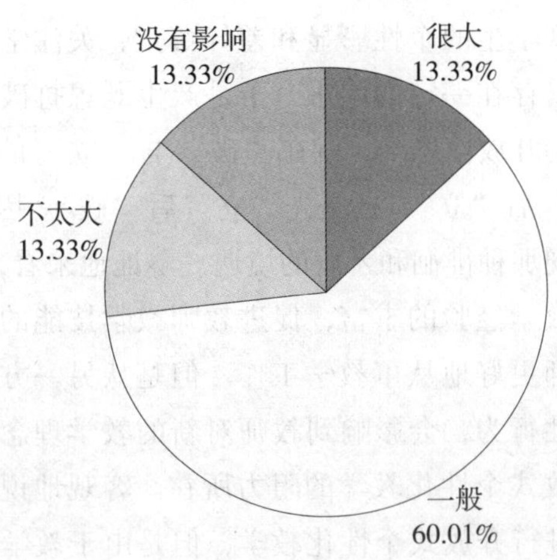

图 4－11　教师个性化教学压力程度的调查

一方面，教师习性具有正向作用。文化实际上就是一座监狱，除非一个人知道有一把钥匙可以将它打开。的确，文化能以很多不为人知的方式将人们联系起来，“但文化对人们的控制只是通过习惯模式来实现的。”① 可见，习性是人们文化的“钥匙”，习性能打开文化这把锁。在个性化教学过程中，教师的习性能为教师进行个性化教学，形成个性化教学所需要的教师文化具有一定的意义与价值，即教师习性的正面价值。另外，教师习性也具有非常大的负面影响。所以，我们常常批判教师的教学习性，认为教师的习惯性行为容易产生教学惰性，对教师的教学产生很多的负面影响。个性化教学过程中，教师已经形成的习惯行为也会影响教师的个性化教学，不能尊重学生的差异，不能更快地接受新鲜事物和新的教学方式，正如 F 小学某教师由于教学习性使然，导致其在学校校长和学校教师干部的教学领导下，几次三番不能改变自己的教学行为，没有接受个性化教学的理念和行为，一直到最后自己明白和领悟才进行个性化教学行为的改变。

在固有的教师思维中，教师是教的主体，学生是被动的学习，教师是权威，学生是卑微的，教师说什么就是什么，而忽视学生作为学习主体的存在，没有认识到学生是学习的主动者和积极体验者而不是被灌输的“容器”，也不是“被压迫者”。但受到这样的教师思维的影响和制约，教师往往在接受开放

① ［美］帕梅拉．博洛廷．约瑟夫．课程文化［M］．余强，译．杭州：浙江教育出版社，2008：18.

式个性化教学，重视学生的个性彰显和差异尊重，关注学生的学习兴趣和学习进度差异等方面，存在一定的困难，于是产生既想打破已有的教学思维的束缚，又想形成新的开放性思维，就在“破”与“立”的过程中，产生了矛盾，到底是先“破”后“立”，还是先“立”后“破”。因此，在开放式个性化教学过程中，出现那种徘徊和矛盾的境遇。辩证地来看，教师的教学习性，可能会促进教师的教学经验的丰富，促进教师教学技能的提升，促进教师教学的智慧，能使教师更好地从事教学工作。但是从另一方面来说，教师的惯性思维，教师的惯性行为，会影响到教师对新的教学理念的形成，教师方式的改变，这也是开放式个性化教学的阻力所在。客观地说，有时候，教师的确是主观上很想去进行开放式个性化教学，但是由于教学习性，让教师又返回到原点，所谓“江山易改，秉性难移。”教师在多年教学工作中累积的教学阅历和教学经验很难一下子从脑海中剔除掉，这也是新课程改革过程中遭遇到的教师对新课程改革的“冷漠”，导致新课程改革“走样”，这也是新课程改革目标“偏离”的原因之一。因此，改变教师的教学习性，形成开放式个性化教学不是一蹴而就，而是有一个过程和阶段的。

四、教师的文化自觉不足

文化自觉，是由我国著名学者费孝通先生首先提出来的，主要是指生活在一定的文化环境中的人们对自己的文化具有自知之明，也对其发展历程和未来有充分的认识。在个性化教学过程中，教师需要对其身处其中的个性化教师文化进行认识和感知，对个性化教学过程中所具备的开放式教学空间、弹性化的教学时间以及对话与教学交流的教学环境等教师物质文化需要具有正确的认识，“只有当从事个性化教学人员具有文化使命感和责任感以后，才会更加具有主人翁的态度和情感来投入到文化自觉中来”。① 但是，在现实的个性化教学过程中或者说教师进行的个性化教学实践中，教师往往不能正确认识自己所在场域的教师文化。

第一，教师缺乏对个性化教学下的教师文化深刻认识。集体化教学视域下的教师文化，已经在教师心底“扎根”，教师习惯于传统的以教为主的方式，习惯于封闭的教学空间。但是，对于开放式的个性化教师文化，教师往

① 熊梅. 个性化教学的文化使命［J］. 教育文化论坛，2013（4）：6-9.

往显得很不适应，不能“苟同”，甚至产生心理抗拒，因此，对个性化教学下的教师文化不能形成正确的态度进行适应和改变。

第二，教师不能恰当区别个性化教学背景下的教师文化与集体化教师文化之间的关联。个性化教学下的教师文化是否与集体化教学视域下的教师文化没有关联呢？答案是否定的，两者之间肯定是有关联的。因此，个性化教学视域下的教师文化不是“全新的”，也不是“横空出世的”，而是在集体化教学视域下的教师文化的一种改造、一种转换。但是，个性化教学实践中的教师往往不能认识到两者之间的关联。

第三，教师文化自觉需要勇气。正如美国学者帕克·帕尔默指出，教学需要勇气，同样，教师要进行文化自觉也需要勇气，需要一种强大的教学改革的决心和勇气，才能进一步去投入一场个性化教学文化的“洗礼”，去改变那种封闭的教学理念和教学空间下的教学文化。

第五节 个性化教学背景下教师行为文化的构建策略

一、推进小班化教学

前文提到了个性化教学受到了班额过大的影响，不仅在 F 小学教师“您觉得哪些因素在影响着您的个性化教学？”的访谈中，参与访谈的教师都谈到了班额过大的问题。同时，在个性化教学调查中也得到了相关的证明，根据“您认为大班额对个性化教学影响大吗”的教师调查发现，43.6% 的教师认为大班额对个性化教学的“影响较大”，46.7% 的教师认为“影响非常大”，3% 的教师认为“无影响”，6.7% 的教师认为“影响不太大”，如图 4 – 12 所示。

目前，一个不争的事实就是我国大班化教学现象普遍存在。从小学到高中，一个班级中学生数量较大，影响着教师个性化教学的开展和形成。然而，小班化教学具有师生和谐、愉悦学习；有效互动、深度参与；尊重差异、发展个性；自主探索、舒展创意；扩展空间、开掘资源等特点和优点。① 同时，小班化教学可有效提高教师对学生的关照度，从“教育关照度 = 周上课时数 × 上课单

① 成都师范银都小学．小班化教育课堂教学［M］．成都：四川大学出版社，2009.

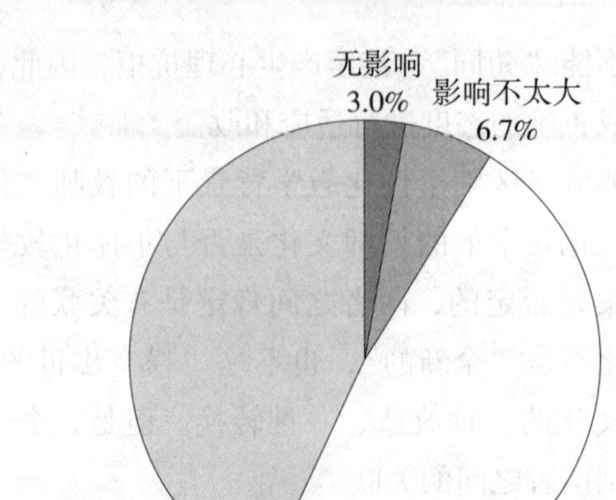

图 4－12　大班额对个性化教学影响程度调查

位时间班级编制标准 ÷ 60”① 这个公式可以看出，小班化教学能更好实现教师对学生的关照，而且小班化教育实践也证明了小班化教学对教师的个性张扬和学生个性的养成发挥着非常重要的作用。在小班化教学的条件下，教师能更有效地进行师生之间的交流，小组内学生能进行有效的交流，小组之间也能进行高效的合作学习以及全班学生之间的共同合作学习，从而实现教师教学的有效性和高效性，也提升学生学习的愉悦性和人际交往的双向互动和多向交流。以“辽宁省大连市西岗区小班化教育主要概念”② 为例：

（1）小班化教育理念：“让每个学生都进步、每位教师都成长、每所学校都发展。”

（2）“5 +1”小班化教育模式：5 个教育愿景——“微笑每一个、健康每一个、智慧每一个、创新每一个、高尚每一个”；1 个教育策略——“关注每一个”。

小班化教育内核：“活力小班”。活力不仅表现在班集体建设和班级活动中，更表现为教师有激情地教和学生有激情地学；不仅表现为教师教的研究深度，更表现为学生学的思维深刻性和活跃程度。

从上面的材料可以看出，小班化教育的理论价值和效用价值。通过小班

① 何学新．小班化教育的理性思考［J］．辽宁教育研究，2001（11）：8－11.

② 李生滨．激情打造小班化教育高地推进区域教育优质发展［J］．中小学管理，2010（9）：7－10.

化教学的开展，推进个性化教学，促进教师行为文化的重构。

二、校长的引领

校长是学校的领导者和管理者，是教师个性化教学的引领者，因此，校长在个性化教学中具有非常重要的作用。这点可以从对F小学教师“您觉得校长在个性化教学中具有很大的作用吗”的调查中看出。我们提供的选择项有“非常大”“一般”“可有可无”“没有”等，但是，没有一个教师选择“可有可无”“没有”等选项，而选择“非常大”的达到“93.33%”，选择“一般”的为6.67%。同时，在教师的访谈过程中可以看到，校长在个性化教学中的地位和价值是不可或缺的，因此，需要重视校长对教师的个性化教学引领。

（一）校长需要具有个性化教学理念

作为一名校长，在学校的发展过程中起着全局性作用，可见，一个学校的发展关键在于校长，这是一个不争的事实。在个性化教学的开展中，校长作为首席领导，应该具有个性化教学的理念。校长需要具有个性化教学的理论基础，对于什么是个性，什么是个性化教学，需要具有一个深刻的认识和理解，我们从对F小学的考察中，不难发现该学校的校长所具有开放式、个性化的教学理念，为其学校进行个性化教学提供了先决条件。

（二）校长成为个性化教学的领导

个性化教学的开展需要教师去执行，教师个性化教学需要校长来领导。第一，校长一方面领导教师学习个性化教学理论，让教师在学习个性化理论的基础之上，去开展个性化教学实践。第二，校长为学校教师进行个性化教学进行服务。领导不是一种单纯的管理，不是一种控制，而是一种服务。个性化教学过程中，校长不是个性化教学的控制者、裁判，而是个性化教学的组织者、指导者、服务者。因此，校长需要转换角色，从管理者、控制者、评判者的“高高在上”走到个性化教学中间来，为广大的教师和学生服务，去尊重教师的个性差异，重视学生之间的个性与差异，从而实现推进个性化教学的实施。

（三）校长具有个性化教学研究的愿望与能力

第一，校长需要具有个性化教学研究的愿望。个性化教学实践需要个性化教学理论的支撑，没有个性化理论的关照，个性化教学实践可能会走样、变形。因为当前我国还没有个性化教学模式可以参照，而且即使有一个个性化教学模式，但是还需要具体落实到不同的学校中去，做到有的放矢。因此，校长需要不断学习个性化教学理论，具有不断去研究个性化教学理论和实践的愿景。

第二，校长需要具有个性，从而具有个性化教学的能力。个性化教学需要个性化的校长，个性是差异性、全纳性，是一种尊重差异，将学生的差异视为一种教学资源，不是否定差异、消除差异，是让学生个性差异得到发展，因此，校长首先必须具有个性，才会尊重个性差异，才会领导教师去进行个性化和差异性教学。

第三，校长需要进行个性化教学反思。校长需要加强反思，究竟什么样的教学才是真正的个性化教学，自己学校教师所进行的个性化教学是否是真正的个性化教学？因此，校长需要在个性化教学实施中进行反思，从而提高个性化教学开展的实效性。

（四）校长具有将学校的个性化教学与家庭的个性化教学结合

社会、学校、家庭作为教学的三个不同教学场所，是学生接受教学的不同空间和时间。校长不仅能领导教师在学校对学生进行个性化教学，而且能引导学生家长在学校以外的教学环境中对学生进行个性化教学，培养学生的个性，从而推进社会教学、学校教学、家庭教学的三位一体，为学生的个性教学创造一个立体空间。

（五）校长需要加强与国内外其他学校的交流与分享

校长在进行个性化教学领导与管理过程中，需要具有国际化的眼光，不断鼓励教师加强与国外学校的联系，分享个性化教学经验，学习先进的个性化教学模式。如F小学校长经常与日本小学进行交流与沟通，甚至让教师去日本小学观摩与学习，以便更加深刻体验到个性化教学的理念，感悟到个性化教学模式，从而实现“洋为中用”“因地制宜”地开展个性化教学。

三、考试文化的纠正

前文提到了考试文化的强势存在是个性化教学的重要影响因素，这是不容置疑的。同时，根据我们在 F 小学对于“您觉得考试对您的个性化教学的影响大吗”的教师调查，也不难发现，考试文化与个性化教学具有重大的影响和关系，而占比例 90% 的教师认为，考试文化对自己的个性化教学具有较大的影响，具体如表 4－13 所示。既然考试文化在教师的个性化教学过程中起着巨大的影响，那么，在个性化教学过程中，我们就需要极力去纠正考试文化的负面影响，积极去规避考试文化所带来的危害。第一，正视考试文化在个性化教学过程中的影响。考试文化对教师的影响是不能回避的一个课题，因此，教师需要正视考试文化，并尽力去避免其带来的负面影响。第二，努力改变考试文化，构建评价文化体系，重新构建教师评价、学生评价的制度和评价行为，从而形成有利于个性化教学的教师评价文化。

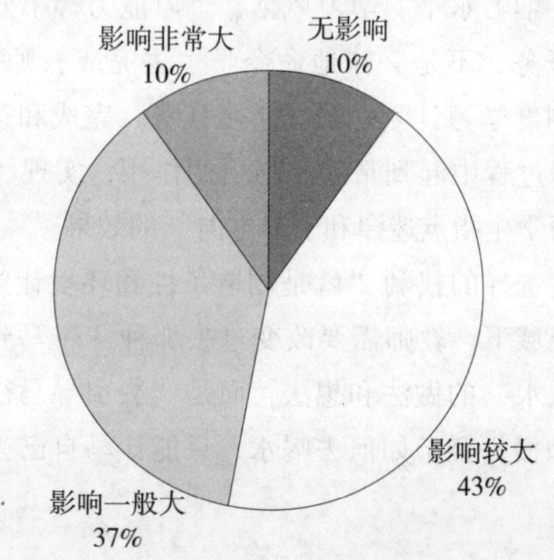

图 4－13　考试文化对教师个性化教学的影响程度

四、还给学生以选择的权利

学生的选择权是当前比较重视的一个问题，不论在《国家中长期教育改革和发展规划纲要（2010—2020）》中，还是在《基础教育课程改革纲要（试行）》等教育改革的纲领性文件中，都倡导给予学生更多的学习选择。个性化教学过程中，教师需要尊重学生的学习差异和个性化学习的需要，更加需要还给学生以学习选择的权力。

一方面，教师需要尊重学生的选择，给予学生更多的选择机会，正如在F小学进行教师访谈时，教师所指出的那样。

问："您觉得在个性化教学背景下怎么样尊重学生的差异和学生的选择权利?"

语文学科WY老师回答："语文学科进行尊重学生的差异和选择难度大。第一，学习任务的分层。教师主要是每一堂课不同类型的学习任务进行分层，分为好的、差的、中间的，进行保底任务，进行基础性学习和挑战性学习。第二，学习时间上分为长的和短的课时，在阅读区域，更好的内容，从整体上进行更多的层次划分。对那些不足的学生进行个别指导。第三，开放空间将学生分层不同的层次，如口语交际学习过程中，那些完成的学生到教室外面开放空间进行交流表达，而那些没有完成的学生在教室内进行。

另一方面，还给学生以选择的权力也要凸显学生的自主性，让学生能根据自己的学习兴趣、学习水平、学习风格、学习能力等不同的个性和差异进行选择自己的学习任务，不是一味地命令学生去完成教师所预设好的内容，而是让学生自主去制度学习计划、选择学习任务、完成和达成学习目标，教师只是在学生的学习过程中起到帮助和指引的作用，实现"路还是让学生自己去走，老师只是帮学生指点迷津和引导方向"的效果。

总之，还给学生选择的权利"就是创造条件和环境让学生自己选择"①。因此，个性化教学视域下，教师需要改变过去那种"牵马到溪边，并让将马头压入水中让马去饮水"的做法和想法，而是"去引导马往有水的溪边方向去跑，至于跑得快和慢，至于如何去喝水，只能让马自己去喝，而不是强力压制它去喝水"。

五、促成教师个性化教学品质

（一）教师需要具有个性化的人格品质

第一，教师自身需要充分认识到形成个性化人格品质对开展个性化教学的重要性。苏联教育家苏霍姆林斯基指出，如果一个缺乏个性特色的教师，

---

① 顾明远．把选择权还给学生［J］．课程教学研究，2013（1）：7-9.

那么他所影响的学生也不可能有任何特色。可见，一个老师要想让他的教学具有个性，要想让他的学生也具有丰富的个性，那么首先必须让自身具有丰富的个性品质。所以，在个性化教学过程中，教师需要不断形成和培养自己的教学个性，形成自己独特的鲜明的教学个性品质，也逐渐不断形成自己的个性化教学风格。第二，加大教师的个性化教学权力。笔者认为，改变过去那种传统的权威，需要形成一种新的课堂教学权力观。正如学者所探讨的教师权力，即个性化教学权力需要从“永恒的昨日”的权威到与法制权力不同的专业权力和“超凡魅力型”的课堂教学权力。① 在当前，课程赋权被推到了历史的舞台，那么教师需要具有教学自主权力和个性化权力就成为一种必然。在个性化教学过程中，教师急切需要改变过去传统意义下的教师教学方式和教学模式，改变那种“不敢越雷池一步”的教学观念和教学行为，改变那种不敢去进行教学创新和进行教学改革与教学实践的想法与做法，给教师必要的可行的教师自主权力，比如个性化教学设计的权力和个性化课堂教学的权力，以便教师能充分发挥其个性化教学的特色，创造性的建构其个性化教学模式，实现其个性化的“教”，进而推进学生个性化的“学”。

（二）提升教师教学创新品质

我们知道，创新是一个民族的前进动力，也是教学改革的源泉，只有进行教学创新才能更好地解决教学过程中所遭遇的问题与困境。因此，需要针对不同的个性和差异的学生进行教学设计创新。在当前的基础课程改革过程中，教学创新是当前比较受到重视和关注的重要内容，教学创新是教育创新的重中之重，由于教师才是课程的实施者，才是个性化教学实践的推进者，那么，教师就需要具有教学创新的精神和具备教学创新的勇气和能力等教学创新的品质。正如我国著名的教育家李吉林老师在成功地发展了一个较为完整的语文教学情境教学体系之后，又在信息论、系统论和控制论的启发下，开始思考其他学科运用情境教学的可能性。② 可见，提升教师教学创新品质是促进教师个性化教学的重要步骤。

① 吴文，李森．理解课堂教学权力［J］．比较教育研究，2011（3）：80－85.

② 梅云霞．李吉林对教师专业发展的启示［J］．中国教育学刊，2010（9）：68－70.

（三）形成教师开放的教学心态

在个性化教学的继续推进过程中，教师需要具备开放式的课堂教学心态，以新的教学改革勇气来迎接个性化教学。在当前基础课程改革的过程中，个性化教学逐步成为一种重要的发展趋势，所以，教师需要在个性化课堂教学中具有悦纳学生的“不同政见”，关注学生的个性化表达与个性化思考。同时，教师也需要认识到“静悄悄的课堂革命”是历史的必然。当语文学科中教师的问题“雪融化了会变成什么”的回答为“春天来了”被判为错和唯有答案“雪融化了会变成水”才是标准答案的教学被广大教师认识到其问题的时候，那么，那种扼杀儿童想象力的语文教学将离我们远去，一种个性化的教学时代将来临。那种动不动就说学生“错、错、错，莫、莫、莫”的教学，实际上是剥夺儿童“学习权”的教学，跟当前的时代格格不入。教师需要进一步认识到“基础教育要为每一个学生的终身学习、终身发展奠定基础”。①

（四）教师需要进一步研究学生

第一，教师研究学生的个体差异性是教师开展个性化教学的重要前提。教师只有在研究学生以后，才能更好地为学生提供个性化学习方案。因为教师个性化教学的主体为学生，其教学的出发点和归宿还是学生，毕竟整个教学过程都是围绕学生而展开。那么，教师通过对学生的心理特征和学生的个性差异以及学习性向等方面的观察和研究，才能更好地做到“因材施教”。正如个性化教学过程中，教师在进行学科的“学习指南”等学案的个性化教学设计过程中，教师需要充分考虑到学生的“学力”。由于学生拥有“学力”才拥有某种学习“能力”，拥有某种“权力”。② 因此，教师应该在研究学生的“基础学力”之前提下，才能对学生进行个性化的教学设计，才能更好为学生学习提供适合的教学，从而满足不同学生的学习差异化的需求，当然也还要关注学生的共性发展。

第二，研究学生身心发展阶段的基本特征和规律，关注学生合作学习，促进学生之间的共同学习。“独学而无友，则孤陋而寡闻”告诉学生合作学习

---

① 钟启泉．从课堂失范走向课堂规范［J］．全球教育展望，2011（1）：17－21.

② ［日］佐藤学，钟启泉．叩问“学力”［J］．全球教育展望，2010（6）：3－9.

的重要性。那么，在个性化教学过程中，学生的合作学习让学生在共同学习过程中，不仅让每个学生都能发展其个性且同学间彼此对面沟通和分享，提供智慧、分享困难、相互鼓励、相互交换学习的成果，更能培养其协同合作能力与团体的自主性、行动力。① 因此，教师需要研究学生如何通过小组学习，小组间的合作学习，既实现独立自主地学习，也达到合作学习的目标。

六、涵养教师个性化的问题意识

（一）教师个性的养成

个性化教学不仅强调培养学生的个性，形成个性化的学生，同样，个性化教学客观需要教师的个性发展，需要教师个性的彰显。在个性化教学视域下，教师需要对教学过程中的“问题”具有个性化的理解，要善于发现“问题”。同时，对数学教材中的问题，对学生的问题，对教学过程中即时生成的问题等能及时捕捉到。并对问题进行个性化的分析和解决，而且针对不同的问题进行具体和个性化的解决。可见，教师要形成问题意识，需要教师具有个性。

（二）形成教师的专业自主权

华东师大叶澜教授曾经指出，作为专业职业化的教师，作为专业的职业，在本行业内具有专业性的自主权。② 我们在分析教师个性化问题意识缺失的过程中，不难发现教师没有问题意识与教师专业自主权还是有一定的相关性。如果教师没有专业自主权，那么，教师在课堂中的许多知识与技能、方法与情感等会受到一定的限制。例如，在公开课中教师在对某一问题表达自己的个性化见解时，如若与其他教师表达的不一致，或者与传统的说法不一致，甚至有些“离经背道”的时候，就会遭到相关评课的领导、专家的批评。因此，由于缺乏专业自主权，教师的教学很多时候会拘泥于“传统和上级”的说法，不能进行个性化的表达，缺失对问题的个性化见解。可见，形成教师专业自主权是教师问题意识形成的重要方面。

---

① 张金淑．合作学习之理念与应用［J］．教育研究月刊，2005（3）：43－55.

② 叶澜．新世纪教师专业素养初探［J］．教育研究与实验，1998（1）：41－47.

（三）培养教师个性化的问题意识

第一，职前教育中培养教师的问题意识。“教师的劳动是很复杂的，需要运用教师的知识和智慧。教育既是一门科学，又是一门艺术，需要专门的训练才能掌握它。”① 同样，对于教师问题意识，我们需要进一步培养师范院校教师对师范生的榜样作用。高师院校对师范生的培养过程中，大学教师需要具有丰富的个性，能对问题进行个性化的理解，能进行个性化的回答，能发现问题、分析问题并能解决问题。在大学教师具有强烈的问题意识下，师范生的问题意识将受到感染和激励；在师范院校文化活动中，培养问题意识。通过丰富多彩的大学校园文化活动培养师范生的问题意识；在大学教学过程中，专业课教师和公共课教师有意识的培养师范生的问题意识和问题解决能力；开设与问题意识形成相关的课程，专门训练师范生的问题意识和问题解决能力。

第二，在职教育与培养过程中形成教师问题意识和问题解决能力。对于参与工作的教师来说，我们需要加强其个性化问题意识的培训和养成，需要在“研训一体”中培养和提高教师个性化的问题意识。②

（四）在培养学生的问题意识中反哺自我

教育部新颁发的《教师专业标准》中倡导“能力为重”，并进一步指出：“坚持实践、反思、再实践、再反思，不断提高专业能力。”可见，教师专业化过程中，教师的反思能力需要得到进一步提高。在教师问题意识的形成过程中，教师也需要较强的反思能力。通过对学生问题意识的培养，促进教师反思自我的问题意识和问题解决能力，在学生形成问题意识的同时提高教师自己的问题意识和问题解决能力。总之，通过对学生问题意识的培养反哺教师的个性化问题意识，也是教师个性化问题意识形成的重要步骤。

---

① 顾明远．教师的职业特点与教师专业化［J］．教师教育研究，2004（6）：3－6.

② 张杰．实现研训一体须培养和提高研训教师的问题意识［J］．中小学教师培训，2012（9）：8－10.

第五章 个性化教学背景下的教师制度文化

个性化教学观念文化与教师行为文化是教师文化的重要组成部分和内容，同时，根据教师文化的结构分析，我们能看到教师制度文化作为教师文化的重要方面，也需要进一步关注。本书研究将以个性化教学背景下教师制度文化的应然为基础，从F小学个性化教学实践所展现出来的教师制度文化现状以及问题中来进行深入的分析和探究影响个性化教学背景下的教师制度文化的障碍因素，从而寻找到促进个性化教学背景下教师制度文化构建的策略。

第一节 个性化教学背景下的教师制度文化应然

联合国教科文组织的报告指出："教育个体化是今后一种主要趋势，因此，必须有灵活的行政制度才能适应个人需求的多样性。"① 在个性化教学背景下，教师制度文化对教师的个性化教学、对学生的个性化学习、对教学的发展都具有一定的保障，同时，也是对个性化教学的一种概括和规范。教师制度文化连接着观念文化和物质文化，是观念文化的产物，是物质文化的工具。个性化教学不仅需要教师在教学观念上的变革，更需要教师制度上的变革，因为教师制度是课程与教学改革的重要保障。在2012年10月武夷山召开的全国第八次课程论学术会议上，许多专家就指出，课程与教学制度的建设是新课程改革深入发展的重点。个性化教学需要改革现有的教学制度，通过教师文化的变革，能构建新的教学制度和教学规范。

① ［伊朗］S. 拉塞克，［罗马尼亚］G. 维迪努．从现在到2000年教育内容发展的全球展望［M］．马胜利，高毅，丛莉，等，译．北京：教育科学出版社，1996：109.

一、规范化课堂制度：从“失范”走向“规范”

课堂规范由于受到技术至上、关注生产效率以及科学管理主义和工具理性等教育思想的影响，使得课堂规范出现了“失范”的局面，包括“过分追求生产性和效率——教学规范失范”“过分迷恋对他人的规训——行为规范失范”“过分强调制定者的利益——规范价值失范”等情形。① 在课堂规范“失范”的局面下，个性化教学客观需要改变传统教学下的课堂规范，构建个性化的课堂规范，如表 5－1 所示。

表 5－1　个性化教学规范与传统教学规范比较

规范的比较维度	传统教学规范	个性化教学规范
教学的目的	让学生“学会”教师所教给的知识与技能	培养学生的学习能力，从而“会学”
“教”与“学”的关系	教为主体，重视教师的照本宣科，强调“灌输”	从教走向学，学为主体，重视学生的自主学习
教学的指导	教师的集体指导	教师的集体指导和个性指导
教师与学生之间的关系	教师高高在上，学生被动学习	教师走向学生中间，成为平等中的首席，师生之间形成“学习共同体”
学生之间的关系	学生是孤立的学习者	学生既是独立的学习者，又是相互学习者
教学过程	忽略学生的个性和差异，围绕同一个课题，采取步调一致的教学过程	尊重学生的差异和个性，以学生的选择性为前提，让学生进行个性化学习
座位排列	规范的秧田式排列	按照学习兴趣和学习需要分成小组、打破秧田式排列

那么，要改变集体化教学规范，形成个性化教学规范，就需要教师形成个性化教学背景下的教师文化。同样，当教师改变了现有的教师文化，形成

① 钱旭鸯．课堂规范论析［J］．全球教育展望，2011（1）：22－26.

了个性化教学的价值规范、教学理念、教学行为等教师文化，就能为个性化教学规范的形成提供前提性条件。

二、个性化评价制度：从“学会”走向“会学”

个性化教学评价改革，是个性化教学过程中的重要一环。个性化教学需要建构适应个性化教学评价，这是理所当然的。个性化教学评价需要改变传统的教学评价体系，从而形成自身的独特体系。传统教学评价与个性化教学评价的主要区别，如表 5－2 所示。

表 5－2 个性化教学评价与传统教学评价比较

	传统的教学评价	个性化的教学评价
评价目标	关键考查学生的“学会”	突出学生的“会学”
评价主体	教师和学校领导	教师和学校领导、学生自己、学生同伴以及学生家长等更加多元的评价主体
评价内容	学生对书本上的知识与技能的掌握	学生的知识与技能以及学生的创新精神和实践能力
评价方法	考试和考查作为唯一的评价标准	包括考试在内的多元评价

从表 5－2 中，我们不难发现，个性化教学评价与传统教学评价之间的区别。第一，在教学评价目标上，更强调尊重学生的差异和个性，关注学生的多元智力发展，重视学生的多方面发展，给予学生最合适的教学，让学生从学会到会学，从关注个别学生的发展到关注每个学生的尽可能得到发展。第二，在教学评价内容上更加关注学生的学习兴趣和学习需要，重视学生的多元性选择，重视学生的知识与技能的学习，“重视学生的终身学习，更加关注学生的学习过程，关注学生的参与，关注学生的学习过程，重视学生的学习态度和学习能力的培养。”① 第三，在个性化教学评价主体上，除了教师和学校领导作为评价主体之外，更加关注学生之间的评价，重视学生的自我评价，也倡导家长对学生评价的参与。第四，在个性化教

① 王中华，熊梅．个性化教学的缺失与建构［J］．现代教育论丛，2011（6－7）：25－30.

学方法上，更加重视多元化评价方法，改变过去以考试分数作为唯一的评价标准的局面，重视采取多渠道、全方位的立体性去评价学生。可见，要构建个性化教学评价体系，就需要教师文化变革，也只有通过教师文化的变革才能实现改变传统的教学评价文化，建构适应个性化教学评价的教师文化。

三、个性化教材制度：从“同一”走向“个性”

一直以来，我们课堂教学更多的是强调“一纲一本”，即教学大纲和课本，也就是教师需要掌握教学大纲中的知识点和教学重点，关注课本或者教科书中的内容，在备课、上课以及教学评价过程中，只是对这些内容进行备课、进行教授、进行考核，而书本以外的知识是不需要学习的。在新课程改革的理念中，强调“三级课程”，即国家课程、地方课程、校本课程三级课程，并倡导“教材改革应有利于引导学生利用已有的知识与经验，主动探索知识的发生与发展，同时也应有利于教师创造性地进行教学。教材内容的选择应符合课程标准的要求，体现学生身心发展特点，反映社会、政治、经济、科技的发展需求；教材内容的组织应多样、生动，有利于学生探究，并提出观察、实验、操作、调查、讨论的建议”。① 在个性化教学视域下，教师需要认识到教材的建设对个性化教学的价值。

（一）个性化教材是教师个性化教学的重要媒介

尽管我们教学理念已经从传统的教师中心、教材中心、课堂中心等“旧三中心”走出来，发展到今天的个性化教学，多元评价，关注学生的个性发展，重视学生的主动性、能动性和创造性，实现教师与学生之间的“主体间性”关系，不再是“照本宣科”，不再是“填鸭式教育”。但是，不容置疑的是，教材在个性化教学过程中同样必不可少，毕竟教材或者说教科书是一个课程的核心教学材料，也是教师重要的教学工具。比如，美国有90%以上的老师，在90%的教学时间中，都是运用教科书来实施教学。② 因此，个性化

① 教育部．基础教育课程改革纲要（试行）[N]．中国教育报，2001-07-27（2）．

② YAGER R E. Viewpoint：What we did not Learn from the 60s about Science Curriculum Reform [J]. Journal of Research in Science Teaching，1992（8）：905-910.

的教材在个性化的教学中具有重要的价值所在。“个性化教学注重实现教师个性化的教”①，那么，教师要实现个性化的“教”，就需要开发出适应个性化的“教”的教材。然而，在个性化教学过程中，就教师而言，由于教材或教科书的限制，教师在备课、上课以及教学评价等方面存在诸多问题，以至于影响教师的个性化教学。一方面，当前中小学教科书限制使得教师在教学时间的安排上不能有效进行个性化教学。另一方面，在教学内容上来说，由于学生的差异性，教师就需要对知识进行抉择，采取个性化的备课、上课，但是由于现有的教材或者教科书影响着教师对教学内容的选择，不利于教师开展个性化教学。因此，需要加强个性化教材的开发，以便促进教师个性化教学。

（二）个性化教材是影响学生个性化学习的重要因素

个性化教学比传统教学所具有的一个突出的优点就在于“给每个学生提供适合的教育，就要把学习的选择权还给学生”。② 如果个性化教学不能提供给学生以选择性的课程，不能给予学生选择性的学习材料，那么，个性化教学就没有意义了。因此，个性化教学就在于教师给予学生以学习的选择性，让学生进行各种各样的选择。可见，开发个性化的教材，让学生能实现个性化的选择，从而进行个性化的学习，满足不同学生的学习需要，是当前个性化教学的重要任务之一。然而，由于当前的教材限制，使得学生不能更加有效地进行个性化的学习，不能满足学生的个性化选择和个性化学习。所以，促进个性化教材的开发显得非常重要。

（三）个性化教材本身是个性化教学的重要组成部分

一般而言，教学过程的基本要素包括了教师、学生、教材等方面，其中教材是重要的内容。那么，在个性化教学中，教师尊重学生个性差异和基于教师个性特点，采取灵活的教学形式，提供学习情境，让学生主动参与到学习中去，以培养学生交流与沟通能力、合作学习的能力以及个性化学习为目

① 李如密，刘玉静．个性化教学的内涵及其特征［J］．教育理论与实践，2001(9)：37－40.

② 顾明远．把学习的选择权还给学生［J］．北京师范大学学报：教育科学版，2012(1)：5－7.

标，是推进个性化的“教”与“学”的活动。① 那么，我们首先需要承认，个性化教学是一种人与人之间的社会实践活动，需要教师与学生这两个“人”的因素，同时还需要“物”因素的参与。因此，个性化教学不仅是指教师的个性化教学与学生的个性化学习，还应该包括个性化的教学内容，即个性化的教材。可见，个性化的教材是个性化教学的重要组成部分。所以，在个性化教学的继续推进过程中，需要促进个性化教材的开发。

（四）个性化教材是个性化教学评价的重要依据

我们知道，评价是以一定的标准对事物、事件是否符合目的或者需要进行价值判断的过程。那么，个性化教学评价就是对教师的个性化教学和学生的个性化学习进行价值判断。一直以来，我们的教学评价是闭卷考试，通过学生的考试分数来评判学生孰优孰劣，而考试的基本标准也是基于教材和考试大纲的，是对教材的运用和掌握。在个性化教学评价过程中，同样不能避免需要一个标准来衡量学生的学习程度，因为教材或者说教科书是知识的重要载体，通过它能更加系统地呈现知识，具有较强的逻辑体系，能有效培养学生的思维发展。所以个性化教学评价也离不开教材，这是必然的。但是，个性化教学评价在于多元评价，在于尊重学生的差异性和多元性，让学生多元化发展。那么，个性化教学评价就需要关注学生的多元回答，形成学生的发散性思维和培养学生的丰富想象力和创造力。可是，现有的教材或教科书却提供的知识内容不能满足学生的学习与发展的个性化与多元化评价，因此，个性化教学评价需要重视和关注个性化教材的开发。

四、合作化备课制度：从“孤立”走向“合作”

个性化教学的备课制度尽管强调重视教师的个性，凸显教师的教学风格，重视教师的教学特色，但是，也需要重视教学的合作备课。

第一，教师需要展现自己的特色和个性。个性化教学，就需要教师进行个性化的“教”和学生的个性化“学”，因此，教师需要进行个性化的课程设计和教学设计，需要教师根据自己学生的学习兴趣、学习经验、学习风格、

---

① 王中华，熊梅．高校个性化教学的影响因素及其消解——文化视角的反思［J］．现代教育管理，2012（7）：80－84.

学习能力、学习倾向等不同的学生差异性和个性，结合自己的教学经验、教学能力、教师知识水平等教学风格和教学差异性进行备课和上课。

第二，教师需要同其他的教师进行合作，共同完成个性化教学的备课。教师在基于自己的备课基础之上，需要与其他教师进行同商量，共同完成备课与教学任务，因此，教师需要同年级组、学科组、课题研究组等教师进行合作，共同完成备课任务。

第三，个性化教学与个性化教学研究结合起来。通过合作化的备课，让教师在集体合作备课的过程中，边备课边研究，从而实现将个性化教学和个性化教学研究结合起来，进一步实现个性化教学任务。

在今天，学习已经成为一种习惯，也成为一种制度，更是一种文化。学习也是教师在内的所有人所需的，因此，教师的终身学习是中小学教师规范中所特别重视的，那么，在个性化教学条件下，仍然需要重视教师的学习。需要关注教师的个性化学习和教师的合作学习。

第一，重视教师的个体学习。教师的知识、教师的经验、教师的能力等都是个性化教学所必需的，在个性化教学视域下，针对个性化的学生，需要教师需要对其进行研究，因此需要加强学习，才能更好地去面对这些问题。同样，对于教学过程中的知识问题，教师需要加强学习，才能更好地去解决一些知识和方法层面上的问题。所以，教师需要不断地反思自己，不断地去学习，才能进一步解决教学中的困境和难题。

第二，教师需要合作学习。一方面，教师需要加强教师之间的合作学习，面对同一个班级，教师之间需要合作，面对同一个专业和同一个学科，教师需要加强合作，通过合作学习，才能进一步解决学生的问题和教学中的问题。另一方面，教师需要与学生之间的合作学习，教师与学生在课堂教学过程中进行合作与交流，加强对话和沟通，针对学习中的问题，进行商量和合作解决问题，从而进一步提供个性化教学的质量。

五、多元化指导制度：从“单一”走向“多元”

个性化教学强调教师的“教”向学生的“学”转变，从集体指导向传统教学指导和个性化教学指导转变，那么，教师就需要改变过去的单一的教学指导模式，需要形成多元化的教学指导。

第一，重视教师的集体指导。集体指导是必要的，特别是学生在进行基础性学习，有些教学内容需要全班学生共同掌握，有些教学任务需要全班学生共同完成。因此，教师需要加强集体指导。

第二，教师需要小组指导。在个性化教学视域下，改变传统的座位排列，实现小组学习，那么，在不同的小组里，学生进行学习，针对小组与小组之间的问题，教师需要对每一个小组进行指导，帮助每一个小组完成学习任务和解决该小组的问题和困惑，从而为小组学习奠定基础。

第三，教师还需要重视个别指导。个别指导师针对那些个别学习困难的学生，针对个别的学习优秀的学生进行的，针对个别学生学习上的问题，教师需要有针对地进行指导，从而为这些学生的个性化学习提供更加有效的学习指导。

第二节　个性化教学背景下教师制度文化的现状

在知道和理解个性化教学背景下的教师制度文化应然的基础之上，我们需要对个性化教学背景下教师制度文化的实然进行了解和考察，本书研究将以F小学为个案，通过对F小学的教师制度文化发展的现状考察，来思考当前个性化教学背景下的教师制度文化现状如何，从而找到个性化教学背景下教师制度文化的实然状态，具体而言，主要有以下几个方面。

一、形成教材校本开发制度

一方面，F小学在个性化教学实践中，为进一步实现教师个性化的“教”和学生个性化的“学”，针对现有教材的不足与缺点，进行了教材的二次开发和个性化的开发。本部分以生活学科开发的主题单元为例子进行介绍，如表5-3所示。

表5-3　生活学科开发的主题单元

一年级《最最喜欢学校了》			二年级《欢迎来到游戏乐园》		
主题	课时	活动内容	主题	课时	活动内容
联想看看我们的校园	2	制作参观道具 了解学校的大概情况	准备制作玩具	1	想想自己想做什么样的玩具 收集材料制作
校园探险	2	说明探险要求 第一次校园探险	制作游戏玩具	2	一起制作玩具，想想如何玩，制订游戏规则

续 表

一年级《最最喜欢学校了》			二年级《欢迎来到游戏乐园》		
主题	课时	活动内容	主题	课时	活动内容
还想再看看	2	制订再次校园探险计划 分小组再次校园探险	分享我们制作的游戏玩具吧	2	和全班同学一起玩一玩
迎新会	2	迎新会	为迎接一年级朋友做准备	1	商量如何改进玩具和玩法 为迎接一年级朋友做准备
			一起做游戏	2	邀请一年级的学生来 游戏乐园尽量玩聚 和大家协力整理游戏现场

另一方面，以单元开发为例，进行了教材内容的重组、教材结构的重构，从而更有利于教师的个性化教学，具体内容详见下面的“数学学科个性化教学《小数除法》单元开发与教学设计”。从中，我们能看到通过单元开发与教学设计，不仅改变了传统的课时数与教学内容，也可形成学生“乐学”“会学”的局面。

数学学科个性化教学《小数除法》单元开发与教学设计

［教学内容］北师大版本国标小学数学教材四年级下册第五单元《小数除法》

［研究团队］赵艳辉　刘艳平　王艳玲　刘仙玲　脱中菲　王猛　薛春波　杨静　降伟岩　郭　阳　王　敏　李　密　杨　彬

［实施模式］集体指导补充模式　学习进度模式

［研究构想］

《小数除法》是小学阶段计算部分最难的内容，学生对小数除法意义的理解容易受整数除法中大数除以小数的负迁移，导致数量关系不清；对于小数除法算理的理解，如果借助实际量中将高级单位化成低级单位，还能接受，但将其抽象成计数单位的个数，则比较困难，存在障碍。尤其是实际计算将小数除法转化成整数除法来算，对于点小数点的问题、不够除时在商的首位中间补0的问题、余数的末尾补0继续除的问题、余数的实际大小问题，都存在应用一般方法的障碍，导致学生较难灵活应用计算方法，计算时常常顾此失彼，丢东少西，需要经过很长时间的练习，才能够掌握方法，正确计算。由于不同学生理解水平不同，需要练习的时间也不同，存在着学习能力与学习速度的差异。

如何安排内容才能难易适当，从而符合学生的认知需求？选择何种方式学习，才能让学生经历探索方法、理解算理、归纳提升的过程，提高学生的自主学习能力？为此，我们做了如下的探索。

1. 重构单元内容框架，满足认知需求，实现乐学。

为了让学生学得轻松、学得愉快，帮助学生解决计算的困难，将教材中原有的编排顺序进行了调整。调整前后的内容安排，如表5-4所示。

表5-4　单元内容调整

调整前		调整后	
教学内容	课时数12	教学内容	课时数12
小数除法（一） 小数÷整数 11.5÷5，12.9÷6	1	小数除法（一） 一个数÷整数 12.6÷6=2.1，11.5÷5； 余数不够除末尾补0： 12.9÷6=2.15，26÷4=6.5； 小数÷大数商整数部分补0： 7.2÷12=0.6，12÷15=0.8	3
小数除法（二） 整数÷整数 26÷4，12÷16	1	循环小数 余数不够除末尾补0除不尽。 73÷3=24.333… 9.4÷11=0.85454…	1

续 表

调整前		调整后	
教学内容	课时数 12	教学内容	课时数 12
小数除法（三） 一个数÷小数 8.54÷0.7，45÷7.2	2	小数除法（二） 1.5÷0.3=5 4.06÷0.58=7 8.54÷0.7=12.2 45÷7.2=6.25 37.1÷0.53=70 0.012÷0.25=0.048	2
积、商的近似值（一步）	2	练习检测	1
循环小数	2	积、商的近似值（一步）	1
四则混合运算（两步）	2	四则混合运算（两步）	1
练习四	1	综合应用	2
单元检测	1	单元检测	1

将原来的形如11.5÷5，12.6÷6；26÷4，12÷16；8.54÷0.7，45÷7.2三个课时的内容调整为：12.6÷6=2.1，11.5÷5；12.9÷6=2.15，26÷4=6.5；7.2÷12=0.6，12÷15=0.8。这样，第一课时重点解决小数除法的算理问题，小数部分可以进行除法的运算，直接将0.6理解为6个0.1，并明确竖式的写法，实现整数除法到小数除法从算理到算法的正迁移。在此基础上，依次解决余数的末尾补0问题，再解决被除数不够除需要在商补0占位的问题。这样将小数除法的难点进行了有效的分解，帮助学生解决认知上的障碍，将小数除法与整数除法建立起联系，便于学生理解基础，掌握技能。

为了解决学生对除法数量关系的理解问题，将教材中原有的一步数量关系进行了调整，增加了路程时间速度、单价总价数量等方面的数量关系，解决原有整数除法中大数除以小数对小数除法的负迁移。并通过增加综合应用的2课时，解决生活中的各类问题，提高对数量关系的理解。

2. 集体学习与进度学习有机结合，掌握学习方法，实现会学。

小数除法算法的探索、算理的理解具有让学生经历数学化过程的作用，能够提高学生的推理能力和转化思想。学生对算法的掌握需要在独立思考、互动交流的基础上才能得出一般的结论，所以在探索重要的计算方法的学习中采取集体指导补充模式，在学生最近发展区内构建新的知识内容，通过集体交流得出一般结论。在此基础上采取学习进度模式，对于应用一般方法计算的变式题目，通过提供自学的提示卡片，让学生自主运用小数除以整数的知识解决除数是小数的问题，实现方法上的迁移。在巩固阶段，学生可以根据自己的学习速度进行练习。在学习小数除法的一步、两步混合运算问题后，为学生设计了2课时的综合应用小数的知识解决问题，让学生自由选择其中感兴趣的主题进行学习，从而满足学生的学力差异、速度差异、兴趣差异，提高学生的自主学习能力。

[单元教学目标]

一、知识与技能

1. 进一步理解小数除法的意义，掌握小数除法的计算方法，能列竖式正确计算。

2. 在探索计算方法的过程中，理解不同算法之间的联系，明确小数计算的道理。

3. 会求积、商的近似值，知道什么是循环小数。

4. 知道小数四则混合运算的顺序，能正确计算，并综合运用小数除法解决简单的实际问题。

二、过程与方法

1. 在探索小数除法计算方法的过程中，经历自主探索与合作交流的过程。学会独立思考、与他人交流。

2. 在沟通不同算法之间内在联系的过程中，明确整数除法与小数除法之间的关系，进一步体会转化、类比等数学思想，发展初步的推理能力。

3. 在综合运用所学知识解决问题的过程中，发展学生提出问题、解决问题的能力。

三、情感、态度与价值观

1. 通过探究计算方法、独立完成学习任务，培养学生独立思考、自主学习的习惯。

2. 通过与同伴交流计算方法以及解决问题的思路，学会与同伴合作和交流。

3. 在对照答案、修正调整的过程中，促进学生自我评价与自我反思。

［单元教学计划］

表5－5　　小学数学单元教学计划

课时分配	具体教学内容	课时教学目标	教学资源
1/12 (40′)	小数÷整数 12.6÷6=2.1， 11.5÷5	理解小数÷整数的计算意义，探索计算方法，借助整数除法的计算方法，理解小数除法的计算道理，将高级单位化成低级单位进行计算	学习指南 1－2 任务卡1－2 练习卡1
2/12 (40′)	一个数÷整数（余数末尾补0） 12.9÷6=2.15， 26÷4=6.5	一个数÷整数，当出现余数时，理解余数末尾补0继续除的道理，将高级单位化成低级单位进行计算，能正确计算	练习卡2
3－4/12 (80′)	一个数÷整数（商补0占位） 7.2÷12=0.6 12÷15=0.8 一个数÷整数（商补0占位、余数 末尾补0除不尽）——循环小数 73÷3=24.333… 9.4÷11=0.85454…	一个数÷整数，当整数部分不够除时，理解商0占位的道理，能正确计算；当余数重复出现时，通过自学知道什么是循环小数	学习指南 3－4 任务卡3－6 （带提示） 资料卡1 检测卡1
5－6/12 (80′)	一个数÷小数 1.5÷0.3=5 4.06÷0.58=7 8.54÷0.7=12.2 45÷7.2=6.25 37.1÷0.53=70 0.012÷0.25=0.048	一个数÷小数，借助商不变的规律将其转化成除数是整数的除法，理解计算的道理，掌握计算方法，能够正确计算	学习指南 5－6 学习流程 任务卡7－12 自学卡 挑战卡（巴士、漂流瓶）
7/12 (40′)	阶段检测 计算练习	熟练运用小数除法的计算方法，练习计算并检测	练习卡3－5 检测卡2

续 表

课时分配	具体教学内容	课时教学目标	教学资源
8/12 (40′)	解决一步应用问题 ·求积和商的近似值	进一步理解小数除法的意义，巩固计算方法，能运用画图策略分析数量关系、解决实际问题。理解小数乘除法结果取近似值的道理，灵活运用四舍五入法、去尾法、进一法求近似值	学习指南 7 任务卡 13 – 15
9/12 (40′)	解决两步应用问题 ·运算顺序 ·数量关系	体会小数四则混合运算与整数是一样的，能正确计算小数四则混合运算。解决问题的过程中，恰当运用画图策略分析数量关系、解决问题	学习指南 8 任务卡 16 – 18
10 – 11/12 (80′)	综合应用知识解决实际问题 ·3 个情境，自由选择 ·发展学习，解决三个开放问题	综合运用小数除法的知识解决实际问题	学习流程 任务卡 19 – 1 任务卡 19 – 2 任务卡 19 – 3 答案卡 发展卡 1 – 3
12/12 (40′)	综合检测 ·单元学习的内容	检测单元学习效果，发现问题，改进教学	检测卡 3

[单元学习导图]

单元学习目标：

1. 进一步理解小数除法的意义，掌握小数除法的计算方法，能列竖式正确计算。

2. 在探索计算方法的过程中，理解不同算法之间的联系，明确小数计算的道理。

3. 会求积、商的近似值，知道什么是循环小数。

4. 知道小数四则混合运算的顺序，能正确计算，并综合运用小数除法解决简单的实际问题。

表 5－6 单元学习计划

日期	时间分配	学习内容	教科书	学习材料	自我反思与评价
5 月 17 日 星期四 第 2 节	1/12 (40′)	·理解小数除法的意义 ·学会形如 12.6 ÷ 6、11.5 ÷ 5 的小数 ÷ 整数计算方法		○任务卡 1 ○任务卡 2 ○练习卡 1	
5 月 18 日 星期五 第 1 节	2/12 (40′)	·学会形如 12.9 ÷ 6、26 ÷ 4 的一个数 ÷ 整数的计算方法		○练习卡 2	
5 月 21 日 星期一 第 1－2 节	3－4/12 (80′)	·学会形如 7.2 ÷ 12、12 ÷ 15 的计算方法 ·自学余数除不尽的情况，认识循环小数	61－63 页 69－70 页	○任务卡 3 ○任务卡 4 ○任务卡 5 ○任务卡 6 ○资料卡 1 ○检测卡 1	
5 月 23 日 星期三 第 1－2 节	5－6/12 (80′)	·理解除数是小数的除法意义 ·学会小数 ÷ 小数的计算方法 ·探索 1.5 ÷ 0.3 计算方法 ·探索 8.54 ÷ 0.7 竖式方法 ·自学形如 45 ÷ 7.2、37.1 ÷ 0.53、0.012 ÷ 0.25 = 0.048 的计算方法	64－66 页	○任务卡 7 ○任务卡 8 ○任务卡 9 ○任务卡 10 ○任务卡 11 ○任务卡 12 ○发展卡（巴士、漂流瓶）	
5 月 24 日 星期四 第 2 节	7/12 (40′)	·练习检测 ·阶段总结		○练习卡 3 ○练习卡 4 ○练习卡 5 ○检测卡 2	
5 月 25 日 星期五 第 1 节	8/12 (40′)	·画图理解一步小数除法的数量关系 ·会求积和商的近似值	67－68 页	○任务卡 13 ○任务卡 14 ○任务卡 15	

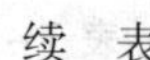

续 表

日期	时间分配	学习内容	教科书	学习材料	自我反思与评价
5 月 28 日 星期一 第 1 节	9/12 (40′)	·画图分析小数四则混合运算的数量关系，学会解决两步应用问题 ·学会小数四则混合运算的运算顺序，能正确计算	71 – 72 页	○任务卡 16 ○任务卡 17 ○任务卡 18	
5 月 29 日 星期二 第 1 – 2 节	10 – 11/12 (80′)	·自由选择解决 3 个情境中的某个问题 ·解决三个开放问题	73 – 75 页	○任务卡 19 – 1 ○任务卡 19 – 2 ○任务卡 19 – 3 ○发展卡 1 ○发展卡 2 ○发展卡 3	
5 月 30 日 星期三 第 2 节	12/12 (40′)	·综合检测		○检测卡 3	

二、创新教师成长制度

（一）开展教师培养制度和名师工程活动

为了进一步践行个性化教学的理论，提升个性化教学实践的效果，F 小学进行了一系列的教师专业成长活动，来促进教师个性化教学专业成长。

第一，开展了“名师工程”首席教师教研活动。2012 年 11 月 28 日至 12 月 4 日，F 小学进行了语文学科“小学高年段阅读领域个性化教学研究”为主题的“报纸报道的比较阅读”教学、数学学科“小学高年段数学技能学习的个性化教学研究”为主题的“比的化简”教学、英语学科“小学中年段英语阅读学习的个性化教学研究”为主题的“on the farm”教学、美术学科“图工制作的个性化教学研究”为主题的“快乐地创造吧”教学、科学学科

"基于中日比较的实验教学研究"为主题的"物体的体积与温度"教学、道德学科"心灵对话教学模式在低年级到的教学的实践研究"为主题的"一只小蚂蚁"教学等学科的个性化教学。

第二，进行了"希望杯"暨个性化教学校本研究活动。2012 年 10 月，F 小学以"有效运用学习组织形式的操作策略的研究"和"个性化教学实践模式的操作策略的研究"的研究主题，进行了语文、数学、外语、社会、信息、音乐、体育、科学等学科的一个星期的教学教研活动。

第三，进行了"青蓝工程"教师教研活动。为进一步促进年轻教师特别是刚入职不久的教师成长，F 小学进行了"青蓝工程"教师教研活动。在个性化教学实践活动中，也开展了"青蓝工程"教师教研活动，让教师尽快进入个性化教学实践中去。

（二）形成邀请专家讲座和指导制度

为提高教师对个性化教学的理解，促进教师对开放式办学理念的认同和深化其在个性化教学的理论水平以及个性化研究能力，F 小学广泛邀请国内外的专家来学校对教师进行理论指导和讲座。

第一，邀请国内一流的教育理论专家来学校进行指导。在 2011 年邀请了北京师范大学顾明远教授、裴娣娜教授等专家来学校分别做报告《个性化教育与人才培养模式创新》《中国学校教育创新研究的几点思考》，指导教师的个性化教学理论。

第二，邀请国外专家来学校进行理论和实践指导。韩国专家李范应、日本专家澤田稔、日本专家加藤幸次等专家分别做了《韩国的教育课程和人才培养教育》《作为民主教育的开放教育》《个性化教育》等演讲，为教师做进一步理解个性化教学奠定了基础。

第三，邀请专家进行指导个性化教学实践。F 小学邀请了日本专家加藤幸次和中泽米子等学者来学校进行了个性化教学的理论指导，如图 5－1 所示。从照片中，我们可以看到，2012 年 10 月 25 日，日本专家加藤幸次教授和中泽米子校长在 F 小学《科学》学科"摩擦力"课堂教学中认真观察小学生做实验，并在教师上完课后进行评课和评价教师的个性化教学。

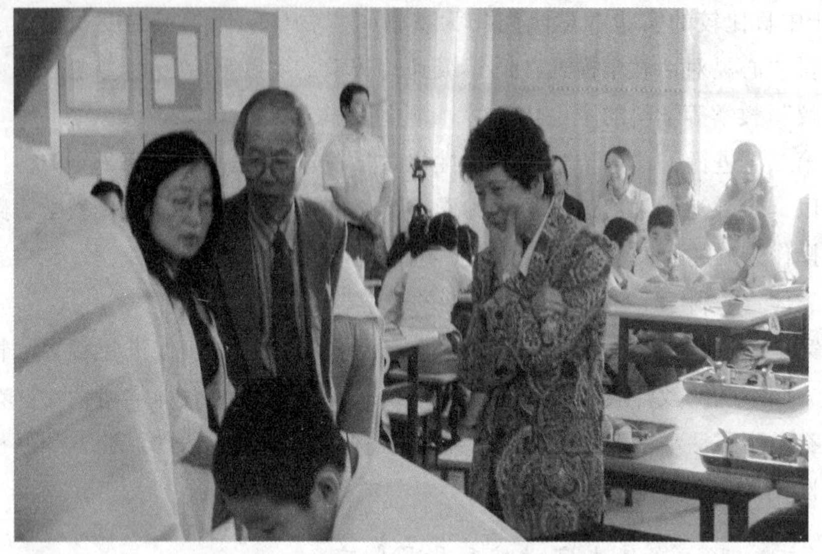

图 5－1　日本专家来校进行个性化教学指导

注：左二为日本专家加藤幸次教授，右一为日本专家中泽米子校长

（三）制定了教师考察学习和交流的制度

基于为促进教师的成长，让小学教师能加深理论方面的修养，也进一步促进教师与其他国家或者地区之间的教师教学交流，F 小学采取选派干部和骨干教师出国考察与学习，先后派出 5 批教师到日本、韩国、中国香港、中国台湾等地进行考察学习，从而使教师获得更多的交流和发展机会。

（四）形成了导师带徒弟的制度

教师需要成长的一个过程，这是毋庸置疑的。个性化教学的开展，也需要从学校的顶层设计到具体的操作者，从个性化教学的理论指导到具体的个性化教学实践，需要从"理解—认同—实践—反思—提升"等阶段的过程。那么，对于个性化教学实践也是需要从培训和培养的过程。因此，F 小学实行导师带徒弟的方法，让那些率先掌握和领悟，并形成自己的教学理念和教学方式的骨干教师来充当首席专家，来引领其他的教师学习个性化教学的理念和操作方式，从而实现个性化教学在全校范围内的实施。

三、创建教育研究发表制度

2005 年以来，F 小学在进行“开放式・个性化”教学过程中，逐渐形成了一种教师研究发表的制度，树立一种“学校为主，学科中心，名师团队为骨干”的研究理念。在每年的 9 月进行国内外的专家和教育工作者进行研究阶段性成果的汇报和交流，每年确定“五个一”的发表活动——“一个校长主题报告”“一组专家学术报告”“一系列学科专题报告”“一组教学观摩课”以及“一系列教育研究成果”。通过这些教育研究发表，通过教师与专家和同行的交流与沟通，加强学习与分享，实现教师个性化教学水平的进一步提高。

四、建成学科自主运行制度

自主办学是 F 小学的重要特色，而建立学科自主运行制度更是促进其个性化教学的重要学科制度保障。从 2006 年开始，F 小学为进一步进行赋权增能，制定了“学科建设管理办法”和“学科委员会章程”，并成立了 12 个学科委员会，采取“自主管理，自主规划，自主研究，自主实施，自主评价”等方面的理念，为促进教师个性化的发展，教师的个性化教学提供了学校制度文化方面的改革和变化，形成了如下的学科委员会制度，逐渐形成以“校长—科研管理中心—学科委员会”为垂直管理的制度，同时设立“课程咨询委员会”和“课程发展委员会”等平衡管理制度，如图 5－2 所示。

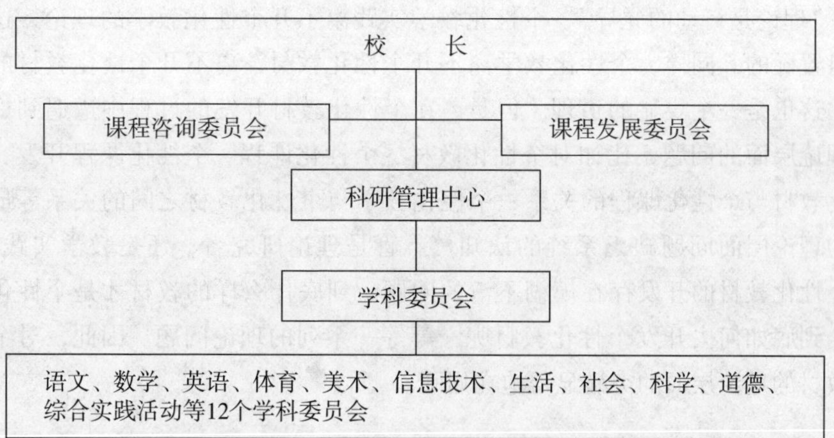

图 5－2 F 小学学科委员会结构

五、达成主题文化年制度

自2007年以来，F小学为进一步开展实施个性化教学，逐渐实现“突出重点，集中精力，量力而行，重在实效”等工作原则，以学科建设为发展目标，逐渐形成了主题文化年制度，如2007—2011年形成了“德育文化年”“体育文化年”“综合实践活动文化年”“教学文化年”等主题文化年。通过主题文化年，进一步深化学校的特色，构建学科的特色，促进教师进一步去形成开放的教学思想，并推进教师专业化发展。

第三节　个性化教学背景下教师制度文化的问题

在F小学个性化教学实践探索过程中，尽管在学校校长的领导下，在教师们努力参与改革的前提下，积极建设和形成个性化教学所需要的教师制度文化，但是，在这个过程中还存在一定的不足与问题之处。通过笔者在研究过程中的参与式考察和非参与式考察，并通过问卷调查以及访谈等研究方法，发现了个性化教学实践过程中教师制度文化建设方面存在以下几方面的问题。

一、教材个性化开发遭遇困境

（一）理论层面的困境

“理论是行动的先导”，个性化教学实践离不开个性化教学的理论，这是毋庸置疑的。同样，个性化教学离不开个性化教材，离不开个性化教材的开发，这也是一个浅显的道理。但是，在个性化教材开发的过程中遭遇到许多的理论层面的问题，比如对个性化教材、个性化课程、个性化课程开发、个性化教材与个性化课程的关系、个性化教学与个性化教材之间的关系等最基本的理论层面问题缺乏系统的认知。不管是理论研究者，还是教学实践者，对个性化教材的开发存在模糊不清的问题，到底什么样的教材才是个性化教材，到底如何去开发个性化教材呢？等等一系列的理论问题。因此，对个性化教材的理论层面的突破显得迫在眉睫。

（二）政策层面的困境

在个性化教学开发过程中，常遭遇到政策层面上的困境。《基础教育课程改革纲要（试行）》（以下简称《纲要》）规定：“学校在执行国家课程和地方课程的同时，应视当地社会、经济发展的具体情况，结合本校的传统和优势、学生的兴趣和需要，开发或选用适合本校的课程。”① 该《纲要》给予了学校进行个性化教材开发的自主权和选择权，具有很大的灵活性和能动性。同时，个性化教材建设又受到《中小学教材编写审定管理暂行办法》中所提出的“国务院教育行政部门成立全国中小学教材审定委员会，负责国家课程教材的初审、审定，及跨省（自治区、直辖市）使用的地方课程教材的审定”以及“各省、自治区、直辖市教育行政部门成立省级中小学教材审定委员会，负责地方课程教材的初审和审定；经国务院教育行政部门授权或委托，承担有关国家课程教材的初审工作”② 等强大的教育行政方面的制约。在强大的教育行政面前，中小学要进行个性化教材的开发显得举步维艰。

（三）教师层面的困境

在个性化教材开发过程中，教师因素也是导致个性化教材开发存在困境的重要方面。一方面，教师没有更多的教材开发的理论去指导自己如何进行个性化教材开发，即“教师不知道怎么去做”。另一方面，教师每天备课、上课、批改作业等繁重的日常教学工作，没有更多的时间去进行个性化教材开发，即“教师没有精力和时间去做”。并且，由于教师的“教学习性”，大部分教师也不想或者不愿意去进行个性化教材开发。

（四）资源层面的困境

在个性化开发过程中，由于没有凸显“个性化”，一般而言，没有现成的模式去照抄，同时，因为各个学校的教学资源的不一样，有些学校的教学资源相对比较丰富，而另一些学校则相对贫乏。而且，即使学校具有比较丰富的教学资源，并一定能被挖掘和充分利用。因此，个性化教材开发过程中，教学资源问题也是阻碍个性化教材开发的重要因素。

---

① 教育部．基础教育课程改革纲要（试行）［N］．中国教育报，2001－07－27（2）．

② 教育部．中小学教材编写审定管理暂行办法［EB/OL］．http：//www.chinaacc.com/new/63/73/128/2006/6/zh1262519561766002795－0.htm.

二、专家讲座制度的实用性问题

第一，邀请哪些专家来中小学进行讲座是一个值得研究的问题。中小学教学更加重视实践方面，对于个性化教学理论来说，中小学教师往往显得“并不感冒”，尤其是一些教育理论专家比较深入研究的内容，中小学教师往往是“听不懂”或者“觉得不适用”。因此，对于大学理论与中小学教师个性化教学实践的链接就是一个问题。

第二，专家讲座对教师的意义究竟多大也是值得商榷的问题。个性化教学理论专家往往是“局外人”，很难介入个性化教学实践的学校中来，对个性化教学过程中的教师不了解，因此，教师往往对专家讲座更多的是一种观望的态度，而不是一种投入的姿态来进行学习和反思。

三、导师带徒弟制度的问题

“师傅引进门，修行在个人。”一方面，导师带徒弟对教师更快地掌握个性化教学的基本规范，让徒弟能按照师傅的操作程序进行个性化教学的基本步骤，能节约教师自身学习的更多时间，这样做是一种比较高效率的方法。另一方面，导师带徒弟制度，也会影响徒弟的个性化发挥，影响教师的个性化教学积极性和主动性，从而导致教师不能更有效地从事个性化教学。所以，F小学导师带徒弟的教师个性化学习制度具有一定的优势，但是，关键还是在于教师需要更多的把握和反思，去学习和总结，去实践和提升。

四、个性化教学规范的建立问题

我们知道，“不以规矩，不成方圆”。个性化教学过程中也需要一定的教学规范，从教师到学生，从“教”到“学”等教学规范需要进一步建立。尽管，在F小学个性化教学实践过程中，学校逐渐建立起一种教学规范，规范从教师的“教”走向对学生的“学”，从知识的灌输走向对学生的学习指导，从教师的“一言堂”逐渐走向“对话”和“交流”。但是，在个性化教学实践过程中，教师对教学规范还是不能有效地进行，甚至出现有教师“当了好些年的老师，现在都不知道如何去教学了”的局面，可见，个性化教学规范是对传统的教学规范的冲击，让一些教师面对更多的“危机”。因此，个性化教学规范的建立还是需要一个过程。

第四节　个性化教学背景下教师制度文化的局限因素

在个性化教学实践过程中，F 小学形成了一定的教师制度文化，具有自己独特的教师制度文化特色，然而，问题也是不容忽视的。那么，究竟是哪些因素在阻碍着教师制度文化的形成呢？通过笔者的观察和调查以及综合分析，不难发现，主要存在下面的一些因素在阻碍着教师制度文化的形成。

一、传统课堂规范的影响

传统的课堂规范，要求学生座位排列整齐，强调学生举手回答问题，教师是站在高高在上的讲台上俯视学生，教师是施教者，学生是受教者，教师是按照教材和教学大纲进行传音器的一般进行知识灌输。不可否认，传统的课堂教学能更加“省时”和“省心”，能让教师按照自己的节奏和步骤进行教学，给教师带来很多的“方便”。个性化教学实践中，个性化教学规范需要教师成为学生自主学习的指导者、学生学习共同体的合作者、学生差异和个性的尊重者，并做到“要为每个学生提供最适合的教育，使学生的个性特长得到充分发展”。[①] 由于教师受到传统的课堂规范的影响，往往感觉到个性化教学规范是对传统教学课堂规范的“背叛”。因此，教师往往出现徘徊在集体化教学规范和个性化教学规范之间的一种“往”“返”的教学行为。

二、学生评价制度的影响

评价是对价值的判定，教学过程中的评价，就是对教师的教学成果和学生的学习效果进行断定和诊断，看看教学过程的效果。可见，评价往往在教学过程中起到非常重要的作用。因此，新课改就强调改变过去评价的甄别与选拔功能[②]，形成发展性的评价，改变单一评价形成多元评价，改变单一的结果评价形成学生的过程性评价。在个性化教学过程中，学生评价仍然是一种不可绕过去的“坎”，而且在对 F 小学教师进行“哪些因素在影响个性化教

① 顾明远．个性化教育与人才培养模式创新［J］．中国教育学刊，2011（10）：5－8.

② 闫光亮，刘莉，刘悦．课程改革简明读本［M］．北京：首都师范大学出版社，2001：73.

学”的调查中发现，具有70%的教师认为“学生评价制度”是影响个性化教学的重要因素。因此，在个性化教学过程中，需要进一步去解决学生学习评价的制度问题。

三、教师评价制度的影响

在个性化教学过程中，不仅要重视学生的自主学习，也要强调教师个性化学习材料的提供、个性化的指导和个性化教学的组织等方面。但是，传统的教师评价制度却在影响着教师的教学设计，影响着教师的个性化教学的开展，影响着教师的个性的彰显。那么，个性化教学过程中，怎么样的教师才是一个优秀的教师，怎么样去“教”才能得到更多认同，怎么样去“教”才能更实现有效教学或者说实现教学利益的最大化？根据对F小学教师“哪些因素在影响个性化教学”的调查中发现，具有73.34%的教师认为“教师考核制度”是开展个性化教学的重要影响因素。可见，现有的教师评价制度是影响个性化教学的重要因素，也需要进一步加强改革。

第五节　个性化教学背景下教师制度文化的构建策略

前面分析了教师制度文化的应然与现状，也分析了教师制度文化所存在的问题以及障碍因素，那么，为促进个性化教学背景下教师制度文化的发展，我们需要进一步去进行教师制度文化的构建，从而更加适应个性化教学的发展，具体需要采取以下措施和策略。

一、提高教材的个性化程度

个性化教学不是一句“口头禅”，也不应是一种“空中楼阁”，而应是一种实实在在的教学指导思想和教学实践。然而，多种因素在制约和左右着个性化教学的开展，而个性化教材是其中的重要一环，在教师调查和访谈过程中笔者发现，教材问题是困扰教师个性化教学的重要障碍之一。对F小学教师的调查和访谈中不难发现个性化教学与教材之间存在很大的关系。

如在“您认为哪些因素在影响您的个性化教学”的教师访谈中语文学科WY老师是这样回答的：“第一，班额过大，差异难以拉开，层次多，主要3个层次，好的、差的、中间的，学习卡片分为红色、粉红色、绿色，不同颜色代表不同的层次。第二，教师问题。不能实现TT合作，如日本进修TT合作，一个教师教一个班的所有学科，能进行两个班级一起上课，20个学生一个班级，相当于中国的一个班级，而中国至少有40多人一个班级，那么要照顾学生的差异很困难。第三，教材问题，现在的教材呈现出短、平、快等的特点，单元性质不明确，如日本一个单元上十几课时，而中国不是这样，这样就不利于教师的个性化教学。”

所以，在个性化教学过程中，我们需要加强个性化教材的开发，提高教材的个性化程度，从而满足学生的差异性和多元共生。

（一）观念和理论上的革新

第一，树立开放式的教学理念。个性化教学教材开发过程中需要开放式的教学理念，即“打开班级的墙壁、打开年级的墙壁、打开教师的墙壁、打开部门的墙壁，促进学生之间、教师之间、部门人员之间的合作”。① 在开放式的教学理念下，教师进行个性化教材的丌发。

第二，树立多元性和个性化教材的观念。在个性化教材开发过程中，不管是理论工作者还是一线的教师都需要树立个性化教材的观念，以尊重学生的差异性为前提，以促进学生的多元发展为关键，以提高学生的创新能力为目标，从而实现个性化教材的开发工作。

第三，深刻理解个性化教材的理论，逐步解决理论上的困惑，加强个性化教学的理论研究。个性化教材开发不是一个事件，而是一系列事件，是一项复杂而系统的工程。因此，在个性化教材开发过程中，需要对个性化教学理论进行深入研究，从而推进个性化教材开发。

（二）政策的支持

我们知道，政策是一种导向，是一种引导和指挥棒。在个性化教材开发过程中，存在课程政策方面的问题，在“三级管理”的课程管理政策指导下，学校的课程开发和教材开发权限受到约束和限制。正如前文提到的，一方面，是国家课程政策鼓励学校进行个性化教材的开发；另一方面，又是国家和地

---

① 熊梅，王庭波．开放式学校组织特征与建构［J］．中国教育学刊，2011（8）：17－20.

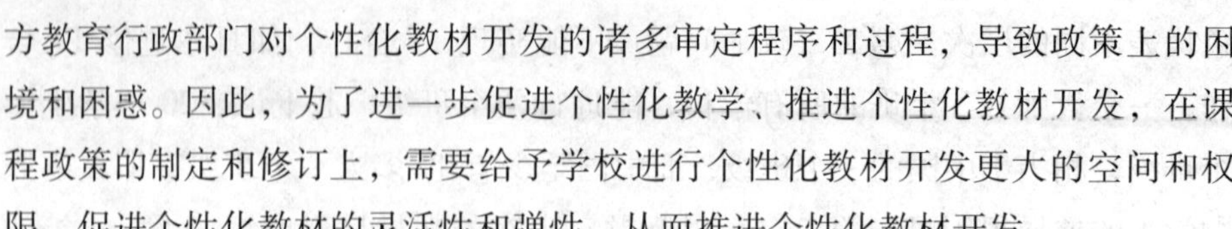

方教育行政部门对个性化教材开发的诸多审定程序和过程，导致政策上的困境和困惑。因此，为了进一步促进个性化教学、推进个性化教材开发，在课程政策的制定和修订上，需要给予学校进行个性化教材开发更大的空间和权限，促进个性化教材的灵活性和弹性，从而推进个性化教材开发。

（三）校长的领导

在学校个性化教材开发过程中，学校领导尤其是校长起着非常关键的作用。一方面，校长是学校事务的法定代表，对学校的发展具有强大的责任感和使命感，能更加认真和负责地发展学校，当然，也能更好地去领导教师进行个性化教材的开发。另一方面，由于“校长是学校的灵魂”，对学校教师具有相当大的领袖力量和感染作用，能对教师具有较强的引导价值，也能更有效带领教师去进行个性化教材开发。因此，学校校长需要具有较强的个性化教材开发的意识和观念，同时，校长需要成为个性化教材开发的先锋和榜样，带领学校的教师团队去开展个性化教材开发工作。

（四）教师的积极参与

个性化教材是教师在课堂个性化教学中所需要面对和“打交道”的东西，那么，在个性化教材的开发过程中，教师就需要参与其中。一方面，教师需要改变过去那种教材是由国家定的，是由专家和教育行政人员所定的，教材开发与自己无关的传统观念，形成个性化教材开发的理念。另一方面，教师需要积极学习教材开发的知识与技能，具有个性化教材开发的能力。以 F 小学为例，该校教师通过“行动研究”，一方面，借鉴日本、中国台湾、中国香港等地区的教材，特别是以日本教材为主，进行个性教材的比较研究，将日本教材进行改变用于个性化教学；另一方面，该学校教师“改编”人教版教材，来满足学生的差异性和多元发展的需求，从而使教材达到个性化的改造。通过对 F 小学教师进行“中日教材比较的教学行动研究对您影响多大”的调查中可以看到，有 53.33% 教师认为中日教材对比研究对个性化教学的“影响较大”，而更有 23.34% 的教师认为中日教材对比研究对个性化教学的“影响非常大”，如图 5－3 所示。

可见，在个性化教学过程中，通过教师积极进取参与个性化教材的改革，从而提供教师的个性化教学的理念，提供教师参与个性化教学的积极性。总

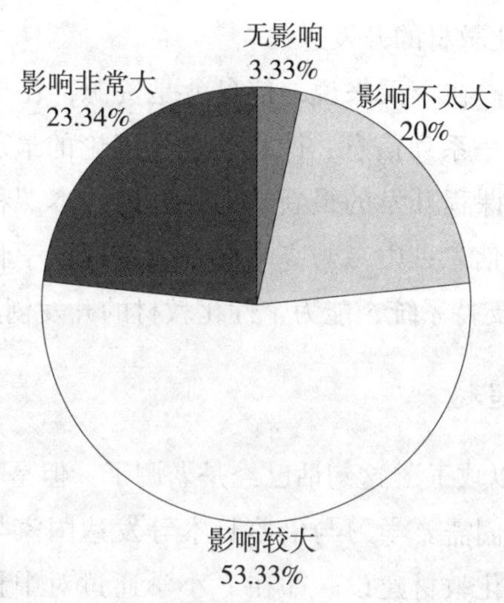

图 5-3 中日教材比较教学行动研究对教师影响调查

之，只有通过教师的积极参与，发挥教师的多方面的才能，才会更有效促进个性化教材的开发。

(五) 个性化教材开发的支持系统

不容置疑，个性化教材开发是复杂的工作，不是一个部门，也不是一个人能完成的。因此，在个性化教材开发过程中，需要一定的支持系统。笔者认为，主要有以下的支持系统。

第一，舆论支持。个性化教材开发需要一个较好的舆论环境，这是必然的。但是，当前的舆论环境不容乐观，正如南京师范大学吴康宁教授指出的：当前舆论特征表现为一是过度强调“统一思想”、二是一味推崇“正面宣传”、三是单纯依赖“主流媒体”。① 因此，在个性化教材的开发过程中，需要加强舆论支持，让更多的社会力量参与进来。

第二，大学对中小学的支持，加强大学与中小学的合作，实现资源的相互利用。一方面，大学专家给予中小学教师以个性化教材开发方面理论上的指导和方法上的引领；另一方面，中小学为大学提供教学实践基地，为大学学生提供个性化教材开发与研究的场地。通过双方的相互合作，实现“双

① 吴康宁. 反思我国教育改革的舆论支持 [J]. 湖南师范大学教育科学学报，2012 (2)：5-9.

赢”，从而推进个性化教材的开发进程。

第三，信息支持。在今天来说，信息就是资源，在个性化教材开发过程中，需要具有下面的一系列信息：课程与教学理论的最新进展；课程改革的前沿信息；国外校本课程开发的最新动向；国内校本课程开发实践的发展动向；我国课程改革的信息；中考与高考的最新情况；学科教育发展的最新走向等。① 通过相关的支持系统，能为个性化教材的开发创造更好的外部条件。

（六）借鉴与超越

“他山之石，可以攻玉”这句话已经是老调了，但是不无道理，在个性化教材开发过程中，我们需要学习与借鉴日本等发达国家与地区的个性化教学经验，积极加强个性化教材建设。如在F小学通过对中日教材的比较，不难发现，日本教材的优点与我国小学教材的不足，日本教材所突出的那种“少而精”，培养学生的动手能力和创造性回答问题的能力等优点是值得我们进一步去学习与借鉴的。当然，我们在个性化教材建设过程中，需要构建适合中国特色、符合学校特色、适合中国广大学生的个性化教材，并超越其不足之处，从而推动我国个性化教学的发展。

二、课堂教学规范的重构

在前文的论述中，我们看到了课堂教学规范的变革，因此，我们需要重视教学课堂教学规范的重建。

第一，教师“教”的规范走向“学”的规范。集体化教学视域下的课堂规范更多的是重视教师如何去教，重视教师的“教”的规范。而个性化教学更加重视的是学生的自主学习，强调学生的体验和探究，重视学生的个性和差异化的学习，重视学生的学习兴趣和学习选择，重视学生表达与交流，重视学生的学习合作等方面的变化。那么，在个性化教学视域下，课堂教学规范更多的是彰显学生如何去学。

第二，从“专制的”教学规范走向“自由的”教学规范。我们知道，在集体化教学视域下，教师更多的是一种专制的教学规范，往往是教师让学生

---

① 傅建明．论校本课程开发的支持系统［J］．教育理论与实践，2001（10）：54－57.

干什么，学生就干什么，反之，教师不让学生干什么，学生就不能干什么，教师被教育制度所束缚，学生被教师所束缚。因此，学生在课堂上需要按座位坐好，按老师要求进行“听讲”，举手才能回答问题等，这些教学规范都是给予教师“教”的权力，而学生则是被动地不自由地进行学习。在个性化教学视域下，课堂教学规范则发生了变化，正如邓志伟指出，个性化教学着眼于学生的“平民化自由人格”的培养。① 可见，个性化教学过程中更加重视教师的自由的“教”和学生的自由的“学”。因此，在个性化教学视域下，教学规范更多的是自由的一种规范，如何去体现学生的自由学习，如何去体现教师如何自由的教学。

第三，从“封闭的”教学规范走向“开放的”教学规范。封闭的教学规范更多地强调“不能做这样”“不能做那样”或者说“职能这样做”和“只能那样做”，可以用一句话来形容“封闭的教学规范是一种单选题”，而“开放式的教学规范是一种论述题”，因此，在封闭式的教学规范中，学生只能按照教师的“命令”去学习和死记硬背一些知识点。然而，在开放式教学规范中，学生能做到更好地去演绎自己的学习，能主动探究和主动实践，也能够共同学习和分享。

第四，从“被奴役”的教学规范走向“平等”的教学规范。在被评价的教学规范中，教师和学生是一种尊卑关系，教师永远是一种高高在上的知识拥有者，是学生的裁判和法官，学生永远是卑微的，是被教师奴役和审判的对象。但是，在“平等”的教学规范过程中，教师与学生是一种对话关系，教师成为学生学习的组织者和引导者，成为学习的合作者和指导者，而学生则是与教师是一种对等的主体间性关系，即教师与学生都是教学过程中的主体，学生从被动的、卑微的、配合的角色发展到学习的主体，学习的自我构建者，学习的合作者，学习的分享者，与教师构成平等的师生关系。

三、完善教师成长制度

（一）加强教师的培训

在个性化教学过程中，教师需要改变传统的教师文化观念，需要形成适

① 邓志伟．个性化教学中的学生自由论［J］．外国教育资料，1998（6）：14－20.

应个性化教学的教师文化，教师的培训和学习是其中的重要途径之一。在F小学教师“您认为学校在个性化教学方面还需要提供哪些支持”的调查过程中，发现80%的教师认为在个性化教学的深入开展过程中，学校需要“给教师提供更多的学习机会”。可见，教师的学习与培训是进行个性化教学的重要内容。因此，在个性化教学的继续开展过程中，学校需要给予教师更多的学习和培训机会，从而促进教师适应个性化教学的教师文化的形成。

（二）加强专家的指导

不可否认的是，专家的理论指导和实践指导对教师的个性化教学水平的提高是有利的。前文提到了日本专家对教师的指导，也提到了教师对专家的作用问题，但是在对F小学教师“您觉得日本专家来您学校进行指导有多大价值”的调查中发现，具有26.66%的教师认为日本专家的指导价值“非常大”，有46.67%的教师认为日本专家对教师的指导价值“较大”，而只有6.67%的教师认为“无影响”，如图5－4所示。日本专家的指导对教师进行个性化教学具有重大价值，因此，在进行个性化教学的深入开展过程中，需要关注专家的指导，并通过理论专家和实践专家的指导，进一步发挥专家在个性化教学过程中的价值，来促进个性化教学。

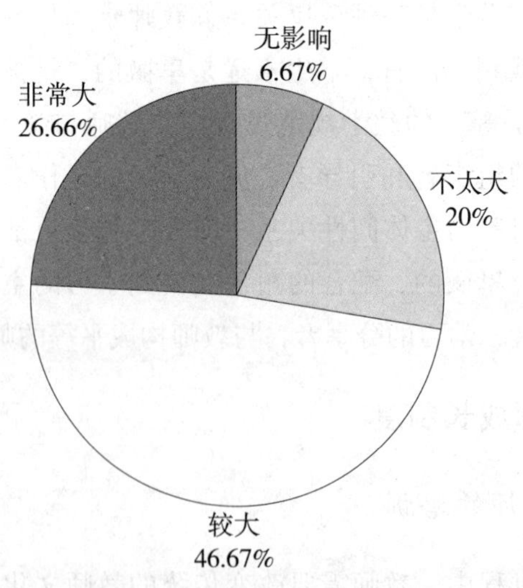

图5－4　日本专家指导对教师个性化教学的价值的调查

四、促进特色学校建设

（一）还原特色学校

要还原特色学校，就需要深刻理解特色学校的本质。特色学校，首先需要对“特色”二字进行理解。特色是一种个性和风格，是事物所表现的独特色彩等，也是一个事物或一种事物显著区别于其他事物的风格和形式，是由事物赖以产生和发展的特定的具体的环境因素所决定的，是其所属事物的独有。那么，特色学校就是一个学校区分于另一个学校的那种独特的办学风格、学校文化、办学模式以及学校个性色彩。可见，特色学校不是一种表面和形式上的特色构建，而更是“对其具有丰富精神文化内涵的教育生活的整体概括”。[①] 要还原特色学校，还需要动态地理解特色学校。特色学校不是一个固定不变的概念，而是一个动态的概念，随着社会的发展和知识的革新以及教育变革，将发生变化。因此，我们对于特色学校的理解，需要对其进行辩证地、历史地去全面理解，而不是“只见树木，不见森林”。

（二）理解构建特色学校的理由

第一，构建特色学校是“少子化”时代的需要。“少子化”主要是指生育率下降，造成幼年人口逐渐减少的现象。根据人口统计数字显示，全国21个省份出现“少子化”，目前全国0～14岁人口为2.2亿，约占全国总人口的16.6%，比2000年下降了6.29个百分点。[②] 在“少子化”的社会背景下，学校教育需要积极适应这种时代的需要，做出实现适合教育的改革，即需要根据家庭和学生的现实需要去提供个性化的和特色化的教育。因此，构建特色学校是适应“少子化”时代要求的举措。

第二，建构特色学校是基于提高教育质量的思考。质量是当前教育理论界和教育工作一线人士的共识。“办好每一所学校，教好每一个学生”成为时代的主题。我们教育已经走过了“数量时代”，开始走入“质量时代”，正如基础教育课程改革所倡导的“为了中华民族的伟大复兴，为了每位孩子的发

---

① 李醒东．解读特色学校——对特色学校改建及其创建问题的理解［J］. 2004（5）：30－31.

② 陈实．四川严重“少子化”［J］．四川党的建设：城市版，2011（9）：43.

展”。因此，通过构建特色学校是基于提高教育质量，实现学校内涵式发展的考量。

第三，改变学校趋同现象的需要。“千校一面”“万校一面”的局面，以至于出现“中国教育没有特色成为中国教育的特色”。为了改变这种“尴尬”和“悲哀”的局面，学校需要“换面”和“换脸”，更需要形成自己的“个性”和“特色”。

第四，市场化的必然趋势。在市场经济的条件下，强调选择性和自由性，重视公平和竞争，那么，在教育竞争和学校竞争的局面下，如果学校不能构建自己的特色课程、特色培养方案以及特色的教育服务，就很难在激烈的市场竞争中获得更加主动的地位，只有积极转变自己的办学模式和办学风格，适合学生的学习选择和学习需要，才能更加处于有利的竞争地位。因此，特色学校构建是学校竞争的重要砝码，是市场化的必然趋势。当然，还有其他的一些理由需要改革现有的办学模式，积极构建特色学校。

（三）赋予学校办学自主权

特色学校的“缺失”，与教育行政化不无相关。在教育行政命令和“大一统”的教育文化体制下，学校被管得过死，缺乏更多的灵活性和变革能动性，以至于出现“没有特色”和“去个性”的学校。在今天，随着我国社会主义市场经济的发展需要，教育体制也在不断进行改革和重构，当然，政府的角色需要从“教育公共产品的提供者”转变为“教育公共服务的监控者”，即从对学校的“一手包办”到“质量监督”，在这种教育体制下，学校将具有更多办学自主权。因此，赋予学校办学自主权，需要处理好政府教育行政参与同学校自主权边界。正如廖哲勋教授所指出的：“自觉停止对中小学校内管理工作的不当干预”“树立服务意识，改进管理工作”“依法保障学校充分行使办学自主权”。[①] 可见，学校获得办学自主权，对构建特色学校具有重要的意义。

（四）校长肩负不可推卸的责任和使命

第一，特色学校是校长的特色体现。“校长是学校的灵魂”，在特色学校

---

① 廖哲勋．中小学办学自主权的落实［J］．教育科学研究，2011（4）：22－25.

建构过程中，校长起着不可推卸的责任。同时，特色学校也是校长个性特征的外显，它不仅体现着校长独特的办学理念和价值取向，而且再现着校长自身的工作威望和行为风格。① 因此，校长需要具有个性化和独特的人格，具有自己独到的办学风格和办学理念，需要能够发现不同个性的教师和学生，接受不同个性的人与事物，并能建构学校的个性和风格。通过校长对教师团队的特色领导和教师队伍的特色构建，实现学校教师文化的特色构建，从而实现整个学校的特色。

第二，校长需要肩负特色学校的使命。在我国实行“校长负责制”，校长作为学校的“法人代表”，校长作为学校的“代言人”，对学校建设的成败具有重大的责任。在教育问责制的前提下，特色学校构建的责任校长责无旁贷。因此，在特色学校构建中，校长需要践行自己的责任和使命，积极领导学校进行特色学校建设，而不是将特色学校建设作为一场“作秀”用来应付上面的检查和监督，作为一种“形式”和“摆设”用来欺瞒社会和学生家长。可见，校长需要成为“教育家”，而不是普通的教育行政领导，更是一种教育专业领导。只有如此，特色学校建设才能做到更加深入。

（五）借鉴与学习古今中外的特色学校办学经验

第一，借鉴他国特色学校办学经验和教育研究方面的理论，实现“他山之石，可以攻玉”。在特色学校构建过程中，积极吸取包括美国、英国、日本等发达国家的特色学校的构建经验，达到“洋为中用”的目的。特别是在今天强调教育开放和教育国际化的背景下，我们需要积极学习和借鉴他国的特色学校办学的经验，同时还积极学习其关于特色学校研究方面的理论。

第二，在学习国外经验的同时，也需要学习和反思我国悠久的教育历史文化以及办学特色经验。我国悠悠几千载的教育史，让我们感到孔子“因材施教”的魅力所在，也体悟到历史所留下的文化传统对今天的影响和感染。因此，我们在特色学校构建过程中需要加以扬弃，一方面吸取其精华，另一方面剔除其糟粕，从而实现“古为今用”。

① 李保强．试论特色学校建设［J］．教育研究，2001（4）：70－72.

（六）开展“具有特色的”学校改革和实践

古今中外的历史反复证明，只有改革才有出路，同样学校也是需要改革，需要大胆的实践，才能走出迷惑。当然，特色学校的构建也需要进行改革和实践，从学校改革和实践中去总结特色和学校风格。在特色学校的构建过程中，我们需要进一步去开展“具有特色的”学校改革和实践。正如美国教育家杜威所开展的具有特色的“杜威学校”，我国清代教育家颜元所主持的“漳南书院”等具有特色的学校给了我们更多的提示。可见，在特色学校的构建中，我们需要加强开展“具有特色的”学校改革和实践。笔者认为，建构特色学校需要做到从学校教育层面，到教师教学层面，再到学校文化氛围层面都需要进行特色性和个性化的改革。

第一，特色学校实践的重要基础：进行“具有特色的”开放式教育的改革实践。特色学校需要进行学校的改革和实践，而开放式教育改革首当其冲。首先，需要充分认识到开放式教育是当代重要的一种学校教育理念。“开放式教育是实现‘培养现代城市人’的必要之路”。① 开放式教育改变过去那种封闭的教育状态，需要实现打破学校的“独立王国”，教学时空的封闭性与隔离，班级空间的排斥性、教学组织形式的划一性以及关注教师中心忽视学生主体性的状态，形成开放的教学时间和空间，实现关注学生的主体性，重视学生学习的过程性，从而进一步推升教育品质。其次，需要进一步进行开放式教育的改革与实践，从学校的顶层设计到教师的教学决策，从学校的建筑形态到学校教师的行为，各个方面都需要体现一种开放式教育。

第二，特色学校实践的核心层面：开展“具有特色的”个性化教学。我们知道教学是学校的核心工作，学校一切教育工作都是围绕教学而开展的，没有教学，学校怎能称其为学校呢？因此，特色学校的构建核心在于教师的教学，即在于个性化教学。个性化教学主要是指教师在教学过程中基于学生个性差异和自身个性特点，采取灵活的教学形式，让学生主动参与到学习中去，以培养学生交流与沟通的能力、合作学习的能力以及个性化学习为目标，推进个性化的“教”和“学”的活动。尊重个性和差异是个性化教学的前提和基础，尊重学生的学习兴趣、学习经验、学习能力、学习方法、学习性向

---

① 张云鹰．开放式教育［M］．北京：教育科学出版社，2011：10.

等多方面的差异性和个性，教师才能更好地去“教”学生。

（七）还学生学习选择权

一直以来，在我们的教育哲学视域里，学生学习选择权是被忽视的，教师只是一味地进行灌输，也就是教师是课堂的主体，学生被视为学习的“工具”和“机器”，所以学生的学习选择权被剥夺了。① 在进行特色学校构建过程中，在个性化教学视域下，教师需要尊重学生的学习选择权，尊重学生的学习选择，让学生成为学习的主体，成为“学习的主宰”，而不是被动的一种“学习机器”。在进行个性化教学过程中，教师需要进行凸显教师个性和学生个性的教学决策。一方面，进行个性化教学的课堂设计，在尊重学生的差异和个性之上，将“教案”转换为“学案”，让学生成为“学习的主人”。另一方面，开展个性化的教学评价，多元化的多样性全方位的评价学生，从而促进学生的发展，给予学生“最适合的教育”。

（八）特色学校实践的重要条件：构建特色的学校文化

人不仅生活在“物理世界”，还生活在“精神世界”，更生活在“文化世界”。当然，文化是学校教育的源泉，也是学校教育的基础和动力。学校教育是文化中开展的，那么，开展特色学校实践就需要构建其特色的学校文化。

第一，特色的物质文化建设，如进行特色的学校建筑改革，改革学校空间环境，去“打开空间的墙壁”，实现“扩展班级教室空间，满足多样化学习方式”、“拓展走廊空间功能，打造学习、生活、活动、交往一体化空间”、“聚合学科优质资源，创建高品质、专业化学习环境”。②

第二，特色的学校精神文明建设。在特色学校改革和实践中，需要形成具有特色的精神文化，以东北师大附小为例，该学校明确提出，“开放式·个性化”的学校理念，强调“尊重差异，自主成长”的学校教育立场，凝聚了学校精神，凸显了学校特色。又如深圳西乡中心小学提出的“培养城市人、培养现代人，培养国际人”等学校的精神文化理念，都为学校的特色建设提

① 王中华，熊梅．论把学习选择权还给学生［J］．课程教学研究，2013（4）：10－14.

② 脱中菲，周晶．开放式学校空间环境设计与利用［J］．中国教育学刊，2011（8）：21－28.

供了精神支柱。

第三，特色的教师制度文化建设。不可否认，制度是保障。在特色的学校教育建设过程中，制度文化是重要一环。通过制度的构建，一方面，实现教师和学生按照制度进行工作和学习；另一方面，对于尊重制度与否的人员进行奖惩。因此，需要进行特色的学校制度文化的建设，包括构建特色的学校管理制度，特色的学校教学制度以及特色的评价制度。①

① 王中华．特色学校的“去魅”和“复魅”［J］．课程教学研究，2013（12）：7－9.

第六章 个性化教学背景下的教师物质文化

个性化教学不仅要求教师从观念到行为的转变，更加需要一定的制度保障，但是，个性化教学能够缺少物质保证吗？答案是否定的。那么，为满足个性化教学背景下的需要，教师物质文化的建设也是非常必要的。可是，个性化教学需要什么样的物质文化呢？笔者认为从教学空间到教学时间，从教学环境到教学设备等多方面的教师物质文化都是个性化教学的必需。本书研究将以F小学为个案进行教师物质文化的考察，从教师物质文化的应然到现状，再到问题以及障碍因素，并在此基础上提出个性化教学背景下教师物质文化的构建策略。

第一节 个性化教学背景下教师物质文化的应然

一、开放的学校环境：从“封闭”走向“开放”

（一）开放式学校的基本原理①

个性化教学需要构建开放式学校来适应其发展，通过开放性的空间来更加适合个性的彰显。开放式学校主要是基于开放式教育理念、开放式教育方法、开放式建筑形式3个基本要素，如图6－1所示。开放式教育理念是开放式教育的标志，重视学生的学习自主性和独立性，并通过提供给学生学习选择权保证自由教育。开放式教育方法侧重于多样学习形态的教育。开放式建筑形式，则是指有开放空间的学校构建。

① ［日］佐野亮子．日本开放式学校的基本原理及特点［C］．东亚学校教育创新高端学术论坛暨东北师大附小教育集团开放式教育十年研究发表会研究纪要．长春：东北师范大学附属小学教育集团，2011.

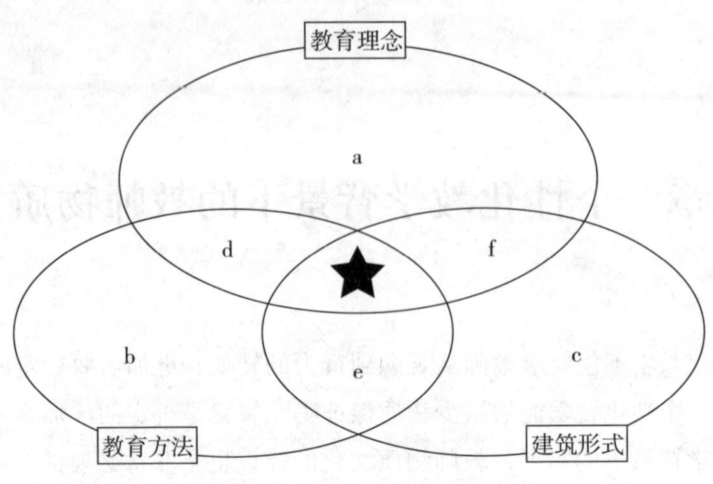

图 6－1　开放式学校原理

从图 6－1 我们看到，开放式学校位于星号★的位置，以开放式教育为标志，并通过多种形态实施个性化的教育。a 代表过去的学校建筑，即由教室和走廊构成的一字形校舍。b 领域是过去的学校建筑，根据教育改革的要求临时采用小组教学和个别学习等的学校。c 领域是虽然有开放空间，但是仍然采用集体授课制的学校。d 领域是旧式学校建筑中，实现小组教学和个性化学习的学校，他们将多余的教室改为开放空间使用。e 领域是未采用开放空间的形式，但是引进了小组教育和个别学习的学校。f 领域是具有开放空间的学校建筑，有开放教育的标志，但是在方法上仍然以班级为单位。因此，位于★位置的开放式学校是个性化教学最理想化的一种学校，避免了 a、b、c、d、e、f 等各种学校的不足之处，同时又吸收了各种学校的优点，凸显个性化教学的需要。

（二）开放式的学校样态

开放式的学校需要改变过去学校与家庭、公民馆、图书馆等设施之间的孤立和缺乏联系的状态，开放式学校则是强调学校是一个学习共同体，即家庭、社区、图书馆、文化宫、博物馆等都要成为学校学习共同体的有机组成部分，形成一个家庭、学校、社区之间的学习网络以及一个开放的外部教育系统。当然，学校也可以作为社区学习共同体的中心，即学校对社区开放，社区对学校也进行开放，从而形成一种学习能量的流动，组成一个开放的自组织系统。同时，在学校内部，也形成一个大的学习共同体，如图 6－2 所示。①

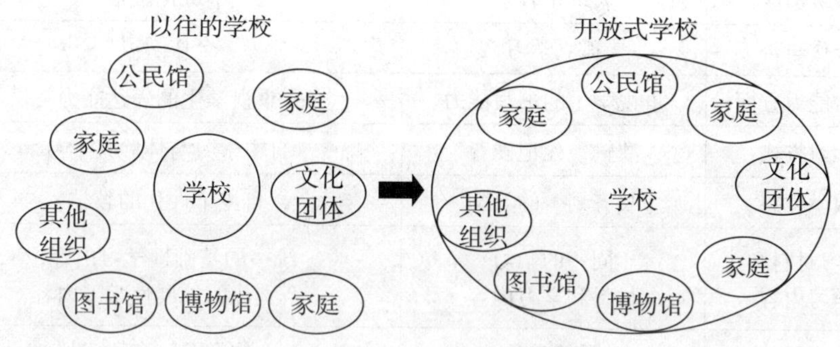

图 6－2　传统学校与开放式学校比较

（三）有限而开放统一的班级空间

开放式学校建筑，与传统的封闭式学校对比，能进一步凸显学校教室的利用，能扩大教师对教学物质资源的广泛利用，也进一步扩大教学空间的价值。因此，开放式学校呈现出“扩大普通教室和专业教室的教育空间，实现走廊建筑空间与普通教室一体化”的特征。同时，开放式的教育建筑空间的功用，更体现“满足多样化学习、多样化活动、多彩生活的需要”。② 可见，开放式教育空间与传统的封闭式教育空间存在一定的区别，传统的班级空间是限制了“教”与“学”：采取单向、灌输、讲述、大班化学的“教”与“学”的方式，而在开放式教育空间则关注分组讨论、自主学习、重视学生的操作技能、关注学生的表达能力的培养等，如表 6－1 所示。

表 6－1　传统的班级空间与开放式空间的比较

比较维度	传统班级空间	开放式班级空间
信息传递方向	单向	双向、多向
教学方式	讲述	分组讨论
教学指导形式	集体讲解	个别指导、小组指导

① 朱英福．日本开放式学校研究［D］．上海：华东师范大学，2004.

② 邓宏，李木春，熊梅．开放式学校建筑［J］．中小学管理，2012（1）：8－11.

续 表

比较维度	传统班级空间	开放式班级空间
班级额度	大班化教学	小班化教学
合作与否	孤立学习	合作学习
学生能力方面	重视学生的书写能力	重视学生的表达能力
学习方式	灌输、死记硬背	自主学习与体验式学习
教学样态	整齐划一的教学	自主个性化的教学
学习材料和学习内容	同一的学习材料和学习内容	统一的基础性学习内容，个别化的扩展性学习内容
学习目的	同侪竞争	个体学习，自我成长

因此，笔者认为，开放式教育空间比传统的教育空间具有更加优势。第一，形成更加民主的交流与沟通的气氛，是一种动态的教育空间。教师与学生在开放式教育空间之中，能客观为其提供一种更加民主的气氛和空间，改变过去那种固定化的交流模式，形成一种更加动态，更显民主的教学交流模式。第二，通过教师与学生之间、学生与学生之间的交流与沟通、互动与合作、创新与探索，从而找到面对学习挑战和转变的策略。第三，开放教育空间也是一种可以激发教师和学生教学创新的方法，可以提升教师的教学领导力，建立有教学创造力的课堂组织，使得教师和学生在教学过程中产生非凡的结果。那么，开放空间在学校内部怎么样去设置呢？日本专家指出：第一，“作业空间型”的开放空间。在传统的走廊基础之上扩大面积，然后开展各种学习和体验活动，是开放空间比较普遍的一种形式。第二，“学习中心型”的开放空间。与“作业空间型”的开放空间相比，它是两三间以上的教室组合而成的大教室，没有实体内墙，可以容纳几个班级的学生一起上课。第三，“特别教室型”的开放空间。它是一种“多功能教室”，如独立的教室一样，有的设置在走廊一端，与大厅和图书馆等教室不相连。① 总之，开放式教育空间比传统的教育空间更具有优越性，具体如图 6－3 所示。

---

① ［日］佐野亮子．日本开放式学校的基本原理及特点［C］．东亚学校教育创新高端学术论坛暨东北师大附小教育集团开放式教育十年研究发表会研究纪要．长春：东北师范大学附属小学教育集团，2011.

图 6－3 台北市永安国小开放空间实景

二、弹性的教学时间：从“塑性”走向“弹性”

个性化教学客观要求教学时间的“多样化”，进行“时间分割的弹性化”，改变过去传统的“45 分钟教学时间”。不仅是把一个单位时间分成几块的问题，更是强调检讨教学时间，学生的学校生活规律以及整个学校教育活动的问题。一般来说，有“模型化”和“模块化”两种。① 第一，教学时间的模块化。教学时间的模块化主要是指将学校生活的一天时间进行大致的划分，就是在长的单位时间里进行灵活教学实践的做法。比如，在过去两节课的 90 分钟，可以化为一块，即将 90 分钟看成是一个教学时间段，可以形成上午两块儿、下午一块儿。如果将这个教学时间段等分给某个学科，就变成了与传统教学时间的区别。同时，模块化也取消了过去“十分钟休息”，在块与块之间形成余量。如果延长课与课之间的休息时间量，就能利用这段时间来做其他的活动。第二，教学时间的模型化。教学时间的模型化主要是指设定最小单位时间，然后将学习活动所需的时间按单位时间的倍数进行设置，

---

① ［日］佐野亮子．日本开放式学校的基本原理及特点［C］．东亚学校教育创新高端学术论坛暨东北师大附小教育集团开放式教育十年研究发表会研究纪要．长春：东北师范大学附属小学教育集团，2011.

再进行组织教学。这样就将短的学习时间改变为互动性大的标准模型时间，通过多种组合可以达到多种教学时间的搭配。笔者认为，教学时间不仅体现在教师能更好地进行教学，学生也能更好地进行学习，弹性的教学时间，不仅需要改变过去传统的那种固定教师时间的局面（如表6－2所示），更需要具有计划性和不确定性（如表6－3所示）。

表6－2　　2012年浣纱小学夏令作息时间表①

（2012年5月1日起执行）

	学习与活动	起讫时间
上午	教师到校	7：40
	学生到校	7：50
	晨间活动	7：50—8：10
	第一节	8：20—8：55
	课间活动	8：55—9：25
	第二节	9：25—10：00
	第三节（眼保健操）	10：10—10：50
	第四节	11：00—11：35
下午	中餐与午间活动	11：35—12：25
	午睡	12：25—13：55
	学生到校	13：55
	第五节	14：10—14：45
	第六节（眼保健操）	14：55—15：35
	课外活动	15：45—16：15
放学静校	一年级放学	16：10
	二、三、四年级放学	16：15
	五、六年级放学	16：20
	静校	16：35
	教师离校	16：40
	周三放学	15：35
	教研组活动	16：00—16：40

① 2012年浣纱小学夏令作息时间表［EB/OL］．（2012－04－26）［2013－11－20］．http：//www. docin. com/p－596372880. html.

表 6-3　　美国加州圣塔摩尼加学区小学课程表①
（四、五、六年级）

时间 种类	A 计划	时间 种类	B 计划
8：15—8：50	早会	8：45—8：50	早会
8：50—10：15 10：15—10：25 10：25—10：50 10：50—11：10 11：10—11：35	社会科等（包括理科、健康、美术） 休息 体育 音乐 拼写、写字	8：50—9：50 9：50—10：10 10：10—10：20 10：20—10：45 10：45—11：10 11：10—11：35	美术 音乐 休息 体育 语言的学习 拼写、写字
11：35—12：20	午餐	11：35—12：20	午餐
12：20—13：20 13：20—13：50 13：50—14：00 14：00—15：00	阅读与文学 语言的学习 休息 美术	12：20—13：50 13：50—14：00 14：00—15：00	社会学科等（理科、健康、美术等） 休息 阅读与文学

三、受欢迎的教学氛围：从“死气沉沉”走向“受欢迎”

毋庸置疑，教学是在一定的教学环境中进行的，那么，个性化教学就需要一个开放式、个性化的教学课堂环境，使得教师和学生都比较接受这样的教学环境。

第一，通过教师物质文化形成一个适合个性化教学的“软环境”和教学空间。教师文化的变革，使得教师教学理念、教学素养、教学行为、教学方法等方面发生翻天覆地的变化，使得教师从理念到行为上能符合个性化教学背景下的客观要求，从而在课堂教学中做到尊重学生的差异，重视学生的个性化发挥，关注学生的合作学习，重视学生的学习兴趣，注重学生的学习体验，从而营造一个让学生主动参与到课堂教学中去，成为课堂中的“主人”，提高学生学习积极性的“软环境”和受欢迎的教学氛围，改变过去那种死气沉沉的教学氛围。

① 张晓瑜. 课程表：问题与建议［J］. 课程·教材·教法，2006（5）：17-21.

第二，通过教师物质文化变革，使教师从备课到上课，从组织学习到合作学习，从教学过程到教学评价等方面都能做到开放式的教学、个性化的教学，能让学生在开放、愉快、合作、分享、体验、探究中获得知识与技能，获得情感体验和态度价值观的生成。因此，通过教师文化的变革，教师能改变过去的教师教学理念，做到教学不是为了“教好”，而是为了“学好”，不是让学生“学会”，而是让学生“会学”。

总之，这样的教学环境，既接受个人意见，也接受群体意见，从而使得教师和学生都喜欢这样的教学环境。

四、灵活的课堂组织：从“机械”走向“灵活”

在个性化教学理念下，学生的座位排列作为教学空间来说，也是需要发生相应的改变。因此，学生的座位排列需要从传统的固化的“秧田式”座位形式转变为更加灵活多样的座位秩序。

第一，学生的座位排列更加灵活，打破原有的学生学习空间的束缚，让学生能更有机会进行学习交流和沟通，从而形成学习共同体。

第二，学生的座位选择权更大，更自由，体现学生的学习选择权，学生能做到根据学习兴趣和学习愿景来进行座位选择，从而能体现学生的个性化学习的需要。

第三，学生的座位排列需要更加有利于教师的个性化教学。

总之，通过学生作为排列的转变，改变原来的教学空间和学习位移，让教师更好地进行个性化的“教”和学生能开展个性化的学习。

五、个性化的教材：从“划一”到“个性”

（一）个性化教材是教师个性化教学的重要媒介

尽管我们教学理念已经从传统的教师中心、教材中心、课堂中心等“旧三中心”走出来，发展到今天个性化教学，多元评价，关注学生的个性发展，重视学生的主动性、能动性和创造性，实现教师与学生之间的“主体间性”关系，不再是“照本宣科”，不再是“填鸭式教育”。但是，不容置疑的是，教材在个性化教学过程中同样必不可少，毕竟教材或者说教科书是一个课程的核心教学材料，也是教师重要的教学工具，美国有 90% 以上的老师，在

90%的教学时间中，都是运用教科书来实施教学。① 因此，个性化的教材在个性化的教学中具有重要的价值所在。“个性化教学注重实现教师个性化的教”②，那么，教师要实现个性化的“教”，就需要开发出适应个性化“教”的教材。然而，在个性化教学过程中，就教师而言，由于教材或教科书的限制，教师在备课、上课以及教学评价等方面存在诸多问题，以至于影响教师的个性化教学。一方面，当前中小学教科书限制使得教师在教学时间的安排上不能有效进行个性化教学；另一方面，在教学内容上来说，由于学生的差异性，教师就需要对知识进行抉择，采取个性化的备课、上课，但是由于现有的教材或者教科书影响着教师对教学内容的选择，不利于教师开展个性化教学。因此，需要加强个性化教材的开发，以便促进教师个性化教学。

（二）个性化教材是影响学生个性化学习的重要因素

个性化教学比传统教学所具有的一个突出优点就在于“给每个学生提供适合的教育，就要把学习的选择权还给学生”。如果个性化教学不能提供给学生以选择性的课程，不能给予学生的选择性的学习材料，那么，个性化教学就没有意义了。因此，个性化教学就在于教师给予学生以学习的选择性，让学生进行各种各样的选择。可见，开发个性化的教材，让学生能实现个性化的选择，从而进行个性化的学习，满足不同学生的学习需要，是当前个性化教学的重要任务之一。然而，由于当前的教材限制，使得学生不能更加有效地进行个性化的学习，不能满足学生的个性化选择和个性化学习。所以，促进个性化教材的开发显得非常重要。

（三）个性化教材本身是个性化教学的重要组成部分

一般而言，教学过程的基本要素包括了教师、学生、教材等方面，其中教材是重要的内容。那么，在个性化教学中，教师尊重学生个性差异和基于教师个性特点，采取灵活的教学形式，提供学习情景，让学生主动参与到学习中去，以培养学生交流与沟通能力、合作学习的能力以及个性化

---

① Yager，R. E.. Viewpoint：What We did not Learn from the 60s About Science Curriculum Reform［J］. Journal of Research in Science Teaching，1992（8）：905-910.

② 李如密，刘玉静. 个性化教学的内涵及其特征［J］. 教育理论与实践，2001（9）：37-40.

学习为目标，是推进个性化的“教”与“学”的活动。① 那么，我们首先需要承认，个性化教学是一种人与人之间的社会实践活动，需要教师与学生这两个“人”的因素，同时还需要“物”的因素协同参与。因此，个性化教学不仅是指教师的个性化教学与学生的个性化学习，还应该包括个性化的教学内容，即个性化的教材。可见，个性化的教材是个性化教学的重要组成部分。所以，在个性化教学的继续推进过程中，需要促进个性化教材的开发。

（四）个性化教材是个性化教学评价的重要依据

我们知道，评价是以一定的标准对事物、事件是否符合目的或者需要进行价值判断的过程。那么，个性化教学评价就是对教师的个性化教学和学生的个性化学习进行价值判断。一直以来，我们的教学评价是闭卷考试，通过学生的考试分数来评判学生孰优孰劣，而考试的基本标准也是基于教材和考试大纲，是对教材的运用和掌握。在个性化教学评价过程中，同样不能避免需要一个标准来衡量学生的学习程度，因为教材或者说教科书是知识的重要载体，通过它能更加系统地呈现知识，具有较强的逻辑体系，能有效培养学生的思维发展，所以个性化教学评价离不开教材，这是必然的。但是，个性化教学评价在于多元评价，在于尊重学生的差异性和多元性，让学生多元发展。那么，个性化教学评价就需要关注学生的多元回答，形成学生的发散性思维和培养学生的丰富想象力和创造力。可是，现有的教材或教科书所提供的知识内容不能满足学生的学习与发展的个性化与多元化评价，因此，个性化教学评价需要重视和关注个性化教材的开发。

第二节　个性化教学背景下教师物质文化的现状

在个性化教学背景下的教师文化研究过程中，我们不仅需要研究其应然状态，更加需要从其在个性化教学实践过程中的开展状态，了解其实然状态。那么，笔者就以正在开展“开放式·个性化”教学实践的 F 小学作为个案来

---

① 王中华，熊梅．高校个性化教学的影响因素及其消解——文化视角的反思［J］．现代教育管理，2012（7）：80－84.

进行探讨。首先，对F小学进行简要介绍。F小学是吉林长春市某师范大学附属小学，备受长春市学生家长的青睐和好评。该校从2001年开始就进行了开放式教育的理论探索和改革实践，不断积极探索更加适合学生发展的小学教育，改变传统封闭式学习、教育整齐划一和压制个性的教育状态，积极倡导“以人为本”，尊重学生的差异性、生成性、共生性等个性和社会性的特点，主张解放人性，通过建立民主、开放、合作、综合、多元、自主等开放式教育机制与模式，将开放式教育深入该学校的每一个教师的心中，切实改变原来的封闭、固性、分科和划一被动的封闭式教育，形成了开放、弹性、综合、个性化、合作、自主的开放式教育。① 可见，自从新课改以来，F小学就进行了“开放式·个性化”教学的实践探索和理论研究，通过“科研引领”“制度创新”“学科自主”“团队合作”等举措，推进了教师文化的改革。十多年来，F小学逐渐形成了具有该学校自身个性化和特色化的一种办学理念和教师文化。在研究过程中，笔者通过对F小学的观察、听课、调查问卷、教师访谈等方面的研究，发现F小学在个性化教学实践和探索过程中，在教师文化方面取得了一定的成效，即在一定程度上形成了符合F小学教学改革和发展的教师物质文化。

一、开放教学空间的形成

在个性化教学理念的指导下，为进一步提高教师的教学水平，将教学理念融入教学中来，切实改变传统教学的束缚。F小学在实践中进行了传统班级教室的改造。

（一）扩展班级教室空间，满足多样化学习方式的需要

F学校将班级教室面积扩展为90平方米，通过桌椅的不同组合形式来淡化黑板—讲台空间中心感，便于学生学习方式的多种转换，给予学生更多的自主选择机会，改变传统教室不能够流动和交往的限制，从而满足学生多样化的学习需要，如图6－4所示。

① 熊梅．开放式学校教育的实践探索与初步成效［C］．东亚学校教育创新高端学术论坛暨东北师大附小教育集团开放式教育十年研究发表会研究纪要．长春：东北师范大学附属小学教育集团，2011.

图6－4　学生在开放的教学空间进行学习

（二）改变班级教室的空间关系，形成无障碍的学习环境

通过移动软墙实现了班级教室与教室之间的半连通、班级教室与走廊空间的全连通，促进班级之间的沟通与交流，从而形成“班群空间”，以便于教师协同指导，如图6－5所示。

图6－5　F小学的开放空间展示

（三）扩展走廊的功能，打造学习、生活、交往的一体化空间

学校针对传统走廊狭长、空间狭窄的不足，在横向上拓展到8米，从而

形成一个比较宽泛的空间，让学生能进行游戏、活动、展示、交往等多种教育生活，如图6-6所示，学生在走廊中可以进行科学课实验活动展示，进行探究成果的展示以及进行学习活动。

图6-6　F小学学生探究成果的展示

二、弹性教学时间的确立

（一）进行了学期制度改革

从个性化教学的需要和学校实际以及学校所在的地区特点，进行了传统的学期改革，实施从“二二学期制”走向“四四学期制”，在保证国家规定的每年36个星期和14个星期假期的前提下，每年实行4个学期和4个假期，并且每个学期的时间也不一定相等，最少的教学时间周为6个星期，即分别为6个星期、13个星期、8个星期、9个星期，假期则分为春假、秋假、暑假5个星期、寒假7个星期。① 以2011年为例，第一学期为8月22日到9月30日的6个星期的教学时间，10月1日到9日为秋假时间；第二学期为10月10日到2012年1月3日的13个星期的教学时间；第三学期为2012年1月14日

① 王艳玲，王虹．开放式学校弹性时间制度改革初探［J］．中国教育学刊，2011(8)：24-28.

到 2 月 25 日的 6 个星期为寒假时间；第四学期为 2 月 26 日到 4 月 29 日的 9 个星期为教学时间，4 月 30 日到 5 月 6 日为春假一个星期，第四个学期 5 月 7 日到 7 月 13 日的 10 个星期的教学时间，7 月 14 日到 8 月 20 日的 5 个星期为暑假时间，如图 6－7、图 6－8 所示。

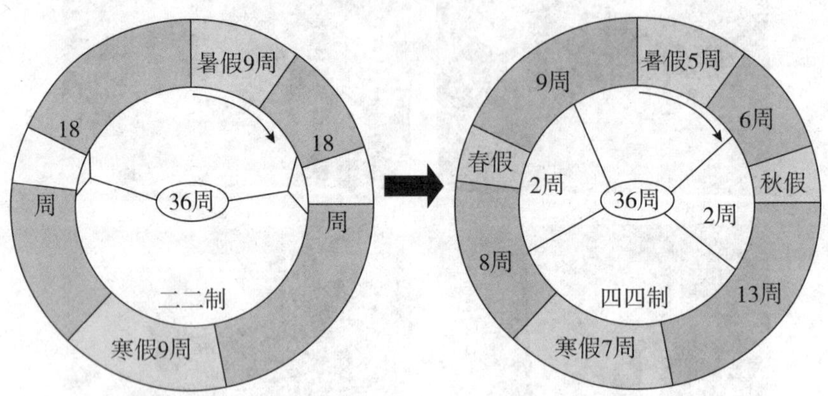

图 6－7　“二二学期制”与“四四学期制”

<table>
<tr><td>学期</td><td colspan="6">第一学期（6 周）</td><td>秋假 1 周</td><td colspan="14">第二学期（14 周）</td><td colspan="6">寒假（6 周）</td></tr>
<tr><td>时段</td><td colspan="2">8.22-9.3</td><td colspan="4">9.4-9.30</td><td>10.1-10.9</td><td colspan="3">10.10-10.30</td><td colspan="5">10.31-12.3</td><td colspan="4">12.4-12.31</td><td colspan="2">1.1-1.13</td><td colspan="3">1.14-2.4</td><td colspan="3">2.5-2.25</td></tr>
<tr><td>月份</td><td colspan="2">8 月</td><td colspan="4">9 月</td><td colspan="4">10 月</td><td colspan="5">11 月</td><td colspan="4">12 月</td><td colspan="5">1 月</td><td colspan="3">2 月</td></tr>
<tr><td>周</td><td>4</td><td>5/1</td><td>2</td><td>3</td><td>4</td><td>5</td><td>1</td><td>2</td><td>3</td><td>4</td><td>1</td><td>2</td><td>3</td><td>4</td><td>5/1</td><td>2</td><td>3</td><td>4</td><td>5</td><td>1</td><td>2</td><td>3</td><td>4</td><td>5/1</td><td>2</td><td>3</td><td>4</td></tr>
<tr><td>活动内容</td><td>开学典礼/迎新会/新学期适应周</td><td></td><td>教师节</td><td>中秋节</td><td>教育研究发表会</td><td></td><td>综合实践活动</td><td>秋季田径运动会</td><td></td><td>青蓝杯/希望杯</td><td></td><td>期中教学工作检查</td><td></td><td>教学文化年第四轮教研活动</td><td></td><td></td><td></td><td></td><td>开放式教育十周年庆典/元旦联欢会</td><td>期末总复习</td><td>期末考试/休业式/家长会</td><td>校本研修/修学之旅</td><td></td><td></td><td></td><td></td><td></td></tr>
</table>

<table>
<tr><td colspan="9">第三学期（9 周）</td><td>春假 1 周</td><td colspan="10">第四学期（10 周）</td><td colspan="5">暑假（5 周）</td></tr>
<tr><td>2.26-3.3</td><td colspan="4">3.4-3.31</td><td colspan="4">4.1-4.29</td><td>4.30-5.6</td><td colspan="4">5.7-6.3</td><td colspan="4">6.4-6.30</td><td colspan="2">7.1-7.13</td><td colspan="2">7.14-7.29</td><td colspan="3">7.30-8.20</td></tr>
<tr><td>2月</td><td colspan="4">3 月</td><td colspan="4">4 月</td><td></td><td colspan="4">5 月</td><td colspan="4">6 月</td><td colspan="4">7 月</td><td colspan="3">8 月</td></tr>
<tr><td>5/1</td><td>2</td><td>3</td><td>4</td><td>5</td><td>1</td><td>2</td><td>3</td><td>4</td><td>1</td><td>2</td><td>3</td><td>4</td><td>5/1</td><td>2</td><td>3</td><td>4</td><td>5</td><td>1</td><td>2</td><td>3</td><td>4</td><td>1</td><td>2</td><td>3</td></tr>
<tr><td>开学典礼</td><td></td><td></td><td></td><td>一年级家长开放日</td><td>清明节</td><td></td><td>主题文化年启动</td><td></td><td></td><td>春季趣味运动会</td><td>科技节</td><td></td><td>六一儿童节/一年级入队</td><td>期中教学工作检查</td><td>希望杯/青蓝杯</td><td>端午节</td><td></td><td>期末复习</td><td>期末考试/毕业典礼/结业式/家长会</td><td>学年度争先创优活动</td><td>干部研修/修学之旅</td><td></td><td></td><td></td></tr>
</table>

图 6－8　F 小学 2011 年的校历

（二）进行了“周”时间的弹性化设计

通过弹性时间周的设计实现更好地实施个性化教学，以如图 6－9 所示的弹性时间制周课程表为例，通过每个星期不同时间的调整和选择，为教师进行个性化教学提供了更加可行的条件。

弹性时间制周课程表
（以三年一班为例）

第一套

课节＼星期	星期一	星期二	星期三	星期四	星期五
第1节	数学	语文	数学	语文	语文
第2节	美术	外语	语文	数学	数学
第3节	美术/音乐	数学	语文	语文	社会
第4节	语文	科学	外语	体育	体育
第5节	体育	综合实践	音乐	外语	道德
第6节	数学综合	综合实践	社会	科学	班队会

第二套

课节＼星期	星期一	星期二	星期三	星期四	星期五
第1节	数学	语文	数学	语文	语文
第2节	美术	数学	语文	数学	数学
第3节	美术/音乐	外语	语文	外语	社会
第4节	语文	语文	外语	体育	体育
第5节	体育	综合实践	音乐	科学	道德
第6节	数学综合	综合实践	社会	科学	班队会

第三套

课节＼星期	星期一	星期二	星期三	星期四	星期五
第1节	数学	语文	数学	语文	语文
第2节	美术	外语	体育	数学	数学
第3节	美术/音乐	数学	语文	科学	社会
第4节	语文	科学	外语	体育	社会
第5节	体育	综合实践	音乐	外语	道德
第6节	数学综合	综合实践	语文	语文	班队会

第四套

课节＼星期	星期一	星期二	星期三	星期四	星期五
第1节	数学	语文	数学	语文	语文
第2节	美术	数学	语文	数学	数学
第3节	美术/音乐	外语	语文	外语	社会
第4节	语文	体育	外语	体育	社会
第5节	体育	综合实践	音乐	科学	道德
第6节	数学综合	综合实践	语文	科学	班队会

注：星期一第三节单周为音乐，双周为美术。

图 6－9　弹性周课表

（三）进行了时间带的改革

为更加科学合理地利用教学时间，进行了日常的教学时间的改革，让学生更好地进行学习、生活和活动。F 小学将教学时间进行模块化的改革，将时间分成为若干个“时间带”，在每天相同的时间内安排统一的学习与活动，形成了“教学时间带”和“健康活动时间带”以及“每日必读时间带”，从而更有利教师进行个性化教学和学生个性化的学习，如图 6－10 所示。

（四）进行了系统化的课时分配改革

根据教学目标和学习活动的需要，进行弹性化的分配时间，F 小学进行了相关的改革，进行系统化的分配时间，并将 10 分钟或者 15 分钟作为一个系数标准。同时，根据教学的需要计算和分配上课时间，每次课的时间以“最小的时间系数”来确定，形成不同课时长度的弹性化教学时间，包括了 15 分钟的小课时教学时间（1 个教学时间系数），也包括了两三个教学时间系数的教学时间，即 30～40 分钟的教学时间，甚至还包括了 4～6 个教学时间系数的课时，60、75、90 分钟的长课时量的课堂教学时间，从而满足不同的教师教学需要和学生个性化差异化的学习，如图 6－11 所示。

时刻	时间	课节	星期一	星期二	星期三	星期四	星期五
8：00	10		语文每日读				
8：10	40	一					
8：50	15		间餐				
9：05	40	二					
9：45	5		大课间准备				
9：50	30		大课间				
10：20	40	三					
11：00	15		课间休息、眼保健操				
11：15	40	四					
11：55	25		午餐				
12：20	30		休息、清扫、午间活动				
12：50	10		课前准备				
13：00	15		英语每日读				
13：15	30	五					
13：45	10		课间休息				
13：55	30	六					
14：25	30		大课间、眼保健操		兴趣活动小组	大课间、眼保健操	
14：55	10		课前准备			课前准备	
15：05	30	七					班会
15：35	15		班级反思小会				
15：50			学生离校				

图 6－10　F 小学 2011 年 3～6 年级日周课程表①

注：中度灰色部分为教学时间带，浅灰色部分为健康活动时间带（含教育活动带），深灰色部分为每日读时间带。

① 王艳玲，王虹．开放式学校弹性时间制度改革初探［J］．中国教育学刊，2011（8）：24－28.

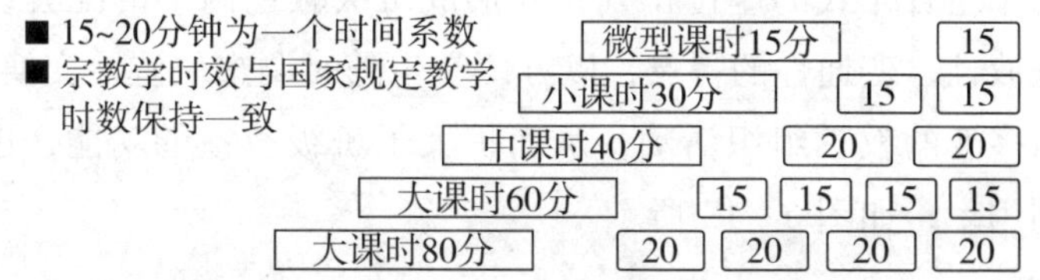

图 6－11　课时系数

三、合作学习环境的塑造

（一）座位排列的改变

从课堂教学组织形式来看，传统教学组织形式下课堂教学组织形式是传统的“秧田式”组织形式，学生座位的排列是以一个课桌两个学生，形成横数几排，竖数也是几排，形成如图 6－12 所示的状态。

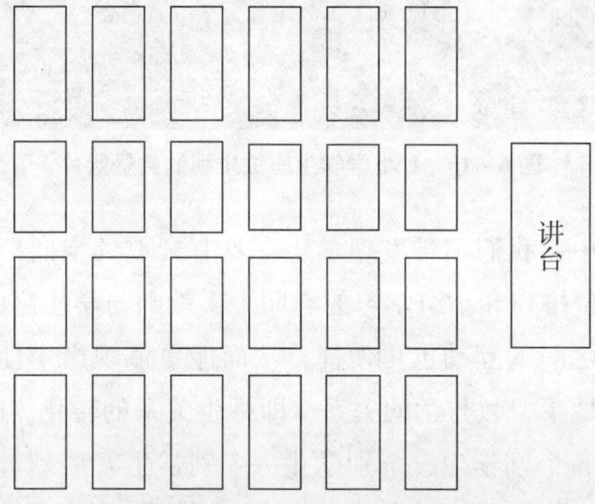

图 6－12　传统的课堂教学组织形式

但是，在这样的课堂教学组织形式下，不利于学生的学习交流，也不利于小组之间的合作学习。在个性化教学组织形式下，学生的座位由固定的座位，到可以移动的座位，学生可以进行随意地交流和互动，在这样的背景下，学生形成小组合作，还可以进行小组间的交流与合作。为了更好地个性化教学背景下的需要，为学生进行交流、游戏、活动交往等学习的需要，F 小学进行了教学组织形式的改变，改变原来的“秧田式”座位排列的状态，形成可以移动的小组合作式的座位排列，并形成班级教室内部的配套设施凸显出移动性、开放性、变通性的特点，以方便学生随时调整位置，交换结合形式，来适应灵活多变的教学组织活动，从而扩大了班级教室的功能，也提高了教室的空间利用率，如图6－13所示。

图6－13　F小学学生座位排列的实景照片

从上述照片中，我们不难发现学生在具有开放的空间，在具有移动性、机动性较强的座位排列和小组学习的空间下，教师与学生之间的交往更加密切，学生与学生之间的互动也更便捷，从而能更体现出个性化学习的需要。在个性化教学视域下，教与学的关系，即师生关系的转化，由原来的教师—全体学生、教师—个别学生、个别学生—个别学生发展到教师—全体学生、教师—小组学生、教师—个别学生、个别学生—个别学生、小组学生内的个别学生—个别学生、小组学生—个别学生、小组—小组之间的学生等关系。师生关系、生生关系得到了量的扩大，关系的网络得到了延伸。学生的交流圈子更为广泛，学生合作范围也呈现立体形，而不是原来那种平面形的师生关系。

（二）交流空间的变化

个性化教学不仅需要学生进行个性化的学习，充分发挥自己的主观能动性和积极性以及创造性，但是，新课改目标早就指出，学生需要加强合作学习，需要进行积极的探究和交流。在以往的教学空间中，教师与学生之间缺少交流，学生与学生之间缺少沟通与合作。为此，F 小学竭力改变原来的状态，积极拓展学生的学习与交流空间上，从而为个性化教学提供更好的空间，如图 6-14 所示。从图片中，我们看到了一部分在粘贴板前进行学习成果的演示，另一部分学生在学生在倾听，并认真思考以及提出自己的看法，同时，还进行交流与讨论，一方面指出他人的不足，另一方面学习他人的长处，从而形成“学习乃是同商量而已”的局面。

图 6-14 F 小学学生在进行聆听学习成果表达

四、师生交流环境的建设

（一）多功能的阶梯教室为教师交流提供了条件

多功能的阶梯教室为教师提供了更加便利的条件和平台，如图 6-15 所示，F 小学所建设的阶梯教室为教师与学生提供了交流的平台，同时，多功能的阶梯教室为教师与教师之间的交流提供了更加方面的条件。

（二）多功能的教室为学生的学习提供更加丰富的学习资源

以 F 小学为例，学生能在多功能教室中进行学习和交流，一边是具有电脑操作的教室空间，一边是具有多媒体教学的教室空间。从图 6-16 中，我

图 6 – 15　F 小学的阶梯教室

们能充分发现，多功能教室具有演示、实验、讲授、表达、交流等多种功能的教室，为学生的交流与学生的探究活动以及学生的动手操作等学习方面都提供了更加便捷的环境和条件。

图 6 – 16　F 小学在多功能教室

第三节　个性化教学背景下教师物质文化的问题

在个性化教学背景下，教师物质文化建设存在着一定的问题和不足之处，这是毋庸置疑的。以F小学为个案，我们能清楚地发现，在F小学个性化教学实践中存在诸如下面的一些问题。

一、教学空间的使用问题

前文提到了开放式的教学空间，形成了开放式的走廊加教室，即没有墙壁的教室，它具有很多的优势和明显的利于教师个性化教学和学生个性化学习的特点。但是，笔者认为，在每一次教学过程中，教师能否有意识或者无意识地运用到开放空间呢？在个性化教学中，教师是否是为了运用开放空间而使用开放空间，特别是迫于一种来自于学校领导和其他教师的心理压力，或者是出自于公开课的需要，本身并没有这种意识。通过调查发现，教师基本上具有了开放式教学空间的理念，但是，教师利用开放空间的“自觉意识”还是需要进一步的加强。同时，个性化教学主张改变了传统固化的学生座位排列的现状，倡导灵活的学生座位排列，倡导开放式的教学空间，关注学生能在开放的教学空间中进行体验和学习，也能进行探究成果的表达和交流。在个性化教学的过程中，一些教师常常不能充分有效地利用开放的教学空间，主要原因在于：一方面是教师担心学生到开放空间去活动会不会吵到或者影响到其他班级的上课；另一方面就是有些教师自己“放不开”，不敢充分利用开放的教学空间，“害怕”学生一放开，课堂教学纪律就会“一团乱麻”。于是，教师在这样的常规惯性思维下，尽管也想去“放开手脚”，想让学生能自由地、个性化地学习与体验。然而，苦于这些种种的考虑和担心，教师最终还是放弃了让学生去充分体验与探究，于是往往只是让学生局限于教室“场域”而不去扩大教学空间，真正让学生走向更加开放的教学空间。

所以，出现了下列问题。第一，教师没有正确认识到多功能教室的价值。多功能教室是为了更好地展示教学内容和教学过程，更方便学生的学习。因为其第一个功能是教室，也还是传统意义上的教室，前边是白板，后面是课桌或者实验桌，方便了学生正常的学习。第二个功能还是学生探究室，把相关的教学资源搬进了这些教室，学生能进行相关的学习与探究。① 但是，教室没有充分认识到多功能教室的价值所在。第二，不能恰当处理好传统教室与

① 田俊．建设学科功能教室实现资源离师生最近［J］．中国现代教育技术装备，2011（6）：11－12.

多功能教室的运用情况。例如F小学社会学科的多功能教室，一方面具有很多的图书资料和台式电脑，另一方面具有多媒体教室。但是，在运用这些教学资源的时候，教师往往显得对这些教学资源的利用不足。

二、教学时间的利用问题

对于弹性化的教学时间，在面对学校的“四四学期制”，有些教师感到不太适应，但是随着逐渐地适应，逐步接受，并适应过来，这是非常正常的事情。但是，面对课堂教学时间，15分钟为一个时间系数，大课时的60分钟、75分钟、90分钟的教学时间，教师能否做到充分利用这些教学时间，能否将这些教学时间变成有效教学时间，不是为了“走过场”而进行的，而是切实为了个性化的“教”和个性化的“学”而开展的。在这些问题上，有些教师做到了，但是，一些教师并没有做到。从笔者听课的过程中，发现有少数教师“基本上能做到”，有些教师“完全不能做到”，有些教师只是“想去做到”。因此，面对弹性化的教学时间，需要教师进一步的进行个性化教学设计，需要进一步去进行时间管理。可见，教师能否有效利用弹性的教学时间还是一个问题。同时，在对F小学教师的“弹性化教学时间对您有多大影响”调查过程中，发现很多教师认为弹性化教学时间对自己的教学影响不大，具体而言，如图6－17所示。

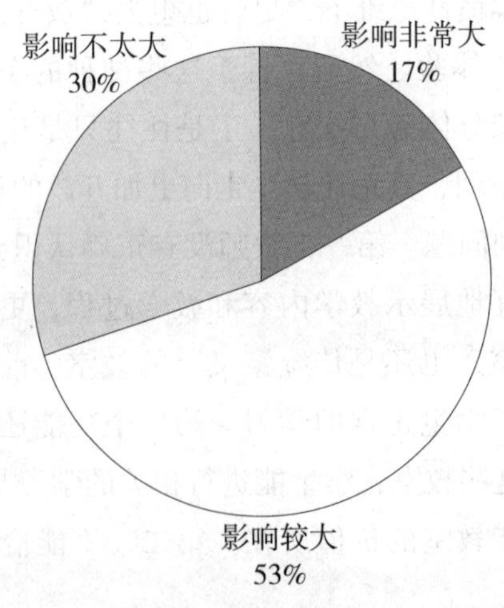

图6－17 关于弹性化教学时间的影响方面的调查

第四节 个性化教学背景下教师物质文化的限制因素

一、大班化教学的影响

据相关统计，到2010年止，我国小学56人以上的大班额比例占小学全部班额的20.03%，而66人以上的超大班额比例达到5.42%。同时，我国初中56人以上的大班额比例是初中全部班额的51.34%，其中66人以上的超大班额比例是14.76%。① 可见，大班化教学是我国当前学校教育中客观存在的一个现实问题。由于大班化教学的存在，使得教师对学生的个性化教学带来更多的阻碍。

一方面，由于班级人数较多，教师没有更多的时间和机会跟学生进行交流和沟通，导致教师与学生之间的互动减少，正如学者对大班化条件下师生互动的调查发现："从不互动"的比例占到7.5%，"很少互动"的比例为22.6%，"有时互动"的比例为41.5%，"经常互动"的比例占28.4%。②

另一方面，大班化教学不利于教师开展个性化教学指导。当教师面对过多的学生时，往往不能开展个性化的学习指导，也不能更好地照顾到学生的差异和个别指导。在个性化教学实践中，F小学的班级人数也比较多，小学班级人数基本上达到50人左右，因为小班化教学的基本标准是"人数36人以内"③，所以，在个性化教学开展过程中，教师面临教师行为文化上的问题与大班化教学也是分不开的，这个问题在同F小学美术教师SLB老师的访谈中可以得到体现。

问：您认为哪些因素在影响您的个性化教学？

SLB老师：影响个性化教学的因素主要在于3个方面。第一，来自学生家长的素质、思想观念，像日本学生在学习过程中自律性较强，不影响其他学生的学习，而在中国很难做到。第二，来自大班额化教学的限制。以F小

① 刘华蓉．教育部组织研究解决大班额问题［N］．中国教育报，2011-08-05(1).

② 潘洪建，仇丽君，孙静静．大班额学习现状、问题与对策［J］．天津师范大学学报：基础教育版，2013（1）：11-15.

③ 梁建伟．小班化人数36人以内［EB/OL］．（2007-03-27）［2013-12-20］．http：//news. sohu. com/20070327/n248991422. shtml.

学为例，在个性化教学过程中，就算分组讨论也人数太多，最少也有 40 多人，很难做到个性化教学和关照到学生的个别化。第三，课程设置与教学计划方面的障碍。课时问题，美术课需要 30 节课，里面包含太多的知识内容，如民俗的东西、油画、国画等，说的是传授给学生经典，但是挖得不太深，而有些知识学生可以在网上查找，没有必要增加学生学习知识的负荷，日本等国家一学期下来才教授几个方面的内容，显得很精细。

二、现有教材的影响

"中小学教材是学校教育的基本资源和主要工具。"① 可见，教材在个性化教学过程中具有其重要的地位。但是，现有的教材体系更主要是基于集体化教学的设计，是在集体化教学之中展开的，是为集体化教学服务的，即现有的教材是属于集体化教学的，不利于个性化教学。② 根据对 F 小学英语教师 SWH 老师的适应性个性化教学的教师文化访谈，我们可以得到答案。

问：您认为哪些因素在影响您的个性化教学?

SWH 老师：第一，教材问题是比较大的问题，F 小学英语教材没有进行中日对比行动研究，目前的教材整齐划一，只是传统的集体化教学，而不适合个性化教学，开发教材和课程资源是一个重要方面；第二，高年级小学的学习秩序问题是一个重要的影响因素。

同样，根据笔者对 F 小学美术学科 SLB 老师的访谈中也提到了教材问题。

可见，当前的教材与个性化教学显得不适应是个性化教学的一个重要的影响因素，需要进一步去破解。

第五节　个性化教学背景下教师物质文化的构建策略

个性化教学背景下，F 小学教师物质文化建设取得了一定成效，同时，问题也是存在的，而也存在一定的限制因素。为此，需要进一步寻找策略去突破和解决，从而促进个性化教学背景下教师物质文化的发展，具体而言，

---

① 李俏，张华．中小学教材修订中的若干思考［J］．课程．教材．教法，2012(8)：46－51.

② 王中华，熊梅．个性化教学视域下的教师文化建构［J］．中国教育学刊，2013(2)：35－38.

主要体现在以下几个方面。

一、深刻领会开放教育和个性化教学

开放式教育是在教育的实施过程中，以个性化、个别化的教育为起点，营造开放式空间，运用回归本质的方法，帮助每个学习个体用自己的方式发展自己的潜能，达到教育的目的。开放式教育理念下，教师需要打破思想的墙壁，树立共同的教育理想和信念，打开时间的墙壁，促进时间分配的弹性化；打开空间的墙壁，促进育人环境的多功能性；打开学科的墙壁，促进课程的综合化；打开教学的墙壁，推进教学的个性化；打开信息的墙壁，促进信息技术与课程的综合；打开组织的墙壁，促进人员的合作性；打开学校的墙壁，促进学习学校、家庭、社区教育的一体化。通过形成开放式教育，教师能在个性化教学过程中悦纳学生的差异，能发掘学生的潜能，让学生获得尽可能大的发展，辩证地看待学生的差异性和个性，将学生的差异看作一种教学资源，而不是将差异简单地与否定或者负面的事物画等号。通过多元化性地对待学生，让学生在差异中成长，张扬个性。在教师眼中，只有暂时落后的学生，而不是失败的学生，实现给予学生“最适合”的教育，真正实现基础教育课程改革的宏愿：“为了中华民族的伟大复兴，为了每位学生的发展。”

“开放式·个性化”教学是一个相互关联的概念，开放式是自变量，个性化是因变量，开放式强调一种悦纳，一种在学生多元化中看到个性，在学生之间的交流中分享他人的智慧。学生之间是有差异的，而不是整齐划一地进行课堂教学。比如在课堂教学中，有些学生发展水平要高一些，对知识的理解更快一些，于是出现有些学生超过预设的教学目标；有些学生未达到预定的教学目标，如数学学科“面积”这一单元，有的学生用 5 节课就能学完，有的孩子却需要花费双倍的时间，10 节课的时间。而这个单元所谓的标准时间大概也就是中间值七八个课时，如果以七八个课时这种标准时间指导这个单元的学习，就很容易出现学得快的孩子会有两三个课时的空白时间，而学得慢的孩子却因为学习时间不够，还没有理解就进入下一单元的学习。① 因

①［日］加藤幸次．创建适应个人差异的教学［C］．东亚学校教育创新高端学术论坛暨东北师大附小教育集团开放式教育十年研究发表会研究纪要，2011.

此，教师不能以成人的眼光来对待学生。一些学者认为，教育是“农业”而不是“工业”，教师是“农民”而不是“工人”，课堂教学不是进行流水线的机器生产而是进行生态性“农作”，因此需要关注每一个生命个体的不同特点进行“浇水”和“施肥”。可见，教师对开放式个性化教学的理解是进行教学的必要条件。

二、推进个性化学校文化建设步伐

（一）充分认识到适应个性化教师文化是个性化学校文化的主要内容

要形成适应个性化教学的教师文化，不可避免地需要提及学校的个性化和特色化。因为教师文化是学校文化和学校特殊性的一种体征，也是学校全体教师共同的价值规范、共同的教学信念和共同的教学行为的一种诠释。因此，我们在探讨形成适应个性化教学的教师文化过程之中，就需要进一步去探究学校的个性和特色。我们知道，“特色”是个性色彩和独特风格的一种表达形式，而特色学校就是针对那种千篇一律，办学风格趋同的一种匡扶和纠正。同时，学校文化特色，也可以说是学校文化的个性，是包括学校校长文化、教师文化、学生文化等在内的一个整体性的学校文化特色体系。

（二）校长需要具有特色和个性化学校文化理念

在推进个性化学校文化建设过程中，需要认识到校长是学校的灵魂，校长的学校文化理念代表着学校的文化理念，校长的特色办学理念彰显学校的文化特色，所以我们需要进一步认识到特色学校的创建，始于办学者，在眼下也就是校长的办学理念，校长的高瞻远瞩可谓特色学校创建的先声。①

（三）个性化学校文化得到全校教职工的认同

个性化的学校文化，需要得到全校教师和员工的认同。教师文化是学校文化的重要组成部分，形成适应个性化的教师文化需要构建特色和个性化的学校文化，需要更多的教师对个性化的学校文化的认同，更多地体现在学校

① 刘铁芳．走向深度的特色学校建设［J］．教育科学研究，2011（10）：21.

的日常教育活动之中。

（四）将个性化学校文化落实到实处

形成学校文化个性需要具体落实到学校的所有方面，在明确了学校文化特色建设目标以后，就要有细致的行动方案，诸如形成体现学校文化个性的校训和学校形象标志。同时，我们需要认识到，学校文化个性的形成绝不是靠文化公司的包装就能够完成的，也绝不是为了评比、展示服务所做的事，更不是由课程内容或德育内容单一方面、领域能独立承担的任务。①

三、增强教师的文化适应性

前文提到了教师在物质文化建设过程中出现了一些问题，诸如对开放空间和教学时间等利用的问题以及学生合作学习小组方面的问题。笔者认为，这是教师的一个文化适应性的问题，而且需要一个过程。

（一）加强教师的开放空间的适应性

笔者对F小学教师关于“开放空间对您的个性化教学的影响程度”的调查，如图6－18所示。

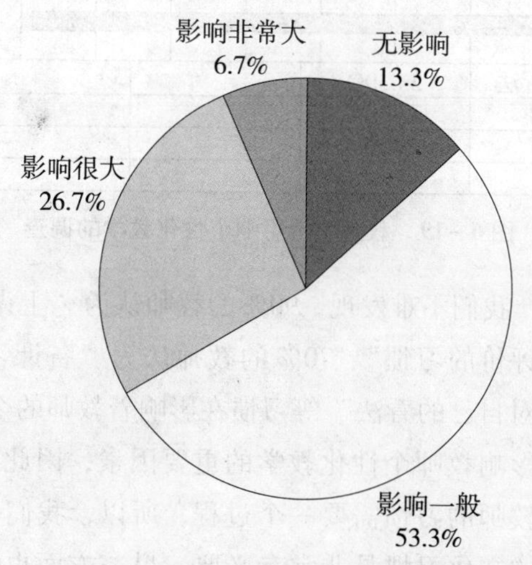

图6－18 开放空间对教师个性化教学的影响程度

① 叶澜．试论当代中国学校文化建设［J］．教育发展研究，2006（8A）：1－10.

根据调查，我们发现有6.7%的教师认为开放空间对其个性化教学具有非常大的影响，而26.7%认为具有很大的影响，只有13.3%的教师认为开放空间对其没有影响。可见，大部分教师是认同开放空间对个性化教学具有影响的。因此，在未来的个性化教学过程中，一方面，需要进一步让教师认识到开放空间对个性化教学的价值和意义；另一方面，需要进一步让教师去做到能充分利用好开放空间来进行个性化教学。

（二）教师习惯的改变也需要一个过程

我们常常认为"做什么都要养成好的习惯""培养孩子的习惯"等，认为习惯总是好的。然而，在个性化教学过程中，教师的文化习惯在影响教师的个性化教学。事实也是如此，我们通过对F小学教师的调查发现，教师习惯对教师的个性化教学影响较大，如图6-19所示。

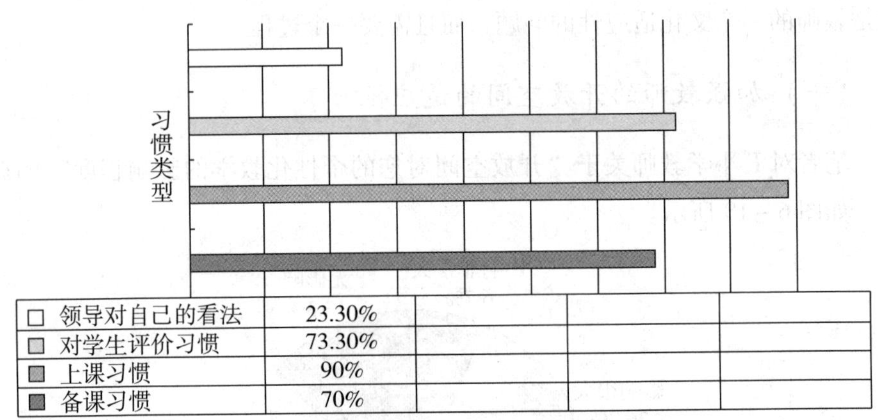

□ 领导对自己的看法	23.30%			
□ 对学生评价习惯	73.30%			
□ 上课习惯	90%			
■ 备课习惯	70%			

图6-19　教师习惯影响个性化教学的调查

从图6-19中，我们不难发现，90%的教师认为"上课习惯"、73.3%的教师认为"对学生评价的习惯"、70%的教师认为"备课习惯"以及23.3%的教师认为"领导对自己的看法"等习惯在影响着教师的个性化教学。可见，教师的习惯问题是影响教师个性化教学的重要因素，因此，需要关注教师的习惯问题。但是，教师的习惯需要一个过程，所以，我们一方面需要正确认识到改变教师过去的文化习惯是非常有必要，另一方面也需要认识到习惯的改变需要一个过程，同时还需要培养和形成适应个性化教学的教师习惯。

四、提升教师的文化自觉

（一）教师个性化的文化人格自我构建

个性化教学的缺失与教师个性的缺失是密切相关联的。在制度化教育背景下，教师的教学理念、教学行为等都被规制，被体制化，更加遵从和驯服已有的制度化的“条条框框”，以至于被称为“戴着镣铐跳舞”。所以，教师在教育教学过程中，往往是放弃了自己的个性，而去追求一个共同的标准和已有的整齐划一的模式，以至于在教学过程中，对待学生也是采取标准化、格式化的理念去对待教学和学生，于是教师的个性丢失了。因此，教师极需反对这样一种趋势，那就是教师“只是一只工厂里干活的手。只要机械、麻木地贯彻执行掌权者的思想和命令就可以了”①。

在个性化教学过程中，教师必须与那些有碍他们既能提高的制度作斗争，或者与行政和工业领导者提倡的、被玛格丽特称作“工厂化”的控制模式作斗争。② 只有这样，教师在共同性和个性的博弈下，才能形成自己的个性，建构自己的个性化人格，开展个性化地教学。根据笔者对 F 小学教师“您觉得个性化教学与教师的性格具有多大的关系”的调查发现，只有 6.7% 的教师认为教师个性对个性化教学没有影响，而 93.3% 的教师认为个性化教学与教师个性是有关系的，只是在影响程度上存在一定差异性，如图 6－20 所示。

可见，教师个性对教师的个性化教学时存在相关性的。因此，在个性化教学过程中，我们需要关注和重视教师的个性，去强调教师个性化的文化人格自我构建。

（二）教师的自我文化调适

个性化教学理念下，教师在建构个性化文化过程中，需要从外在的“自在”走向内在的“自觉”，因为文化不是天生的，而是在环境与教师个体之间的相互作用和相互影响之中形成的，而教师文化又是全体教师的一种共同的价值规范、信念、心理和行为方式等，这就需要教师在形成自己

① ［法］福柯．规训与惩罚［M］．北京：生活·读书·新知三联书店，1999.

② ［美］迈克尔·W. 阿普尔．教科书政治［M］．侯定凯，译．上海：华东师范大学出版社，2005：10.

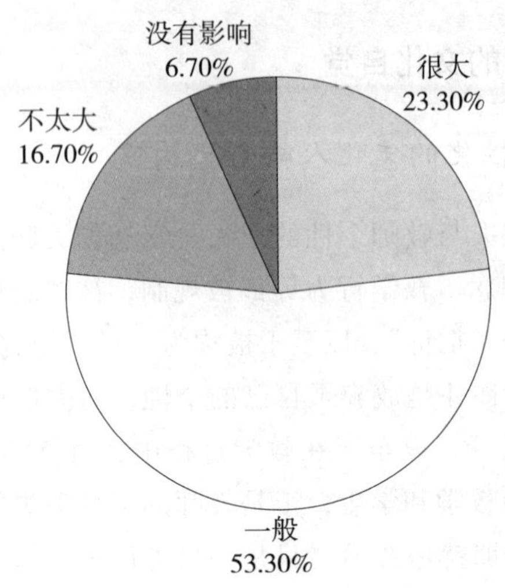

图6-20　个性化教学与教师性格的相关认同度调查

的个性教学过程中，还需要与其他同侪教师之间进行相互交流，相互融合，相互建构。

这样一来，教师才能从文化的边缘走向文化的内核，从而形成一种得到大家公认的文化模式或者说是一种文化体系。“对现代人来说，每一心处境、职业的每一改变，甚至对一个新社会集合的加入，都为他带来了文化适应的新问题。他必须学习‘运用’新的习惯和新的礼仪。”① 因此，新的教师文化理念，从外在的文化概念内化到教师的文化理念中去，需要进行个体内化和再生成，也需要在教师的现有“图式”中进行重构，还需要一个自我调适的过程。

（三）形成教师个性化教学智慧

我们还需要看到，建构适应个性化教学的教师文化，需要教师形成个性化教学智慧，“机智促进孩子的学习和个性成长”。② 教学智慧是教师教学过程中不断摸索以及积极反思出来的，而不是一蹴而就的，当然，学习是教师

① ［匈］阿格妮丝．赫勒．日常生活［M］．衣俊卿，译．重庆：重庆出版社，1990：5.

② ［加］马克斯．范梅南．教学机智——教育智慧的意蕴［M］．李树英，译．北京：教育科学出版社，2001：223.

构建个性化教学智慧的重要途径。因此，教师需要形成个性化教学所具备的知识、技能、能力与伦理等素养，形成个性化教学智慧。①

（四）尊重生命的个性

在新课改理念中，新课程倡导以人为本，即课堂教学就是以学生为本，关注学生的生命个性。所以，在个性化教学过程中，教师需要尊重生命，将每个学生都视作大写的“人”，而不是小写的“人”，切实做到“一切为了学生，为了一切学生”，将“生命作为至善”。② 总之，通过教师对个性化课堂中的学生进行生命化尊重，才能进行生态性教学，尊重学生的差异性，重视学生的生态个性，从而建构个性化教学所需要的教师文化。

---

① 王中华，熊梅．个性化教学的缺失与建构［J］．现代教育论丛，2012（6－7）：25－30.

② ［英］汉娜．阿伦特．人的境况［M］．王寅丽，译．上海：上海人民出版社，2009：248.

第七章　结论与反思

第一节　研究结论与研究启示

一、研究结论

（一）个性化教学背景下的教师文化与传统教学背景下的教师文化呈现不同特征

1. 个性化教学背景下的教师文化是一种开放式的教师文化

集体化教学视域下的教师文化呈现出一种封闭的状态，学生总是被安排和设计好的，学生的每一个学习程序都在教师的“掌控之中”，教师对学生的绝对权威，不仅是知识上的权威，还是话语上的权威，更是人格上的权威，学生往往是被教师所“主宰”，学生的学习时间和空间是封闭的，如学生不能随意走动，学生上课要举手回答问题，学生不能随意说话等。然而，在开放式教育理念和个性化教学背景下，则改变这样的课堂教学样态。开放式教育理念，是个性化教学的重要前提。开放的教学空间、弹性化的教学时间、开放的教学心态、开放的教学行为、开放的教学规范、多样化的“学习集体”、多样化的教学组织①等，都为个性化教学的开展提供了前提性的条件，而教师文化就是植根于这种开放式的学校环境。因此，个性化教学背景下的教师文化是在一种开放式的学校文化中养成的，也是促进学校开放的一种教师文化。

2. 个性化教学背景下的教师文化是一种合作式的教师文化

传统教学视域下的教师文化更加重视教师的“孤军奋战”，重视教师如何

---

① ［日］佐野亮子．日本开放式学校的基本原理及其特点［C］．东亚学校教育创新高端学术论坛暨东北师大附小教育集团开放式教育十年研究发表会研究纪要．长春：东北师范大学附属小学教育集团，2011.

去“教”，重视教师的“个人英雄主义”，而不关注学生与教师的学习合作，不重视“教”与“学”之间的合作，不关注“教”与“教”之间的合作。然而，合作成为当今时代的必需，一方面，当代学生的发展显示出更加复杂的特点，需要教师进行合作才能更加完全的掌握不同个性的学生的心理动态、学习特点与学习需要；另一方面，当代经济与社会的发展致使知识呈现出精细化和更加复杂的特点。所以，教师需要合作才能更好地完成教学任务。同时，个性化教学中的学生指导客观需要重视TT合作，即教师与教师之间的教学合作，包括备课、上课、学生评价等教学环节，如日本在个性化教学开展过程中，往往将学生层次不同的两个班级合起来一起上课，两个教师进行学生指导。可见，个性化教学中教师与教师之间的合作是一种客观与现实需要，也是符合个性化教学的规律。因此，个性化教学背景下的教师文化是一种合作式的教师文化。

3. 个性化教学背景下的教师文化是一种尊重学生差异和教师个性的教师文化

集体化教学是一种非个性化教学，即教学过程中教师的教学个性和学生的学习个性都被受到束缚，以至于是“戴着镣铐跳舞”。教师和学生被制度所规约，学生被教师所规训，于是，教师成为“主演”，学生成为“配角”，教师个性被忽视，学生的个性被泯灭。个性化教学强调尊重学生的差异，重视学生的个性，但是“教师的个性同样应受到尊重”。① 可见，个性化教学背景下的教师文化，强调教师的文化观念和行为文化方面都做到既对学生的个性和差异进行尊重和关注，让学生自主学习，成为课堂的主人，让学生从被动到主动，从奴役到主体，又需要重视教师自身个性的发挥，对于学生的个性化进行指导，对于学生的个性化进行评价等，即教师个性化在个性化教学过程中也是得到尊重的一种教师文化。

4. 个性化教学背景下的教师文化是一种过程性、动态的教师文化

在集体化教学视域下的教师文化更多的是一种文化传承，重视循规蹈矩，倡导教师按照“条条框框”进行办事，更加显示出一种静态的特点。在个性化教学视域下，教师能彰显教学个性，能灵活地创造和解决个性化教学过程

① 张兆来. 教师个性与个性化教学［J］. 江苏教育学院学报. 社会科学版，1998 (3)：13－15.

中的问题，并重视教师弹性化的教学、教师个性化的教学和学生的个性化学习等。可见，个性化教学视域下的教师文化呈现出一种动态的特点。

5. 个性化教学背景下的教师文化是一种更加兼容的教师文化

传统教学视域下的教师文化更多的是一种封闭的和保守的文化，更加关注学生的“服从”和“配合”以及教师的教学上的“墨守成规”，觉得不允许与教师相反的答案，觉得不容许学生与教师的不一致，更加重视一种“齐步走”的状态。个性化教学视域下，教师文化更加凸显出一种兼容性，能容纳学生的不同差异和个性化，能“兼收并蓄”，并达到一种“求同存异”与“和而不同”的教学效果。可见，在个性化教学视域下的教师文化是一种包容性很强的教师文化，能使个性化教学过程达成“各美其美，美人之美，美美与共，天下大同”的教学理想。

（二）个性化教学背景下的教师文化是“基于个性化教学”“为了个性化教学”“在个性化教学之中”的教师文化

开展个性化教学需要教师文化的变革，强调个性化教学背景下的教师文化，但是这种教师文化不是“空中楼阁”，而是在个性化教学过程中，个性化教学是基于个性化教学的教师文化（On The Individualized Teaching），在个性化教学之中的教师文化（Within The Individualized Teaching），为了个性化教学的教师文化（For The Individualized Teaching），从而进一步达成对教师文化规律性的认识。

1. 个性化教学背景下的教师文化是基于个性化教学的教师文化

基于个性化教学的教师文化，主要是指构建个性化教学背景下的教师文化是对个性化教学的解读和理解以及个性化教学实践基础之上来进行的教师文化，而是有别于传统教学视域下的教师文化，并彰显出个性化教学视域下的教师文化的特点和内涵，也就是个性化教学背景下的教师文化是旨在以个性化教学场域的，以尊重学生的个性化学习，彰显教师的教学个性的一种教师文化。

2. 个性化教学背景下的教师文化是在个性化教学之中的教师文化

在个性化教学中的教师文化，主要是指个性化教学背景下的教师文化是在个性化教学设计、个性化教学过程中所形成的一种教师价值观、教师行为、教师制度、教师物质等方面的体系。因此，个性化教学背景下教师文化的形成离不开个性化教学这个平台。

3. 个性化教学背景下的教师文化是为了个性化教学的教师文化

个性化教学背景下的教师文化是为了促进个性化教学的开展，为了进一步促进个性化教学的课堂教学规范形成，为了进一步提高教师个性化的“教”，也为了提高学生的自主学习能力，提高教师之间的合作能力，提升教师专业发展水平，促进个性化教学从理念转变为一种教学实践，从个性化教学的特殊状态称为一种常态，因此，个性化教学背景下的教师文化发展都是为了推进个性化教学的教师文化。

（三）个性化教学背景下的教师文化彰显开放性特色

1. 个性化教学背景下的教师文化是一种体现开放式学校特色的教师文化

个性化教学背景下的教师文化是一种特色文化，首先体现在教师方面，它展现了教师在课堂教学过程中的价值观念、行为习惯、教学程序等方面的一些特色。比如，2011 年 F 小学在开展个性化教学过程中，卡片成为一种教师进行个性化教学的标志性的内容，无论在语文学科的教学，还是在数学学科的教学过程中，都有学习卡片、资料卡片、检测卡片、发展性卡片、评价卡片等。那么，教师制作卡片就成为 F 小学教师文化的一种特色。可见，个性化教学背景下的教师文化凸显了教师的特色。

2. 个性化教学背景下的教师文化是一种体现开放式学校特色的学校文化

个性化教学背景下的教师文化尊重教师的个性化，重视学生的差异和个性，重视学校特色文化建设，我们从 F 小学的学校特色就可以看出，该学校明确提出“开放式·个性化”的学校特色理念，并强调尊重学生的差异，倡导学生的自主学习，重视学生的探究，彰显学生的个性等学习特色文化，我们就能体会到学校特色与个性化教学之间的关系，而且根据调查显示，多数教师认同个性化教学对学校文化建设影响重大。可见，个性化教学背景下的教师文化是一种体现学校特色的文化。

二、研究启示

（一）个性化教学肩负着文化使命

1. 个性化教学需要继承优秀的教师文化传统

“古为今用”“鉴古知今”一直是我国所倡导的，通过学习传统的人们教学的做法能更好地去引导现在的教师去进行教学。自从孔子时代所倡导的“有教无类”“因材施教”等个性化教学思想到清代颜元等以来强调的“气质之性”和“天命之性”等学生个性在教学过程中的价值与作用以及蔡元培强调“人格教育”以及陶行知重视“解放教育”等都彰显出个性化教学的特点。那么，对于这些优良的教师文化传统，个性化教学需要进一步去继承，这样才能避免“虚无主义”。

2. 个性化教学需要学习与借鉴国外的教师文化

“洋为中用”也是教师文化发展过程中的重要方面。个性化教学过程中，我们需要不断去学习国外优秀的教学经验和教学方法，从课程到教学，从教师物质文化到教师制度文化，从教师观念文化到教师行为文化等方面都可以进行学习。F 小学进行中日教材比较，例如语文教学中借鉴日本小学课本《狐狸阿权》进行教师行动研究，不断发现日本小学教材具有单元性强、课时长、内涵丰富等特点，而日本小学的数学教材则体现出正如学者所指出的不仅“偏重数学学科的特点与儿童的学习特点”，而且“偏重练习的效率与练习的兴趣”，还“偏重问题叙述、理性认识与问题情境、感性体验”。[①] 因此，我们需要进一步学习国外的个性化教学经验，重视“学习与借鉴”。

3. 个性化教学需要教师文化自觉

文化自觉，主要是指在个性化教学理论和实践过程中，教师自觉对待传统的教师文化，并将教师文化进行发扬光大，教师作为主体自觉地吸收他者教师文化中的“精华”，教师自觉实现教师文化创新的过程。[②] 因此，在个性化教学过程中，教师需要做到，一方面继续自觉对待传统的教师文化，并进行批判性的继承；另一方面吸收他者文化，并在吸收的基础之上进行文化创新，从而形成个性化教学背景下的教师文化。

（二）个性化教学背景下的教师文化建设重在落实到个性化教学中去

2001 年以来的新课程改革为我国基础教育的腾飞规划了一系列的“美

---

① 曹培英．中日小学数学教材的比较研究［J］．课程・教材・教法，2000（6）：52－55.

② 熊梅．论个性化教学的文化使命［J］．教育文化论坛，2013（4）：6－9.

梦”，但是，10 多年以来，尽管新课程改革不乏成功的经验，正如学者所指出的新课改取得了诸如“学校真实的教育形态也在悄然发生改变”和“形成了更加完整的课程管理体系”等许多的经验和成绩。① 但是，新课改过程中的问题也是不容忽视的，正如学者认为新课程改革与台湾的教改相类似，并认为台湾的教改不成功，我们的课改或许也会像台湾教改一样。② 对于个性化教学而言，个性化教学是一种美梦，一种旨在开放式的教育理念下，倡导尊重学生的学习差异和学习个性，重视学生的自主性学习和探究以及体验性学习，重视学生的合作与学习共同体的形成，培养学生的创新思维能力与实践动手能力，这是一种美好的教育理念和教育理想，但是关键在于具体落实到个性化课堂教学过程中，否则一切都是“空中楼阁”。

（三）校长是构建个性化教学背景下的教师文化的重要力量

校长作为学校的灵魂性人物，在学校的建设和教师队伍建设，在学校改革和教学改革过程中起着不可替代的作用。从 F 小学的个案中，不难发现，在个性化教学的改革中，在教师物质文化、教师制度文化、教师行为文化、教师观念文化等方面的推进过程中，校长作为学校的行政领导、教学领导以及学术领导，在教师文化的构建过程中起到了关键的作用。因此，在未来的教师文化建设过程中，校长作为一种重量力量不能被忽视。

（四）个性化教学背景下的教师文化构建是一个渐进的过程

根据马克思唯物辩证法的原理，我们知道，任何事物的发生发展都是需要一个过程的，从简单到复杂、从低到高等的一个递进过程。在构建个性化教学背景下的教师文化过程中也不例外，教师文化建设需要一个过程。我们可以从 F 小学的个案中看出，该小学从 2001 年就开始进行了“开放式·个性化”的学校教育理念改革，经过了“校本课程的开发”，也经历了“国际理解教育的实施”，再进行个性化教学的理论探究和实践探索。教师文化建设也逐渐从教师观念文化到教师行为文化，从教师物质文化到教师制度文化等过

① 宁连华，吕林海．我国基础教育新课程改革的十年审思与展望［J］．教育研究与实验，2012（5）：57－62.

② 王策三．台湾教改与“我们的课改”［J］．教育学报，2010（3）：3－11.

程的变化，教师文化建设还逐渐经历了对传统文化的继承，对新的教师文化的确立，即对传统的教师文化的“破”，对个性化教学的教师文化的“立”。因此，在个性化教学背景下的教师文化建设过程中，一直是“新”与“旧”的博弈、“破”与“立”的交织、“保守”与“开放”的挣扎。可见，个性化教学背景下的教师文化构建是一个渐进的过程，而不是一蹴而就的。

第二节　研究的局限性

一、理论层面的局限

（一）文化的不可捉摸

人类学家指出，人们一般意识不到他们身边的文化，因为此类文化表现为平常的生活，表现为看上去正常和自然的东西。正如美国学者所指出，“如果一条鱼成了人类学家，那么，它最不容易发现的东西就是水”。① 同样，对于教师文化而言，教师往往在做着文化的事，却感觉不到文化的存在，教师总是在于文化打交道，但是教师却不认为自己在做表现出的文化。由于文化的不可捉摸，使得教师文化的研究不是一件很容易的事情。实际上，教师生活在文化的世界，每一天都生活在文化之中，每一个教师都属于某种文化，每一个教师都表现出每一类文化，可见，文化显得很复杂，不容易去把握。因此，在对教师文化的研究，笔者显得很难把握好教师文化的内涵，也不好区分教师文化的层次，以至于对于教师的文化现象与教师的文化本质之前的界限显得很不确定。这样一来，为本论文研究提供了诸多的研究障碍。

（二）跳出文化的视野来研究文化绝非易事

文化显得很宽泛，文化显得很局限，往往局限于某一个集团，正如美国苹果公司所体现出的企业文化一样，教师文化也体现出其学校文化的特色。文化是一个领域，是一种视界，文化也是一种视野。那么，我们在研究文化的过程中，需要跳出文化的视野来研究文化，因为“只有用不同的眼光来看，

① ［美］帕梅拉．博洛廷．约瑟夫．课程文化［M］．余强，译．杭州：浙江教育出版社，2008：20.

我们才能理解我们的文化，而要做到这一点，我们必须努力跳出我们的充满文化的视野”。① 但是，作为文化中的一员，我们往往被打上“文化的烙印”，往往很难跳出每种文化的局限去进行文化研究。这将是本书研究的局限。

（三）对个性化教学的理解不容易

本书研究的着眼点就是“个性化教学”和“教师文化”，而在教师文化研究过程中，需要对个性化教学进行比较全面的理解和分析。但是，当前对于个性化教学含义的理解，目前还没有统一的认识，甚至有些学者还将个性化教学与个别化教学、个性化教学与个性化教育、个性化教学与小班化教学等概念混为一谈，如此现象不一而足。尽管在对 F 小学研究过程中，F 小学对个性化教学进行了自己的界定和规范，并认为个性化教学宗旨在于促进学生的自主学习，学生的自我成长。但是，对于个性化教学的进一步明确和认识还有待深入理解和加强理论研究。因此，在本书研究过程中，对个性化教学的理解问题也造成了本研究的一定的困扰和局限。

二、实践层面的局限

由于笔者一直待在大学里，从读书到工作再到读书，一直是在高校，因而对大学这个理论性比较强的教师工作比较了解，而对小学教师文化现象和本质缺乏更多的感性和理性认识。然而，本书研究是以小学为个案，强调小学课堂教学中的研究，强调对教师在个性化教学开展的文化现象的研究。那么，小学教师应该如何去教学，小学教师如何去指导学习更有效果，小学教师的文化如何在课堂教学过程中体现出来等，对于这些问题，笔者尽管具有自己的诸多理想化的认识和理解。但是，小学个性化教学过程中，理想与现实之中往往存在一定的差距。因此，在对小学教学和小学教师文化的观察和研究过程中，缺乏一定的认知，在对个性化教学问题的研究过程中，对教师的行为文化、教师的观念文化以及教师的制度文化和教师的物质文化可能出现判不准确的问题，这将为本书研究制造一定的麻烦和局限。

---

① ［美］帕梅拉．博洛廷．约瑟夫．课程文化［M］．余强，译．杭州．浙江教育出版社，2008：20.

第三节 研究的未来展望

一、教师文化是个性化教学研究不可忽视的课题

教师文化研究是个性化教学研究中的重要内容，也是个性化教学取得成功的重要步骤，没有教师文化的变革，个性化教学不能顺利开展。教师文化在个性化教学中起到“蝴蝶效应”，正如马蹄铁上一个钉子是否会丢失，本来是初始条件的十分微小的变化，但其长期效应却是一个帝国存与亡的根本差别，这是教育学中的“蝴蝶效应”：“丢失一个钉子，坏了一只蹄铁；坏了一只蹄铁，折了一匹战马；折了一匹战马，伤了一位骑士；伤了一位骑士，输了一场战斗；输了一场战争，亡了一个帝国。”因此，需要重视教学过程中教师文化的研究，特别是在对个性化教学的研究过程中需要进一步去认识和理解教师文化。

二、特色和个性是教师文化研究重要命题

没有特色的研究，就没有多大价值，这是毋庸置疑的。在个性化教学背景下的教师文化研究过程中，特色和个性化也是其重要的特点。那么，在未来的教师文化研究中，第一，需要构建个性化和特色化的教师文化，凸显对教师的观念文化、教师的行为文化、教师的制度文化、教师物质文化等方面的特色和个性的研究，做到基于特色，在特色之中，为了特色而进行的研究。第二，特色和个性的教师文化研究，不是“空想出来”，而是“有根有翼”的，即教师文化的特色研究是基于一种学校特色而开展的，例如 F 小学学校文化就展现出“开放式・个性化”的特色和个性化理念。因此，教师文化的特色研究就需要基于这种学校平台来进行研究。

三、教师个性是教师文化研究不可绕过的主题

从 2001 年开始，教师个性的研究一直成为人们关注的焦点，当前关于教师是否进行个性化的教等问题进行相关的讨论很研究，而且关于“教师的个性化被遮蔽”“教师个性被压抑”“教师个性的失落”“教师个性特征”“教师个性现状”等问题成为当前教师文化研究的重要议题和研究方向。因此，笔

者认为，关于教师个性的研究将继续成为教师文化研究的焦点与核心，并且成为教师文化研究不可绕过的一个重要议题。

当然，这些研究展望也只是“一孔之见”，而教师文化研究是一个既可以看作比较宏观的课题，也可以视为比较中观的命题，还可以认为是比较微观的研究主题。因此，由于对教师文化的理解差异，教师文化研究将呈现出不同的“色彩”和个性。

参考文献

[1] 王中华，熊梅．个性化教学的缺失与建构［J］．现代教育论丛，2011（6-7）：25-30.

[2] 王中华，熊梅．高校个性化教学的影响因素及其消解——文化视角的反思［J］．现代教育管理，2012（7）：80-84.

[3] 王中华，熊梅．个性化教育的价值、障碍因素及其推进策略［J］．现代教育管理，2012（12）：12-16.

[4] 王中华，熊梅．个性化教学视域下的教师文化建构［J］．中国教育学刊，2013（2）：35-38.

[5] 王中华，熊梅．个性化教学的经验、问题与对策［J］．天津师范大学学报：基础教育版，2013（1）：43-48.

[6] 王中华．个性化教育的误区与正解［J］．课程教学研究，2012（12）：5-10.

[7] 王中华，熊梅．开放式个性化教学中的悖论及其超越［J］．当代教育科学，2012（23）：10-13.

[8] 王中华，熊梅．新课程改革推进中存在的问题、成因及对策［J］．教育理论与实践，2013（8）：14-16.

[9] 王中华，熊梅．当代个性化教学研究述评［J］．当代教师教育，2012（2）：52-56.

[10] 王中华，熊梅．民族地区中学个性化教学的缺失及其改进——以贵州省F中学为个案［J］．天津市教科院学报，2012（5）：73-76.

[11] 王中华，熊梅．让教师成为知识资本家［J］．教育理论与实践，2012（16）：36-39.

[12] 喻莉，王中华．关于小学语文个性化教学的思考［J］．江西教育学院学报，2012（10）：186-189.

［13］王中华，熊梅．论把学习选择权还给学生［J］．课程教学研究，2013（4）：10－14.

［14］喻莉，王中华．反思十五年来我国小班化教育［J］．现代中小学教育，2013（8）：6－9.

［15］田印红，王中华，邬小学．个性化教学视域下的教师文化冲突域化解［J］．中小学教师培训，2013（9）：58－61.

［16］王中华，熊梅．教学对话的异化与回归：基于个性化教学的审视［J］．河北师范大学学报：教育科学版，2013（10）：27－29.

［17］熊梅．论个性化教学的文化使命［J］．教育文化论坛，2013（4）：6－9.

［18］李如密，刘玉静．个性化教学的内涵及其特征［J］．教育理论与实践，2001（9）：37－40.

［19］董云川．个性化教学初探［J］．高等教育研究，1993（3）：33－38.

［20］章立早．寻找失落的个性［J］．中国民族教育，2010（12）：40.

［21］段会冬．乡村教师文化困境的再思考［J］．上海教育科研，2011（11）：40－44.

［22］冯宇红．论现代农村教师文化发展的阻抗及消解［J］．教育研究与实验，2011（1）：35－38.

［23］车丽娜．教师文化功能的多维审视［J］．当代教育科学，2010（5）：31－33.

［24］赵振杰．论教师文化的核心、功能与结构［J］．当代教育与文化，2010（1）：97－100.

［25］刘冬生，杨伶．论教师文化与教师专业发展［J］．吉林教育学院学报，2010（7）：55－56.

［26］龙宝新，韩国强．论身体哲学视野中的教师文化［J］．基础教育，2010（10）：9－14.

［27］李清臣．教师文化的生态意蕴与使命［J］．河南社会科学，2008（3）：136－138.

［28］林艳．教师文化病理现象透析［J］．教育发展研究，2007（12B）：44－47.

［29］赵炳辉．教师文化与教师专业成长［J］．教师教育研究，2006

(4): 6-10.

[30] 郝明君，靳玉乐. 教师文化的变革 [J]. 中国教育学刊，2006 (3): 70-71.

[31] 李润洲. 我们塑造什么样的教师文化 [J]. 教育发展研究，2006 (6A): 31-33.

[32] 张九洲. 论新课程改革所需要的教师文化 [J]. 教育导刊，2005 (11): 23-24.

[33] 赵昌木. 创建合作教师文化：师徒教师教育模式的运作与实施 [J]. 教师教育研究，2004 (4): 46-49.

[34] 冯生尧，李子建. 教师文化的表现、成因与意义 [J]. 教育导刊，2002 (7): 32-34.

[35] 古翠凤. 文化四维度理论视角下的教师文化研究 [J]. 教育探索，2005 (8): 112-113.

[36] 秋实. 教师文化建设 [J]. 广州教育，1991 (7): 38-40.

[37] 孟燕燕. 网络时代教师文化探索 [J]. 当代教育论坛，2008 (1): 70-71.

[38] 文丽萍. 教师文化生态的秩序与自由 [J]. 教育学术月刊，2011 (3): 69-71.

[39] 黄良广，王雪晴. 论高校教师的个性化教学 [J]. 山西师范大学学报：社会科学版：研究生论文专刊，2011 (5): 161-163.

[40] 姜淑颖. 教师个性化教学形成的几个阶段 [J]. 教学与管理，2011 (2): 32-33.

[41] 李佺宁. 论个性化教学原则 [J]. 基础教育研究，2012 (6): 20-21.

[42] 卞志荣. 打造教师的个性化教学 [J]. 教育理论与实践，2009 (4): 50-51.

[43] 姜淑颖，李啸. 试论教师个性化教学的形成 [J]. 继续教育研究，2008 (12): 106-108.

[44] 聂雅靖. 浅议个性化教学的实施策略 [J]. 现代中小学教育，2007 (11): 21-22.

[45] 杨庆荣. 对学生实施个性化教学的思考 [J]. 宁德师专学报：自然科学版，2007 (2): 206-209.

［46］刘黎明．论个性化教学的策略［J］．天中学刊，2002（3）：105－108.

［47］熊梅，王庭波．开放式学校组织特征与建构［J］．中国教育学刊，2011（8）：17－20.

［48］刘献君．高等学校个性化教育探索［J］．高等教育研究，2011（3）：1－9.

［49］叶澜．新世纪教师专业素养初探［J］．教育研究与实验，1998（1）：41－46.

［50］王利珍．个性化教育在培养创新型人才中的作用分析［J］．中国人才，2011（7）：94－95.

［51］刘岸英．个性化教学：为了每位学生的发展［J］．差异教学研究，2003（1）：19－22.

［52］杨国荣．论个体—个体，个人与自由个性［J］．社会科学战线，2009（1）：31－45.

［53］肖永辉，胡海波．"人的个性"的前提性问题［J］．现代哲学，2010（3）：34－38.

［54］霍力岩．多元智力理论及其对我们的启示［J］．教育研究，2000（9）：71－76.

［55］李鸿双，班玉生．体育教师文化论［J］．体育文化导刊，2011（4）：101－103.

［56］傅定涛．大学教师文化的基本特征及教育学意义［J］．当代教育论坛，2006（11上）：67－68.

［57］蔡灿新．试论现代教师文化的基本特征［J］．阜阳师范学院学报：社会科学版，2001（1）：108－110.

［58］郑铁，刘健．大学教师文化的本质特征及其重塑［J］．文化学刊，2010（3）：31－34.

［59］白庆娟．合作——教师文化的时代诉求［J］．河北师范大学学报：教育科学版，2008（2）：118－119.

［60］韩登亮，康延军．教师文化影响教育改革的发展机制研究［J］．当代教育科学，2008（19）：34－36.

［61］马玉宾，熊梅．教师合作文化的内涵、现状与重建［J］．上海教育科研，2008（1）：52－53.

[62] 叶澜. 试论当代中国学校文化建设 [J]. 教育发展研究, 2006 (8A): 1-10.

[63] 赵复查. 现代教师文化：理念、特征与建构 [J]. 武汉大学学报：哲学社会科学版, 2005 (7): 570-574.

[64] 王致柔. “一对一”不等于“个性化” [J]. 教育科学研究, 2011 (5): 1.

[65] 汪明帅. 班级教学“与“个别教学”的博弈 [J]. 上海教育科研, 2011 (9): 4-7.

[66] 李定仁, 赵昌木. 教师及其成长研究：回顾与前瞻 [J]. 教育理论与实践, 2003 (6): 34-38.

[67] 张斌贤. 教师培养模式改革若干问题的思考 [J]. 教育研究, 2005 (12): 19-24.

[68] 万明钢, 王平. 教学改革中的文化冲击与文化适应问题 [J]. 教育研究, 2005 (10): 44-48.

[69] 钟启泉. 课程改革的文化使命 [J]. 人民教育, 2004 (8): 8-11.

[70] 范丹红. “个性化教学”探析 [J]. 武汉工程职业技术学院学报, 2006 (4): 89-91.

[71] 周洪宇, 陈竞蓉. 留美归国教育家对中国现代本土教育理论的探索 [J]. 中国教育学刊, 2010 (8): 14-19.

[72] 田保华. 教师文化：从惰性走向积极 [N]. 中国教师报, 2011-04-13 (1).

[73] 王庭波, 刘艳萍. 个性化教学模式的实践探索 [J]. 课程·教材·教法, 2011 (8): 24-29.

[74] 赵艳辉, 脱中菲. 基于个性化教学的学习卡片开发与利用 [J]. 课程·教材·教法, 2011 (8): 30-34.

[75] 王艳玲, 王虹. 开放式学校弹性时间制度改革初探 [J]. 中国教育学刊, 2011 (8): 24-28.

[76] 李如密. 教学风格初探 [J]. 教育研究, 1986 (9): 51-56.

[77] 张安富. 十化趋势：我国高等教育现代化发展的基本特征 [J]. 国家教育行政学院学报, 2010 (12): 53-57.

[78] 胡伟平. 教师个性与教学关系初探 [J]. 浙江师范大学学报：社会

科学版，1998（4）：92－94.

［79］黎琼峰．教师的教学个性与主体性教育［J］．江西教育科研，2001（10）：20－22.

［80］郭恒泰．试论教学个性化［J］．上海教育科研，2000（2）：47－48.

［81］张铁牛，张少波．论教学风格的形成［J］．许昌师专学报，2000（4）：118－119.

［82］张峨建．个性化的教学风格：特征与形成过程［J］．青海师专学报，2006（3）：45－46.

［83］徐继存．教学个性的缺失与培育［J］．教育发展研究，2008（10）：29－32.

［84］姜淑颖．试论教师个性化教学的形成［J］．继续教育研究，2008（12）：106－108.

［85］刘铁芳．体制化时代的教育和教育研究［J］．湖南师范大学教育科学学报，2006（5）：12－15.

［86］辛继湘．为了人的教育［J］．高等教育研究，2007（2）：27－32.

［87］徐蓓春．个性化教学的时代意义［J］．教育探索，2003（10）：61－63.

［88］冯建军．试论个性化教育原则［J］．江西教育科研，2004（5）：3－5.

［89］刘铁芳．试论教育中的交流及其阻隔［J］．中国教育学刊，1996（3）：16－20.

［90］林淑媛．试论素质教育与个性发展［J］．教学与管理，1995（2）：16－18.

［91］张静．以人为本的个性化教育观［J］．鸡西大学学报，2010（4）：3－4.

［92］徐辉．实施大学生个性化教育改革的几点思考［J］．江苏高教，2011（3）：105－106.

［93］张传燧．论教师精神及其培育［J］．教师之友，2005（6）：5－8.

［94］郭元祥．论课堂生活的重建［J］．教育研究与实验，2000（1）：25－29.

［95］郭法奇．论美国的个性化教育［J］．教育理论与实践，2001（1）：47－51.

[96] 陈至立. 大力提倡个性化教育 [J]. 中国教育学刊, 2011 (10): 1.

[97] 叶澜. 什么样的课算一堂好课 [J]. 福建论坛: 社科教育版, 2005 (11): 4-6.

[98] 傅松涛, 孙海丽. 教师个性化教学的缺失及其改进策略 [J]. 河北大学成人教育学院学报, 2010 (4): 87-88.

[99] 卢盈. 对特色学校的理性审视 [J]. 现代教育论丛, 2011 (4): 20-22.

[100] 马云鹏, 谢翌. 学校文化的理解与建设 [J]. 当代教育论坛, 2006 (1): 36-41.

[101] 史宁中. 坚持以人为本的现代教育理念 [J]. 中国教育学刊, 2010 (2): 1.

[102] 熊梅, 王艳玲, 艾庆华. 个性化教学设计与实施策略 [J]. 课程·教材·教法, 2011 (8): 18-23.

[103] 王晓玲. 论个性化教学的“点” [J]. 江苏教育学院学报: 社会科学版, 1998 (4): 17-19.

[104] 刘玉静. 实施个性化教学的若干策略 [J]. 当代教育科学, 2003 (5): 26-28.

[105] 王斌华. 奖惩性与发展性教师评价制度的比较 [J]. 2007 (12): 39-41.

[106] 常海. 国内教师文化研究历史追溯与思考 [J]. 中国教育学刊, 2009 (5): 31-34.

[107] 王中华. 新课改预期目标偏离的文化因素探析 [J]. 现代中小学教育, 2014 (3): 27-29.

[108] 张楚廷. 教育就是教育 [J]. 高等教育研究, 2009 (11): 1-7.

[109] 杨能生. 重视个体差异, 促进全面发展 [J]. 教育研究, 1998 (3): 45-48.

[110] 王成文. 课堂个性化教学的研究和实施途径 [J]. 教育理论与实践, 2002 (10): 55-56.

[111] 王中华. 教师参与课程决策的文化反思 [J]. 天津师范大学学报: 基础教育版, 2011 (3): 14-18.

[112] 钟启泉. 教学研究的转型及其课题 [J]. 教育研究, 2008 (1):

23 – 29.

［113］王健．新课程改革中的教学习性改造问题思考［J］．教育发展研究，2007（1B）：28 – 31.

［114］马玉宾，熊梅．教师文化的变革与教师合作文化的重建［J］．东北师范大学学报：哲学社会科学版，2007（4）：148 – 154.

［115］顾明远．论学校文化建设［J］．西南师范大学学报：人文社会科学版，2006（5）：67 – 70.

［116］熊梅．透视开放式学校组织文化［J］．人民教育，2004（17）：14 – 15.

［117］张兆来．教师个性与个性化教学［J］．江苏教育学院学报：社会科学版，1998（3）：13 – 15.

［118］何雁，洪世昌．试论个性化教学的基本特征［J］．江西教育科研，2003（12）：34 – 35.

［119］裴文敏，卢真金．试论教师的教学个性化［J］．教育研究与实验，1990（1）：20 – 24.

［120］王中华．大学教学管理制度创新的文化障碍分析研究［D］．长沙：湖南师范大学，2007.

［121］车丽娜．教师文化的嬗变与重建［D］．济南：山东师范大学，2007.

［122］李清臣．基于教师发展的教师精神文化研究［D］．兰州：西北师范大学，2009.

［123］陈文艳．论语文教师的个性化教学［D］．长沙：湖南师范大学，2011.

［124］郭良璞．个性化教学理论的探索［D］．长春：东北师范大学，2006.

［125］刘华．小学个性化教学策略个案研究［D］．长春：东北师范大学，2009.

［126］姜淑颖．教师个性化教学的形成［D］．济南：山东师范大学，2009.

［127］王涛．个性化教学问题的探讨［D］．长春：东北师范大学，2002.

［128］柏宏权．适应性教学系统中个性化教学策略研究［D］．南京：南京师范大学，2006.

[129] 教育部．基础教育课程改革纲要（试行）[N]．中国教育报，2001-07-27（2）．

[130] 教育部．国家中长期教育改革和发展规划纲要（2010—2020）[N]．中国教育报，2010-07-30（1）．

[131] 司马云杰．文化价值论 [M]．太原：陕西人民出版社，2003.

[132] 司马云杰．价值实现论 [M]．合肥：安徽教育出版社，2011.

[133] 司马云杰．文化悖论 [M]．合肥：安徽教育出版社，2011.

[134] 邓志伟．个性化教学论 [M]．上海：华东师范大学出版社，2002.

[135] 叶澜，白益民，王枬，等．教师角色与教师发展新探 [M]．北京：教育科学出版社，2001.

[136] M. 恩伯，C. 恩伯．文化的变异 [M]．沈阳：辽宁人民出版社，1988.

[137] 刘秀华．转型期人的个性与社会秩序关系研究 [M]．天津：天津人民出版社，2008.

[138] 葛金国，吴玲．教师文化通论 [M]．合肥：安徽大学出版社，2012.

[139] 郭东岐．教师的适应与发展 [M]．北京：首都师范大学出版社，2001.

[140] 马克斯·范梅南．教学机智——教育智慧的意蕴 [M]．李树英，译．北京：教育科学出版社，2001.

[141] 米歇尔·福柯．规训与惩罚 [M]．刘北成，杨远婴，译．北京：三联书店，1997.

[142] 佐藤学．课程与教师 [M]．钟启泉，译．北京：教育科学出版社，2003.

[143] 石中英．知识转型与教育改革 [M]．北京：教育科学出版社，2002.

[144] 熊梅．当代综合性学习的新范式：综合性学习的理论和实践 [M]．北京：教育科学出版社，2001.

[145] 熊梅，等．校本课程开发的行动研究——来自一所小学的课程创新 [M]．北京：教育科学出版社，2009.

［146］熊梅．新型学校的构建：开放式学校教育的本土行动与创新［M］．北京：教育科学出版社，2011.

［147］杨兆山．教育学［M］．长春：东北师范大学出版社，2006.

［148］柳海民．现代教育原理［M］．北京：人民教育出版社，2003.

［149］郝德永．课程与文化：后现代的检视［M］．北京：教育科学出版社，2002.

［150］钟启泉，张华，崔允漷．《基础教育课程改革纲要（试行）》解读［M］．上海：华东师范大学出版社，2001.

［151］施良方．学习论［M］．北京：人民教育出版社，2001.

［152］黄济．教育哲学通论［M］．太原：山西教育出版社，2003.

［153］钟启泉，李雁冰．课程设计基础［M］．济南：山东教育出版社，2003.

［154］赵祥麟，王承绪．杜威教育名篇［M］．北京：教育科学出版社，2006.

［155］王本陆．课程与教学论［M］．北京：高等教育出版社，2004.

［156］胡定荣．课程改革的文化研究［M］．北京：教育科学出版社，2005.

［157］周海玲．制度下的教师文化［M］．济南：山东教育出版社，2006.

［158］肯尼斯·A. 斯特赖克，乔纳斯·F. 索尔蒂斯．教学伦理［M］．洪成文，张娜，黄欣，译．北京：教育科学出版社，2008.

［159］陈文殿．全球化与文化个性［M］．北京：人民出版社，2009.

［160］陈红．人格与文化［M］．合肥：安徽教育出版社，2009.

［161］钟启泉．课程的逻辑［M］．上海：华东师范大学出版社，2008.

［162］贾悦，丁文浩．人人都要懂的九种个性［M］．北京：机械工业出版社，2012.

［163］杜威．民主主义与教育［M］．王承绪，译．北京：人民教育出版社，2001.

［164］保罗．弗莱雷．被压迫者教育学［M］．顾建新，赵友华，何曙荣，译．上海：华东师范大学出版社，2001.

［165］陈爱平．教师的人际关系［M］．长春：东北师范大学出版

社，2001.

［166］R. W. 泰勒．课程与教学的基本原理［M］．罗康，张阅，译．北京：中国轻工业出版社，2008.

［167］郭华．教学社会性之研究［M］．北京：教育科学出版社，2002.

［168］陈晓鸿．论人的自由全面发展［M］．北京：人民出版社，2004.

［169］恩斯特·卡西尔．人论［M］．甘阳，译．上海：上海译文出版社，2004.

［170］克里斯托弗·彼得森．积极心理学［M］．徐红，译．北京：群言出版社，2010.

［171］赫伯特·马尔库塞．单向度的人［M］．刘继，译．上海：上海译文出版社，2006.

［172］戴维·伯姆，李·尼科．论对话［M］．北京：教育科学出版社，2004.

［173］阿尔弗雷德·诺思·怀特海．过程与实在［M］．北京：中国城市出版社，2003.

［174］联合国教科文组织国际教育发展委员会．学会生存［M］．华东师范大学比较教育研究所，译．北京：教育出版社，1996.

［175］夏基松．现代西方哲学［M］．上海：上海人民出版社，2006.

［176］威廉·F. 派纳．理解课程［M］．北京：教育科学出版社，2003.

［177］迈克尔·W. 阿普尔．教育与权力［M］．曲囡囡，刘明堂，译．上海：华东师范大学出版社，2008.

［178］郑金洲．教育文化学［M］．北京：人民教育出版社，1999.

［179］刘文霞．个性教育论［M］．呼和浩特：内蒙古大学出版社，2001.

［180］沈玉顺．现代教育评价［M］．上海：华东师范大学出版社，2002.

［181］陈玉琨．教育评价学［M］．北京：人民教育出版社，1999.

［182］约翰·罗尔斯．正义论［M］．何怀宏，何包钢，谬申白，译．北京：中国社会科学出版社，1988.

［183］汉娜·阿伦特．人的境况［M］．王寅丽，译．上海：上海人民出版社，2009.

［184］戴安·弗格森．个性化学习设计指南［M］．上海：华东师范大学出版社，2009.

［185］夏惠贤．多元智力理论与个性化教学［M］．上海：上海科技教育出版社，2003.

［186］史爱荣．教育个性化和教学策略［M］．济南：山东教育出版社，2001.

［187］丁谷怡，孙双金．重建课堂文化［M］．北京：教育科学出版社，2009.

［188］尼古拉·别尔嘉耶夫．人的奴役与自由［M］．徐黎明，译．贵阳：贵州人民出版社，2007.

［189］邓晓芒．人论三题［M］．重庆：重庆大学出版社，2008.

［190］JANE BUMPERS HUFFMAN，KRISTINE KIEFER HIPP．学习型学校的文化重构［M］．贺凤美，万翔，王大凯，等，译．北京：中国轻工业出版社，2006.

［191］雅斯贝尔斯．什么是教育［M］．邹进，译．北京：生活·读书·新知三联书店，1991.

［192］S. 拉塞克，G. 维迪努．从现在到2000年教育内容发展的全球展望［M］．马胜利，高毅，丛莉，等，译．北京：教育科学出版社，1996.

［193］陈建宪．文化学教程［M］．2版．武汉：华中师范大学出版社，2011.

［194］钟启泉，崔允漷，张华．为了中华民族的伟大复兴，为了每位学生的发展——《基础教育课程改革纲要（试行）》解读［M］．上海：华东师范大学出版社，2001.

［195］徐勇，龚孝华．新课程的评价改革［M］．北京：首都师范大学出版社，2001.

［196］南京师范大学教育系．教育学［M］．3版．北京：人民教育出版社，2005.

［197］黄书光．文化差异与价值整合——百年中国基础教育改革进程中的思想激荡［M］．北京：教育科学出版社，2011.

［198］王光荣．文化的解释——维果茨基学派心理学［M］．济南：山东教育出版社，2009.

［199］赵同森．解读人本主义教育思想［M］．广州：广东教育出版社，2006.

［200］帕梅拉·博洛廷·约瑟夫．课程文化［M］．余强，译．杭州：浙江教育出版社，2008.

［201］MOHAMED AMINE CHATTI，MATTHIAS JARKE，MARCUS SPECHT. The 3P Learning Model［J］. Educational Technology & Society，2010（4）：75 – 86.

［202］ROBERT A REISER，HOWARD J SULLIVAN. Effects of Self – pacing and Instructor – pacing in a PSI Course［J］. The Journal of Education Research，1976（5）：154 – 169.

［203］KAORU YAMAMOTO. Better Guidance for the Individual［J］. Educational Leadership，1972（1）：136 – 154.

［204］ALMA BROWN. Learning about Individual Teaching［J］. Educational Leadership，1972（1）：156 – 178.

［205］E C CALDWELL，K BISSONNETTEE，et al. Mastery：The Essential Essential in PSI，Teaching of Psychology，1978（2）：223 – 245.

［206］JOHN K HENNEBERRY. Initial Progress Rates as Related to Performance in a Individualized System of Instruction［J］. Teaching of Psychology，1976（4）：145 – 165.

［207］ANDY HARGREAVES. Changing Teachers，Changing Times：Teachers' Work and Culture in the Postmodern Age［M］. London：Cassel Educational Limited，1994.

［208］NADYA AISENBERG，MONA HARRINGTON. Women of Academe：Outsiders in the Sacred Grove［M］. Massachusetts：University of Massachusetts Press，1988.

［209］BULLOCK A，STALLYBRASS. The Fontana Dictionary of Modern Thought［M］. London：Fontana，1982. 456. Freire Paulo. Pedagogy of the Oppressed. New York：Seabury Press，1970.

［210］YAGER，R E. Viewpoint：What We did not Learn From the 60s about Science Curriculum Reform［J］. Journal of Research in Science Teaching，1992（8）：905 – 910.

附录一　个性化教学背景下的教师文化调查问卷

尊敬的老师：

您好！

感谢您在百忙之中阅读并填写我的这份问卷。

您对问卷中的回答没有对与错之分，请根据您个人的真实状况进行填写。我将会对您所填写的所有内容严格保密，绝对不会给您造成任何不良的影响。在此，我对您能参与问卷的调查表示最诚挚的感谢！同时也非常感谢您的支持和合作！

注意：请将 A、B、C、D 等选项填写在括号“（　）”里面，谢谢！

阅读下面的问题，请将您认为合适的选项填写在（　）里。

1. 您的教龄是（　　）。

A. 1 ~5 年　　B. 6 ~10 年　　C. 11 ~20 年　　D. 21 年以上

2. 您的任教的科目是（　　）。(可多选)

A. 语文　B. 数学　C. 音乐　D. 美术　E. 科学　F. 心理健康　G. 体育与健康　H. 微机　I. 品德与社会　J. 英语

3. 您的学历是（　　）。

A. 中专　　B. 大专　　C. 本科　　D. 研究生

4. 您参加课改实验的时间是（　　）。

A. 1 年以下　B. 1 ~2 年　C. 2 年以上　D. 没有参加

5. 学校进行个性化教学，您的态度是？(　　)

A. 自己一直有这个理念　B. 被迫为之　　C. 慢慢形成的　　D. 还没有形成

6. 您知道什么是个性化教学吗？(　　)

A. 理解　B. 比较理解　C. 似懂非懂　D. 根本不懂

7. 您觉得个性化教学的重点是（　　）。

A. 凸显教师的个性化　B. 凸显学生的个性化　C. 教师和学生两者的个性化　D. 学校的个性化

8. 个性化教学对学校特色构建有多大价值？（　　）

A. 非常大　　B. 很大　　C. 一般　　D. 没有

9. 您觉得个性化教学与传统教学最大的区别在于（　　）。

A. 改变教的方式　B. 改变学的方式　C. 教与学的方式都改变　D. 没有多大改变

10. 您觉得小班化对个性化教学的影响大吗？（　　）

A. 非常　　B. 较大　　C. 一般　D. 没有

11. 您觉得个性化教学对您的改变大吗？（　　）

A. 很大　　B. 较大　C. 一般　　D. 没有多大改变

12. 您认为个性教学中个别指导和集体指导哪个重要？（　　）

A. 都重要　B. 个别指导　C. 集体指导　D. 具体问题具体分析

13. 您善于在个性化教学中跟学生交流吗？（　　）

A. 非常　B. 比较　C. 还行　D. 不能

14. 您觉得如何彰显教师的个性？（可多选）（　　）

A. 教的过程中　B. 备课过程中　C. 学生指导过程中　D. 教学评价过程中

15. 您觉得如何彰显学生的个性？（可多选）（　　）

A. 学生学的过程中　B. 备课过程中　C. 学生指导过程中　D. 教学评价过程中

16. 您觉得个性化教学比以前教学更加轻松吗？（　　）

A. 更累　　B. 更轻松　C. 差不多　　D. 不知道

17. 您会学习有关个性化教学方面的书籍吗？（　　）

A. 经常　　B. 一般　　C. 有时　　D. 没有

18. 您觉得校长在个性化教学中主要具有很大的作用？（　　）

A. 非常大　　B. 一般　　C. 可有可无　　D. 没有

19. 您觉得个性化教学与个别化教学关系是怎样的？

A. 没有关系　B. 前者包括后者　C. 后者包括前者　D. 两者是一样的

20. 您觉得个性化教学理论对您的教学影响大吗？（　　）

A. 很大　　B. 一般　　C. 不太大　　D. 没有

21. 您觉得个性化教学与教师的性格有多大关系？（　）

A. 很大　　B. 一般　　C. 不太大　　D. 没有

22. 您觉得开展开放式理念与个性化教学具有多大的关系？

A. 很大　　B. 一般　　C. 不太大　　D. 没有

23. 您觉得个性化教学与个性化教育区别大吗？（）

A. 很大　　B. 一般　　C. 不太大　　D. 没有

24. 个性化教学给您带来了压力吗？（　）

A. 很大　　B. 一般　　C. 不太大　　D. 没有

25. 您觉得个性化教学对您的专业发展有大的贡献吗？（　）

A. 非常大　　B. 很大　　C. 一般　　D. 没有

26. 您认为是哪些因素在影响您进行个性化教学？（可多选）（　）

A. 教师绩效考核　B. 学生评价制度　C. 领导评价　D. 同事评价

27. 您觉得考试对您的个性化教学影响大吗？（　）

A. 非常大　　B. 较大　　C. 一般　　D. 没有影响

28. 您觉得多媒体教学与您的个性化教学习惯大吗？（　）

A. 很大　　B. 一般　　C. 不太大　　D. 没有

29. 您觉得学校在个性化教学方面还需要提供哪些支持？（可多选）（　　）

A. 教师评价改革　B. 教学设备改进　C. 教学管理更加灵活　D. 给教师提供更多学习机会

30. 开放空间对您的教学有什么样的影响程度？（　　）

A. 非常大　　B. 很大　　C. 一般　　D. 没有影响

31. 您经常就个性化教学与其他人交流吗？（　　）

A. 经常　　B. 一般　　C. 偶尔　　D. 没有

32. 您是如何与他人交流个性化教学的？（　　）

A. 当面交流　B. 电话交流　C. 网络交流　D. 会议交流

33. 您觉得哪些习惯在影响您的个性化教学？（可多选）（　　）

A. 备课习惯　B. 上课习惯　C. 对学生评价习惯　D. 领导对自己的看法

34. 您觉得传统文化对您的教学影响大吗？（　　）

A. 无影响　　B. 不太大　　C. 较大　　D. 非常大

35. 中日教材比较对您有多大影响？（　　）

A. 无影响　　B. 不太大　　C. 较大　　D. 非常大

36. 您觉得个性化教学对您有很大的好处吗？（　　）

A. 无影响　　B. 不太大　　C. 较大　　D. 非常大

37. 您认为个性化教学对学生有很大的益处吗？（　　）

A. 无影响　　B. 不太大　　C. 较大　　D. 非常大

38. 您觉得弹性化教学时间对您有多大影响？（　　）

A. 无影响　　B. 不太大　　C. 较大　　D. 非常大

39. 您认为大班额对个性化教学有多大影响吗？（　　）

A. 无影响　　B. 不太大　　C. 较大　　D. 非常大

40. 您觉得日本专家来您学校进行指导有多大价值？（　　）

A. 无影响　　B. 不太大　　C. 较大　　D. 非常大

41. 您觉得个性化教材单元开发价值在哪里？

42. 您觉得个性化教学开展最大的亮点是什么？

43. 您觉得开展个性化教学的影响因素有哪些？

44. 您认为深化个性化教学，接下来应该做些什么？

45. 您觉得行动研究对您教学的影响有哪些？

附录二 语文学科 CJR 老师个性化教学背景下的教师文化访谈实录

1. 您认为个性化教学与集体化教学本质区别在哪里?

语文学科 CJR 老师：以前的教学只是照顾到一部分的学生。个性化教学与集体化教学本质区别主要在于学习上的差异，包括学习时间、学习方式，进行小组学习、全班学习、个体学习等。

2. 您觉得在个性化教学背景下怎么样尊重学生的差异和学生的选择权利?

语文学科 CJR 老师：主要采取分层教学，照顾到优秀、中等与学习困难的学生。在提供学习任务时采取好、中、低等层次的差异。在学生的学习风格、学习选择上进行建议。

3. 您认为在个性化教学过程中如何开展个体指导和集体指导?

语文学科 CJR 老师：在程序上，学生进行个别学习的时候教师进行巡视，以观察到学生学习情况，以便给予学生提供学习支持。集体指导主要是针对共性的学习内容，当学习成功的例子时，教师叫停，当学生学习遇到普遍性的困难时，教师叫停，教师给予学生以方法和策略的指导。

4. 您觉得在个性化教学背景下，备课有什么改变?

语文学科 CJR 老师：以前备课很简单，主要是讨论如何去教的问题，给予教学的理想状态，一步一步让学生达到教师所设想的状态，硬拉学生跟教师走。个性化教学，教师考虑孩子如何去学的问题，设计学习任务，遇到什么困难，给予学生学习卡片和学习指南，让学生具有充分发挥的机会。

5. 学生自由进度学习和规定学习时间怎么样处理?

语文学科 CJR 老师：学生的学习进度，教师进行建议和做参考，采取保底的做法，1、2、3 个任务，首先让学生完成 1，然后再考虑 2 和 3。

6. 您觉得个性化教学中的师生关系与传统的师生关系有何改变?

语文学科 CJR 老师：以前是教师教，孩子是被动的学习。个性化教学下，孩子知道得多，教师更相信他们，教师只是作为辅助，好的要进行强化，不会的教师也不会硬性教给学生，而采取“兵带兵”的做法，教师做支持，伙伴性学习，学生是学习的主体。

7. 您觉得在个性化教学背景下，如何评价学生的学习?

语文学科 CJR 老师：备课时，进行目标预设，往往实际的比预设的要好，而那些没有达到的目标进行调整，教师做学生的支持。

8. 您觉得您的学科个性化教学特点在哪里?

语文学科 CJR 老师：语文学科本身就具有多元性和个性化的特点，很独特，有丰富的内容和多元化，主要有三种类型，即视觉型、听觉型、操作型的学习方式，还有风格、适应性等方面的特点。

9. 您认为哪些因素在影响您的个性化教学?

语文学科 CJR 老师：我觉得个性化教学比较容易理解，很快就接受了。关键在于校长的领导和对教师的培训，再就是自己去探索去实践以及上公开课。

10. 您觉得个性化教学背景下教师如何转换自己的角色?

语文学科 CJR 老师：我觉得以前教学更多的是考虑如何去教课，包括在课堂上说什么话，学生只是配合教师的教学。个性化教学下，教师设计教学，考虑学生该会怎么样学。发现问题怎么样去帮助学生，“教”退到“学”的后面。

附录三 数学学科 LXL 老师个性化教学背景下的教师文化访谈实录

1. 您认为个性化教学与集体化教学本质区别在哪里?

数学学科 LXL 老师：从教走向学，即教师的教走向学生的学。

2. 您觉得在个性化教学背景下怎么样尊重学生的差异和学生的选择权利?

数学学科 LXL 老师：尊重学生的差异是相对的尊重，尊重一个学生意味着对另一个学生不尊重。就教学过程而言，一般分为三类学生：第一类，聪明的学生，课前已经学习好多内容，可能掌握的知识比课堂上的知识要多；第二类，一教就会的学生；第三类，教未必会的学生。尊重意味着最大可能满足学生的学习需要。因此，在学习任务、目标设计、方式选择、问题设计等方面有不同的层次，使学生从基础到发展进行学习。尊重学生的选择，意味着有的课可以选择，分为 3 个档次，根据任务的难易程度，但是在个性化教学过程中，有的学习保守不进行挑战自我，选中等程度的学习难度，有的学习中等的学生选择上等难度的学习任务，这些都是相对的，让学生进行最大化的选择，有的则不能选择。

3. 您认为在个性化教学过程中如何开展个体指导和集体指导?

数学学科 LXL 老师：个别指导，教师需要进行内心的衡量，预设哪些学生会和哪些学生不会，哪些学生需要帮助，对于那些沉思的学生和有困难的学生进行帮助他们，在问题任务和问题方法方面进行指导，重视的指导哪些学生和指导时间。集体指导，并不是全班学生面面俱到，关键在于哪些问题上需要进行强化。

4. 您觉得在个性化教学背景下，备课有什么改变?

数学学科 LXL 老师：以前是一节课的内容进行集体化研讨，现在强调以单元教学为主的教学设计，重视整体的教学设计，进行知识体系、教学时数等方面的调整。

5. 学生自由进度学习和规定学习时间怎么样处理?

数学学科 LXL 老师：以前强调的是教学教学进度就是学生的学习进度，个性化教学则重视学生的学习差异，有的学生学习超前，有的学生学习中等一学就会，有的学生学习较慢，对于学生较快的学生则要考虑后续性学习问题，而对于学生较慢的学生则考虑给予更多的学习时间，如一节课完成的任务可能需三节课完成，只有让学生回家去学习。

6. 您觉得个性化教学中的师生关系与传统的师生关系有何改变?

数学学科 LXL 老师：以前教师是知识的权威、地位的权威，学生被压抑，即使会了也不愿意说出来，个性化教学则张扬学生的个性，师生关系更加民主和平等。

7. 您觉得在个性化教学背景下，如何评价学生的学习?

数学学科 LXL 老师：学生的学习状态，学生的学习热情更加高涨，更加自主，当前，终结性评价，包括测试也是不可避免的。

8. 您觉得您的学科个性化教学特点在哪里?

数学学科 LXL 老师：相同的理念下，个性化教学的宏观方面是相似的，数学学科知识可以进行自主探究，学生的学习开放空间更大，数学科学知识以认知为基础，自主学习可能性更大。

9. 您认为哪些因素在影响您的个性化教学?

数学学科 LXL 老师：顶层设计是最大的影响个性化教学的因素，通过宏观指导来进行个性化教学的理论和实践指导。其他包括教师的学科素养、对学生的了解、教学机智、思维方式、学生因素等方面都是影响个性化教学。

10. 您觉得个性化教学背景下教师如何转换自己的角色?

数学学科 LXL 老师：个性化教学背景下我改变了很多，但是教师的角色改变不一样，有些教师并不是不实施个性化教学就不尊重学生，不尊重学生的学习选择，实施个性化教学就丢掉传统的教学文化。关键在于学生观的变化，引导学生去做，“让位”给学生，给学生提供必要的学习帮助，成为学生学习的组织者、引导者和合作者。

附录四 美术学科 SLB 老师个性化教学背景下的教师文化访谈实录

1. 您认为个性化教学与集体化教学本质区别在哪里？

美术学科 SLB 老师：对孩子的每个人的成长影响，改变了过去整齐划一的教学模式，关注学生的特长和个性发展。

2. 您觉得在个性化教学背景下怎么样尊重学生的差异和学生的选择权利？

美术学科 SLB 老师：美术方面，主要是关注学生的画得好，构图好，从每一方面发现孩子的长处，都这样的，好与不好关键在于发现孩子的优点。

3. 您认为在个性化教学过程中如何开展个体指导和集体指导？

美术学科 SLB 老师：对学生的个别指导主要在于给予学生某一问题的解决如手工制作等方面。集体指导，主要提高学生的学习兴趣、艺术方面的才能和灵动。

4. 您觉得在个性化教学背景下，备课有什么改变？

美术学科 SLB 老师：改变过去传统的单纯知识、技能技法方面的传授，考虑让孩子学会学习方法，备课比以前功夫大很多。

5. 学生自由进度学习和规定学习时间怎么样处理？

美术学科 SLB 老师：美术课堂中，孩子很多作业完不成，关键在于动手能力差异，往往是鼓励孩子去改变。

6. 您觉得个性化教学中的师生关系与传统的师生关系有何改变？

美术学科 SLB 老师：师生关系改变很大，以前是教师讲技能技法，个性化教学关注孩子的探究，教师进行追问，让学生能形成更多的东西，师生关系更加融洽。

7. 您觉得在个性化教学背景下，如何评价学生的学习？

美术学科 SLB 老师：对学生进行多元评价，教学目标上知识与技能、过程与方法、情感态度价值观方面的评价，从纵向的长期评价和短期的一节课的评价，关键在于对学生的学习态度、思维方式、构思方面去鼓励孩子的学习兴趣。

8. 您觉得您的学科个性化教学特点在哪里?

美术学科 SLB 老师：F 小学刚开始时强调个性化教学模式，主要采取集体补充模式，后来逐渐淡化教学模式。个性化教学主要采取启发孩子的思维，提高孩子的综合素质，培养孩子的思维方式、想象能力，发现个性差异和整体差异，但是班风、教师个性素养，中国孩子的想象力较差，例如，“房子、树、云”，房子往往画在树的下面，F 小学个性化教学没有关注打破和拓展孩子的思维，主要还是在于大人的思维方式。

9. 您认为哪些因素在影响您的个性化教学?

美术学科 SLB 老师：影响个性化教学主要在于 3 个方面。第一，来自学生家长的素质、思想观念，像日本学生在学习过程中自律性较强，不影响其他学生的学习，而在中国很难做到。第二，来自大班化教学的限制，就算分组讨论也人数太多，以 F 小学为例，最少也有 40 多人，很难做到个性化教学和关照到学生的个别化。第三，课程设置与教学计划方面的障碍。课时问题，美术课需要 30 节课，里面包含太多的知识内容，如民俗的东西、油画、国画等，说的是传授给学生经典，但是挖得不太深，而有些知识学生可以在网上查找，没有必要增加学生学习知识的负荷，日本等国家一学期下来才教授几个方面的内容，显得很精细。

10. 您觉得个性化教学背景下教师如何转换自己的角色?

美术学科 SLB 老师：主要在于意识的改变，以前是强调技能技法，“画家的培养模式”，现在的个性化教学主要是注重从教向学转变，由教具向学具转换，教材向学材转换，能增减教材，教师做到穿针引线的作用，改变传统的机械的教学方式，培养学生的动手能力和关注学生的发展。

附录五 英语学科 SWH 老师个性化教学背景下的教师文化访谈实录

1. 您认为个性化教学与集体化教学本质区别在哪里?

英语学科 SWH 老师：以前教学是一种整齐划一的、同一层次的教学内容。个性化教学强调的是分层教学，强调从教材到学材，为不同学生提供不同的教学内容。教学方式方面，从教为主到学为主，教师角色从“教”到“学”。

2. 您觉得在个性化教学背景下怎么样尊重学生的差异和学生的选择权利?

英语学科 SWH 老师：现在并不是尊重每一个学生的差异，按照 3 个层次进行，在课前对学生进行知识检测，对学生的英语学习怎么样，如学生词汇量等，对学生的学习兴趣爱好、学习水平以及生活中喜欢哪些东西等方面进行了解，给学生提供建议和学习资源，给予学生更大的空间。

3. 您认为在个性化教学过程中如何开展个体指导和集体指导?

英语学科 SWH 老师：根据内容进行指导，教材是按照螺旋上升的，高年段的英语学习更多的在于应用，当学生出现共性的问题再进行集体指导。根据教学组织形式的不同进行不同的指导，对于共性问题才进行集体指导。

4. 您觉得在个性化教学背景下，备课有什么改变?

英语学科 SWH 老师：备课有很大的改变，从前英语教学关注教学内容，现在从多方面的进行关注，从教材到学材，个性化教学备学生更多地去研究学生，关注预设与生产的变化，教师去组织和引导学生的学习。

5. 学生自由进度学习和规定学习时间怎么样处理?

英语学科 SWH 老师：对这个问题不太清楚，我认为主要根据学习的学习时间来判断。

6. 您觉得个性化教学中的师生关系与传统的师生关系有何改变?

英语学科 SWH 老师：新课改强调师生民主，个性化理解，强调表达、交流与互动，个性化教学主要从建议角度出发，真正体现了师生平等。

7. 您觉得在个性化教学背景下，如何评价学生的学习？

英语学科 SWH 老师：第一，学生通过学习很快乐；第二，从知识技能角度，教材的掌握情况；第三，学习方式和学习策略，学生自己得到的学习方式会更加快乐。

8. 您觉得您的学科个性化教学特点在哪里？

英语学科 SWH 老师：高年段学生的学习差异很大，进行分层次教学更好。

9. 您认为哪些因素在影响您的个性化教学？

英语学科 SWH 老师：第一，教材问题是比较大的问题，F 小学英语教材没有进行中日对比行动研究，目前的教材整齐划一，是不适合个性化教学，开发教材和课程资源是一个重要方面；第二，高年级小学的学习秩序问题是一个重要的影响因素。

10. 您觉得个性化教学背景下教师如何转换自己的角色？

英语学科 SWH 老师：首轮课改，骨干教师就学习新的课程理念，学生的学习方式的转变、小组学习和学生自主学习。教师角色是一步一步地改变的，个性化教学也从教学模式走向更加深入地去观察学生的学习状态。

附录六 语文学科 WY 老师个性化教学背景下的教师文化访谈实录

1. 您认为个性化教学与集体化教学本质区别在哪里?

语文学科 WY 老师：以前教师注意的是讲授，现在的个性化教学主要是还原学习过程，每个学习任务学生进行自主学习，学习分享，学生进行倾听，总结梳理，并在全班发表，学生与其他学生进行对比。个性化教学最主要在于教师的教向学生的学转变。

2. 您觉得在个性化教学背景下怎么样尊重学生的差异和学生的选择权利?

语文学科 WY 老师：语文学科进行尊重学生的差异和选择难度大。第一，学习任务的分层。教师主要是每一堂课不同类型的学习任务进行分层，分为好的、差的、中间的，进行保底任务，进行基础性学习和挑战性学习。第二，学习时间上分为长的和短的课时，在阅读区域，更好的内容，从整体上进行分更多的层次。对那些不足的学生进行个别指导。第三，开放空间将学生分层不同的层次，如口语交际学习过程中，那些完成的学生到教室外面的开放空间进行交流表达，而那些没有完成的学生在教室内进行。

3. 您认为在个性化教学过程中如何开展个体指导和集体指导?

语文学科 WY 老师：在个性化教学过程中，教师进行巡视，发现当学生遇到学习困难的时候，教师给予学生以点拨和指导以及学习支援，主要是在学习卡片的学习内容和学习方式的指导。集体指导，主要是全班汇报过程中，教师应该有一个教学预设，做到心中有数，哪些学生会在哪个地方遇到学习困难，教师善于捕捉到共性的有争议性的问题进行集体指导。

4. 您觉得在个性化教学背景下，备课有什么改变?

语文学科 WY 老师：个性化教学的备课难度增大，当然，F 小学教师的研究热情很高。备课需要注意到学习任务是否合理，学习目标是否达成，至少分两个层次：完成时间长的学生和完成时间短的学生，当然，备课内容丰富了很多，教师更累。

5. 学生自由进度学习和规定学习时间怎么样处理?

语文学科 WY 老师：一般来说，取大众值，面向大众，而不是少数学生，科学合理分配，孩子的注意力，分析判断学生的学生差异，一般分层两个层次，人数多，照顾不过来，对于那些学生困难的学生进行讲授和让学有余力的学生进行帮助。

6. 您觉得个性化教学中的师生关系与传统的师生关系有何改变?

语文学科 WY 老师：师生关系更加平等，以前一直是口号式的师生平等。个性化教学真正将时间还给学生，像日本小学教学过程中，教师主要是来回巡视。以前教学过程中，教师需要准备过渡性语言，现在不让教师说话，改变被动的学习，到学生主动学习，发展到对话交流。

7. 您觉得在个性化教学背景下，如何评价学生的学习?

语文学科 WY 老师：评价学生的学习主要靠学习任务卡和学习结果来观察。观察学生学习状态、集体交流、表达和思辨，当然有显性和隐性的，如口语观察学生的初读感受，有的学生写得快，有的学生写得慢，呈现出多元的，学生将作品贴在软墙上，学生之间相互分享，学生之间进行评价，因此，评价主要有学生自我评价、同伴评价、教师评价。

8. 您觉得您的学科个性化教学特点在哪里?

语文学科 WY 老师：对于表现性学科来说，进行个性化教学很有利，而对于工具性学科的语文、数学来说，进行个性化教学很困难。在语文教学主要进行集体补充模式，习作教学过程中采取课题选择模式。

9. 您认为哪些因素在影响您的个性化教学?

语文学科 WY 老师：第一，班额过大，差异难以拉开，层次多，主要 3 个层次，好的、差的、中间的，学习卡片分为红色、粉红色、绿色，不同颜色代表不同的层次。第二，教师问题。不能实现 TT 合作，如日本进修 TT 合作，一个教师教一个班的所有学科，能进行两个班级一起上课，20 个学生一个班级，相当于中国的一个班级，而中国至少有 40 多人一个班级，那么要照顾学生的差异很困难。第三，教材问题，短、平、快等的特点，单元性质不明确，如日本一个单元上十几课时，而中国不是这样。

10. 您觉得个性化教学背景下教师如何转换自己的角色？

WY 老师：我觉得主要是通过学校的培训，让自己感到个性化教学的重要性，同时认识到现实教学中的问题，一步一步进行，积极去调整和改变自己的角色。

附录七 语文学科 LYH 老师个性化教学背景下的教师文化访谈实录

1. 您认为个性化教学与集体化教学本质区别在哪里?

语文学科 LYH 老师：我校熊梅理事长说过，个性化教学的基本原理就是要关注珍视群体中的每一个人，做到“目中有人”，结合平时的教学和我自己个性化教学实施的感受，个性化教学是以小组学习为主，通过小组的协调分工，合作学习，使原有的集体化教学的学习面貌发生了巨大改变，学生的学习能力快速提高，也让我们每一位老师彻底地转变了教学观念，由原来的传授者成为了学生学习的组织者，促进者和参与者。个性化教学的实践让我们欣喜地看到了教育教学改革的成果。

2. 您觉得在个性化教学背景下怎么样尊重学生的差异和学生的选择权利?

语文学科 LYH 老师：在个性化教学的课堂上，我们要关注每一个孩子的学习。根据他们不同的特点和学习能力，我们会设计不同层次的问题，让他们都找到适合自己学力水平的内容进行愉快的学习，从而都有所收获。尤其是我们要关注学生的创新思维的培养，给他们创设足够的教学想象空间，尊重他们的个性阅读和表达，想方设法让他们主动学习，活跃思维，创造发展，是每一个孩子都成为课堂学习的小主人。

3. 您认为在个性化教学过程中如何开展个体指导和集体指导?

语文学科 LYH 老师：在教学过程中，对于小组学习的培养，我们是非常重视的。我们把全班同学分成几个小组，小组人员的组成可以根据不同学生的特点，如性格特点、学习能力的差异等，进行合适的分工：有组长，有记录员，有汇报人等，每个人都有不同的分工。小组内的学习既有分工又有合作，时间久了他们就养成了一定的学习习惯，通过小组之间的互动学习，每个小组成员的学习能力都会很快提高和发展。

在个性化学习过程中，如果出现共性的问题，如书写上出现了多数性的错误，对某一个问题出现了多数的理解性的偏差时等，作为教师我们就要给予较为细致的集体指导教学。

4. 您觉得在个性化教学背景下，备课有什么改变？

语文学科 LYH 老师：近些年来，我们师大附小在熊校长的带领下，站在国际比较的视野下，针对中日两国语文教学的课程目标、内容、教与学的方式进行了比较研究。我们在备课的过程中，借鉴了日本教学中“以单元形式进行课程实施”的方法，开发并实施了几轮大单元课程，都有了很大收获。在教材的比较学习中，我们发现阅读，表达等领域都是以单元形式呈现的，目标和内容的设定都是有梯度的、螺旋上升的，训练时有步骤的、循序渐进的。因此，我们在备课的过程中，根据我们现有的教材我们进行了调整，学习以单元的形式进行内容的开发和设计，都收到了良好的教学效果。另外，在备课过程中，我们更加关注学生，怎样设计问题能让学生快乐地学、主动地学，是我们备课的重点和难点所在。

5. 学生自由进度学习和规定学习时间怎么样处理？

语文学科 LYH 老师：很显然，在我们个性化教学中，学生规定学习时间在逐渐缩短，学生自由进度学习时间逐步增加。随着学生学力水平的增加，逐步地增加学生自由进度学习的时间。在实施过程中，我们根据这种教学的实际需要，学校进行了长短课时的调整，有 30 分钟的课、40 分钟的课，还有 15 分钟的小课时，甚至还有 60 分钟连上的大课时。我们每一位老师还可以根据自己的教学内容进行课时内容的调整和分配。

6. 您觉得个性化教学中的师生关系与传统的师生关系有何改变？

语文学科 LYH 老师：传统的师生关系是“传授”的关系、“听从”的关系，而在个性化教学中，师生关系发生了深刻的变化。课堂是融洽的、和谐的，在这种课堂氛围下，老师不再是高高在上的传授者，而是作为学生的大朋友出现，参与到课堂学习中。此时，老师的角色就是学生学习活动的引导者、参与者、协调者、合作者。

7. 您觉得在个性化教学背景下，如何评价学生的学习？

语文学科 LYH 老师：在老师的眼中，每一个学生都是好学生，他们各有各的优点和长处。我们老师在课堂上就要善于抓住学生的闪光点来欣赏、评价和鼓励学生，让她们始终处在积极的、主动的、愉悦的学习氛围中。在个性化教学的实施过程中，根据学生不同的特点和不同的水平，尤其是对于学生的求异思维和创意表达，我们会给予及时的评价和激励。比如，给学生一个加油的手势，给学生一片掌声，奖励学生一张喜爱的卡片，或发一张喜报等，都是我们在个性化教学中经常使用的评价手段。另外，我们还注意评价的多元性，自我评价、家长评价和学习伙伴评价互动起来，使评价更全面、更真实。

8. 您觉得您的学科个性化教学特点在哪里?

语文学科 LYH 老师：回想我在小学从事语文教学工作已经27年了，由教学的简单稚嫩到逐步地成长成熟。在由集体化教学向个性化教学的过程中，我的体会尤为深刻。我认为语文学科的教学是一个逐步积累的过程，因此，我非常注意对学生的学习习惯和学习能力的培养。多年来，大家一致评价我所教过班级的学生语文学习积极性高，他们的朗读阅读、倾听表达、学习能力和学习的主动性都很强。比如，学生在课堂中，思维活跃，积极参与，主动表达，课堂始终处在一个积极、民主、和谐的氛围中。

9. 您认为哪些因素在影响您的个性化教学?

语文学科 LYH 老师：我认为中高考的指挥棒片面地追求高分对个性化教学会有一定程度的影响，在个性化教学当中，我们会全面地关注学生的身心素质的培养，在这一过程当中，我们尊重差异，重视能力。过于关注知识传授和考试分数，往往会干扰学生能力的培养，尤其是创新能力的培养。

10. 您觉得个性化教学背景下教师如何转换自己的角色?

语文学科 LYH 老师：首先，要加强理论学习，转变教育教学观念。其次，在个性化教学过程中，改变课堂教学方式，进入情境，转变角色。最后，还应不断探索个性化教学背景下的教育教学规律，与时俱进，不断反思，进步发展，成为研究型教师。

附录八 科学学科 LH 老师个性化教学背景下的教师文化访谈实录

1. 您认为个性化教学与集体化教学本质区别在哪里?

科学学科 LH 老师：我认为，以前的教学时验证结论，如科学学科中的实验就是教师让学生在课堂教学过程中进行结论的验证。如今的个性化教学则是强调教师与学生的合作、学生与学生的合作，强调学生的体验和过程，让学生自己去设计问题解决的方案，学生进行自主学习，而且学生在进行小组学习过程中，学生的小组内每个成员都有分工，有的做记录，有的做实验，有的表达等不同的合作与分工，能充分发挥学生的特长，教师在该过程中更多的是指导和组织，帮助学生完成自主学习的任务。

2. 您觉得在个性化教学背景下怎么样尊重学生的差异和学生的选择权利?

科学学科 LH 老师：学生的基本活动在规定的时间内完成，但是在教学过程中，学生实验是有差异的，有的学生能力较强很快就完成学习任务，而那些学习较慢的学生则完不成学习任务，因此教师提供给学生的卡片，包括了基础性学习的卡片和挑战性的卡片，如学生在做完让学生串联和并联使灯泡亮的实验之后让学生去做一个玩具。

3. 您认为在个性化教学过程中如何开展个体指导和集体指导?

科学学科 LH 老师：个体指导，主要是教师给学生学习指南，并提供图文并茂的学习卡片，让学生完成自主学习的任务，当学生不能完成学习任务时，教师给予学生一定的提示和帮助。集体指导，主要是指教师在学生自主学习过程中，进行巡视，当发现学生共性的问题，教师进行全班性的指导。

4. 您觉得在个性化教学背景下，备课有什么改变?

科学学科 LH 老师：我觉得，个性化教学的备课更累。以前备课是强调教师的教学预设，让学生跟着自己预设好的教学方案进行就行，但是个性化教学视域下，教师需要考虑到学生的差异，需要设计更多的方案，给学生提供更多的材料，如磁铁的实验，教师需要进行更多的内容，3 年级的磁铁开发中，我们进行了挑战磁铁达人，给学生准备了 5 个活动。

5. 学生自由进度学习和规定学习时间怎么样处理?

科学学科 LH 老师：我觉得，教师运用自由进度学习教学模式比较困难，如 80 分钟的科学课，出现有的学生学习快，有的学生学习慢，但是由于班额过大，小组内将学生分为材料员、记录员、声音控制员等都比较费时。

6. 您觉得个性化教学中的师生关系与传统的师生关系有何改变?

科学学科 LH 老师：师生关系的变化很大，以前科学学科的教学主要是教师让学生自己进行验证的教学实验，但是今天的个性化教学时强调学生的自主探究，这样一来，学生的好奇心和学习兴趣都调动起来了，同时教师与学生之间的交流加强了，更加平等。

7. 您觉得在个性化教学背景下，如何评价学生的学习?

科学学科 LH 老师：2003 年，F 小学开发了“成长记录袋”（一张纸，让学生进行填写），后来发展到“科学成长集”（设计一些表格让学生进行填写），形成新的评价手册，留给学生更多的空间，同时，进行学生自评、学生之间的互评以及学生家长的评价，如 3 ~6 年级，当学生在科学课堂教学过程中表现比较优秀的，就给学生他们一个盖在纸上的用橡皮擦做的“章”，当学生攒够 30 个“章”，教师就给学生一个橡皮擦的印章。

8. 您觉得您的学科个性化教学特点在哪里?

科学学科 LH 老师：科学学科中的探究活动，比较好落实个性化教学，如在实验过程中，对于成果的表达，有的学生喜欢用语言进行表示，有的学生喜欢中意用画图进行表示，有的学生喜欢进行贴图，等等都体现了学生的个性化。

9. 您认为哪些因素在影响您的个性化教学?

科学学科 LH 老师：个性化教学的影响因素主要有以下两点。第一，个性化教学材料的充足与否，在小组学习过程中，有的学生能用到某些材料，有些则不能。第二，教师素质问题。一方面，在进行科学学科教学的教师一般是老弱病残的教师来进行，很多教师不愿意上科学学科。因此，科学学科的教师很多都是不专业的，当然，在 F 小学不存在这个问题，因为 F 小学的教师很多都是毕业于 D 师范大学的地理专业、物理专业、生物专业等，具有一定的专业性。另一方面，教师的备课问题，教师教学的“度”的问题，有的教师教学设计的教学内容难度偏度，导致学生“吃不了”，而有的教师设计的教学内容难度偏小，导致学生“吃不饱”。

10. 您觉得个性化教学背景下教师如何转换自己的角色?

科学学科 LH 老师：第一，个性化教学刚刚开始时，看了书籍《教与学》，学习自主学习方面的理论。第二，学校进行教师培训，学校也出了书，还进行了从“校本课程开发”到“国际理解教育”再到“个性化教学”的“三步走”。第三，个性化教学过程中的卡片制作，实现符合教师需要、学生学习需要以及符合单元开发的需要。

后 记

本书是在笔者博士学位论文的基础之上修改而成的。作为喜欢阅读他人《后记》的我来说，《后记》被我提到一定的重要位置，因为它不仅体现了本研究作者对自身写作历程的描介，也在某种程度上折射了学者的文笔和心声，所以我总是害怕去写后记。一方面，因为担心自己的文采比较差劲，只怕到时被别人读起来徒增笑柄；另一方面，总觉得自己的思路不够开阔，写得不够严谨，也平添了许多心理负担。然而，我需要对自己的心路历程和生活写照进行总结和叙述，特别是需要向在研究过程中帮助过和关心过我的导师以及相关老师、朋友等道一声感谢，特此写下后记。

怀揣着对博士学位的“觊觎”，心念着对更高层次学问的追求，我从西部地区的贵州铜仁来到了我以前不敢“想象”的地方——长春。一方面，因为地方离我们南方不管是贵州还是湖南都比较遥远，可谓是“千里之外”。另一方面，自己有些怕冷，害怕来到北国春城，不能适应这里的地理环境，也担心因为自己不吃辣椒会影响胃口。但是，四年过去，一路走来，我慢慢地爱上了美丽的北国春城和饱藏学术氛围的东北师大。在这里，有和蔼可亲的老师，也有友睦的同学与朋友，更有浓厚学术的学习氛围，还有迷人的校园风景，以至于四年以来，待在东北师大犹如待在美丽的花园和学术的殿堂，让我如痴如醉。在此时此刻，我要感谢东北师大给予我的成长。

我要特别感谢我的导师熊梅教授，从本研究的选题到开题，从本研究初稿到定稿，从本研究的标题到本研究的标点等修改，不无渗透着导师对我的精心指导和严格要求以及独到的指点。正如熊老师所言：“做研究做到想出家，那才是达到了一定的境界。”事实上，从自己的写作、研究过程中来看，这的确不是一件容易的事情，真正让人感觉到“写作博士论文就是一种折磨人的活”，更感觉到“读书不仅是一种脑力活动，也是一种体力活动”，还感觉到“写作、研究是个无底洞，时间花得越多越感觉到没有写到什么内容”。

然而，幸亏还有熊老师的指点迷津，才让我从困顿中“迷途知返”，找到回来的“路”。感谢熊老师对我的严格要求和认真负责的指导，感谢熊老师对我的学术引领，也感谢她在学术路途上为我“遮风挡雨”，还感谢熊老师对我生活上的“保驾护航”和关心照顾，感谢她对我人生转折路途中的再一次帮助。感谢熊老师对我的宽容和海涵，因为我经常辗转于贵州铜仁—湖南祁阳—吉林长春三个地方，很多时候是熊老师对我的关心和呵护，才让我能踏踏实实地学习和写作本研究，正是熊老师母亲般的教导促进我一步一步地成长。熊老师对于弟子的恩情让我一辈子铭记于心，让我没齿难忘。同时，也感谢熊老师在“立德”“立言”和“立功”方面为我们弟子所作出的榜样，熊老师是我们这些后辈学习的标杆，熊老师不仅给予我们学习的引领，而且给予我们一种“为教育而甘于奉献的精神力量”，可以说，与熊老师相处的四年时光是我人生道路上值得永远珍藏的一种精神财富。

感谢原单位贵州省铜仁学院的领导和同事们对我的关心，洪颧博士作为我的师兄和我的系主任一直关心着我的学习，铜仁学院教育科学系领导邬小学、喻莉、邹娟等老师一直关心我的博士学习，我的同事周安帜、于慧慧、徐松金、刘礼敏等也关心着我的学习情况，非常感谢这些同事们对我的学习的关心。

感谢单位领导贵州师范学院教育科学学院院长郭文教授对我的关怀，感谢黎平辉老师的关照以及感谢陈泽婧对我的帮助。

感谢导师熊梅教授为我作序，感谢之情让我又难于言表。

感谢东北师大附小的教师在我听课、问卷调查以及个别访谈过程中给予我们的帮助与支持，他们是王语老师、孙力斌老师、陈吉荣老师、柳耀华老师、刘辉老师、孙维华老师、刘仙灵老师。

我还应感谢我的父母和我的家人。父母将我抚养成人，送我读书，本来就是对我的“厚爱”了，因为在我们老家与我一般大的朋友基本上都在广东打工，而父母让我读书，还供我读书到博士，也是不可想象的。所以，对于我这种“草根”和“屌丝”来说，就应该感谢父母。同时，父母还日夜操劳，帮我照顾儿子，呕心沥血，而从无怨言，更让我心存感激和“过意不去”。我还要感谢我的爱妻杨红女士以及我的儿子王大卫，从 2010 年来到长春，我们总是聚少离多，我在东北地区（长春)，妻子在西南地区（铜仁)，儿子在南部地区（祁阳)，每天总是通过电话来联系，妻子为我忍痛“三地分离”的煎熬与受苦受累，在此，深表歉意与感谢，也感谢儿子能健康和快乐成长，为我减少了不少烦忧，每次通电话时都说“要坐长车车”来东北，让我“忍俊不禁”。感谢我的岳父杨海清和岳母周燕给予我的帮助与支持。我的家人是我前进的动力和源泉，感谢他们给我带来的欢乐，感谢他们为我所付出的一切，在此表示感谢！

我还要感谢本研究写作过程中帮助过我的所有人士，不管是认识的，还是不认识的，不管是经常打交道的，还是从未打过交道的。当然，我也要感谢本研究写作中所引用文献的所有作者。

感谢贵州省高等学校人文社会科学研究基地将我的研究成果纳入其学术文库并进行资助，也感谢贵州师范学校教育发展研究中心唐志明主任的赏识和欣然同意对我出书的资助。

感谢中国财富出版社策划编辑王淑珍女士在本书出版和编辑过程中所付出的辛勤劳动和汗水，在此表示深深的谢意。倘若没有她的努力，就没有本书的顺利出版。

当然，心中还有千言万语的谢意，在此不能全部表达出来，也由于本人的写作水平有限，仅此作罢。

本书是本人在博士期间的一个“缩影”和“写照”，但是，由于自己对文化的理解肤浅，此书权当向同行专家们学习和讨教的一个文本，不当之处，敬请大家批评指正。

王中华

贵州师范学院教育科学学院

2014 年 11 月